왕의 재정 1

내 삶의 진정한 주인 바꾸기

왕의 재정 1

김미진 지음 ㅣ 홍성건 감수

NCMN · 규장

《왕의 재정》의 100쇄 출간을 기념하여 출판사에서 감사의 글을 써달라고
했다. 시대가 바뀌면서 100쇄를 찍는 책이 거의 없다고 했다. 그만큼 사
람들이 책을 읽지 않는다는 것이다. 기쁨보다 안타까운 마음이 먼저 들었
다. 좋은 기독교 서적이 얼마나 많은가. 그런데 사람들이 자극적인 미디어
에 빠져 독서를 하지 않는다.

그 결과로 감성지능이 낮아져 우발적이고 폭력적 성향으로 변하고, 감
정조절이 안 되어 정신 치료에 많은 에너지와 재정을 쓰지만 쉽게 치료되지
않는 걸 본다. 사실 이런 병은 약물만으로는 치료되지 않는다. 최고의 치
료법은 치료자 예수님을 만나는 것이고, 양서를 많이 읽는 것이다.

성경과 함께 영적 성장을 돕는 책을 읽으면 사라진 지혜가 돌아오고 분
별력과 통찰력이 생겨 삶의 기준점이 명확해진다. 반면에 손과 눈에서 책
을 놓으면 갈수록 정서가 파괴되고, 영적 성장이 둔해지며 절대적 가치 기
준을 놓쳐 육신에 속한 사람이 된다. 결국 세상이 이끄는 대로 살게 된다.
그래서 책을 읽지 않으면 결코 영향력 있는 삶을 살 수 없다. 높은 수준의
고상하고 영향력 있는 삶을 원한다면 영적 성장에 도움을 주는 책을 많이
읽으라고 권면하고 싶다.

100쇄를 기념하며 이 책을 사랑해준 독자들에게 감사를 드린다. 특히
전도용으로 사용해준 분들에게 고마움을 전하고 싶다. 수많은 불신자와
낙심자, 타 종교인들이 이 책을 선물 받고 날마다 주께로 돌아오고 있다
는 소식을 들었다. 이 책을 읽고 먼저 돌이킨 불교 신자들이 다른 불자들
을 전도하는 충격적인 현장을 나는 보고 있다.

독자들이 이 책을 읽고 많은 낙심자와 불신자가 돌아오게 될 거라고 하신 주님의 말씀을 믿으며 행동한 결과라고 생각한다. 그들의 사랑과 수고, 헌신과 대가 지불로 수많은 영혼이 돌아온 것이 가장 큰 기쁨이고 보람이다. 또한 NCMN과 '왕의 재정학교'를 사랑하는 간사님들과 학생들 그리고 수많은 유튜브 제자들이 일궈낸 사랑과 수고의 열매이다. 주님이 약속하신 보상은 마땅히 그들의 몫이기에 나는 그들을 마음껏 축복한다.

이 책으로 맘몬의 정체를 드러내셨고, 우리로 속부의 삶을 거절하고 성부, 성빈의 삶을 결단하도록 십자가로 이끄셨으며 앞으로도 계속 일하실 성령 하나님께 감사를 드린다. 또한 오직 성령께로 나를 이끌어주시고 오늘의 내가 있게 하신 나의 스승 홍성건 목사님과 NCMN의 부흥과 확장의 주역인 동역자들에게 깊이 감사드린다. 성령의 음성에 민감하게 반응하여 좋은 책을 출판하는 규장의 여진구 대표님과 NCMN의 책을 책임편집 하는 김아진 편집실장께도 감사드린다.

사랑하는 독자들이여, 기대하라!
《왕의 재정 1》, 《왕의 재정 2》에 이어 《왕의 기업》의 이야기도 들려줄 것이다.

2021년 9월 김미진

하나님은 충성된 사람, 교회, 단체, 국가에게 그분의 일을 맡기신다. 그리고 성경 곳곳에 어떤 영역에서 충성해야 할지를 친히 말씀해주셨다. 이는 시험문제를 출제하고 정답까지 미리 알려주는 것과 같다. 마치 번화한 사거리에 걸린 대형 LED 전광판 광고처럼 누구나 쉽게 볼 수 있게 해주셨다.

다음은 하나님나라 파트너 모집공고이다.

모 집 공 고

지구촌 어디서나 우리의 사업은 활발히 진행되고 있습니다. 그동안 유능한 사원들에 의해 탁월하고도 괄목할 만한 성과를 이뤘습니다. 우리는 사업을 마무리 짓기 위해 함께 일할 파트너를 모집합니다. 몇몇 국가를 채용하여 사업을 확장했습니다. 이제 개인이나 단체 그리고 교회, 또한 새로운 국가를 선정하여 이 프로젝트를 맡기려 합니다.

선발기준은 오직 한 가지 '충성'입니다. '충성' 과목 내신성적으로 선발하며 다음 세 가지 영역을 집중 검토할 것입니다.

1. 지극히 작은 일에 충성하는가?
2. 재물에 충성하는가? (액수나 규모에 상관없이)
3. 남의 것에 충성하는가?

온 세상을 향한 하나님의 마스터플랜 총괄팀

'재정'이라는 큰 주제로 '돈과 재물'을 다루는 것은 바로 이 같은 중요성 때문이다. 《왕의 재정 1》 100쇄를 맞이하며 재물에 충성하는 개인이나 단체, 교회가 더 활발히 일어나 하나님나라에 쓰임 받을 것을 간절히 기도한다. 또한 대한민국이 복음의 마지막 주자로 쓰임 받기를 원한다. 《왕의 재정 1》, 《왕의 재정 2》가 이를 위해 크게 이바지할 것으로 확신한다.

NCMN 홍성건

한국교회의 부흥의 열쇠는 재정에 있다

이 책의 집필 목적은 단순히 돈에 대해 말하고자 하는 게 아니다. 온 땅에 대한 하나님의 계획을 알리는 것이다. 그리고 이를 위한 주님의 파트너로 부르심을 받은 교회가 올바르게 반응하고 수행하도록 하기 위해서다.

우리는 먼저 재물에 대한 성경적인 원칙을 알아야 한다. 그리고 그 말씀에 따라 믿음으로 반응을 할 때 하나님은 우리를 통해 일하실 것이다. 여러분은 이 책을 읽으면서 소위 말하는 번영신학을 말하는 게 아님을 알게 될 것이다. 하나님의 나라와 그의 의를 구하는 삶이 무엇인지를 알게 될 것이다.

이 책의 저자인 김미진 자매와 그녀의 남편인 정원석 형제는 나와 오랫동안 복음으로 교제하는 동역자들이다. 이들은 참으로 신실하고 착하다. 그리고 오직 하나님의 나라에 관심을 가지고 자신들의 삶을 전적으로 헌신한다. 이들을 알고, 함께 주를 섬기는 게 내게는 특권이요 기쁨이다.

이 책의 감수자로서 나는 몇 가지를 살폈다. 첫째는 성경적인가, 둘째는 사실적인가, 셋째는 누구나 실천 가능한가, 넷째는 하나님께만 영광이 되는가 이다.

이 책은 전기도 아니요 간증집은 더욱 아니다. 재물에 대한 하나님의 원칙이 제시되는 게 이 책의 목적이다. 간증은 하나님의 말씀을 믿고 순종했을 때 경험된 것들이다. 그래서 누구나 그 말씀을 믿고 순종한다면 동일한 경험을 할 것임을 도전하고 격려하고자 한다. 이 책에 수록된 것보다 더 많은 놀라운 간증들이 있지만 언제든지 증명하기 쉬운 것들만 실었다.

이 책의 가장 중요한 목적은 이때에 하나님의 교회가 부흥하여 수많은 성부(聖富)와 성빈(聖貧)들이 일어나 하나님의 나라가 이루어지는 데 있다.

성경적 재정 원칙의 삶은 부흥의 열쇠다

지난 5년 동안 한국내 뿐 아니라 한국 밖의 외국인들도 포함하여 많은 사람들이 내게 질문했다.

"한국교회의 부흥의 길은 어디에 있다고 생각합니까?"

내가 답변했다.

"한국교회의 부흥의 열쇠는 '재정'에 있습니다."

내 말에 대부분의 사람들은 선뜻 이해가 가지 않는 표정을 지었다. 그런데 최근 1~2년 사이에 많은 사람들이 이 말에 동의한다.

내가 주의 얼굴을 구할 때 '한국교회의 부흥의 열쇠는 재정에 있다'라고 주께서 말씀하셨다. 그 말씀에 나도 놀랐다. 물론 성경적 재정 원칙이 중요한 줄은 알고 있었으나 그 정도일 줄은 몰랐다.

또한 2011년 8월 말에 금식하며 주 앞에서 기다릴 때 주께서 새로운 사역을 시작하라고 말씀하셨다. NCMN(Nations-Changer Movement & Network)이 그렇게 시작되었다. 이 사역은 하나님의 교회를 견고히 하여 교회를 통해 온 땅에 대한 그분의 뜻을 이루고자 하는 데 도움을 주는 게 목적이다. 이를 위해 가장 기본적이며 중심적인 세 가지 사역을 일 년간 준비하라고 하셨다. 성경적 원칙에 입각한 '왕의 재정학교', 하나님의 나라를 세우기 위한 '쉐마 말씀학교', 그리고 세상의 변화를 주는 '체인저 리더십학교'이다.

매년 초에 그랬던 것처럼 2000년 1월 1일에도 주님 앞에 앉아 있는데 주께서 말씀하셨다.

'너는 이 성경적 재정 원칙을 내 교회에 전하라.'

나는 성경적 재정에 관한 것을 당시에 사역하던 단체에서만 강의했다. 그 후 10년 넘게 주께서 기회를 주시기를 기도했다.

하나님은 처음부터 '땅을 다스리라'(창 1:28)라고 우리에게 명령하셨다. '땅을 경작하고 지키라'(창 2:5,15)라는 말씀은 이 명령에 대한 구체적인 행동이다. 또한 이 명령은 '너는 복이 될지라 … 땅의 모든 족속이 너로 말미암아 복을 얻을 것이라'(창 12:2,3)라고 아브라함에게 하신 말씀에서 본격적으로 시작된다. 이 명령을 예수 그리스도의 버전으로 바꾸면 이렇다.

그러므로 너희는 가서 모든 민족을 제자로 삼으라 마 28:19

이 같은 주의 명령은 우리로 하여금 정치, 경제, 교육, 매스컴, 예술, 종교, 과학기술, 가정 등의 영역에 구체적으로 살피고 적용하도록 이끈다. 또한 성경은 이것을 어떻게 실행할 수 있는지에 대해 그 원칙을 제시한다. 성경은 마치 교과서와도 같다.

이 중에서도 특히 경제 영역은 다른 모든 영역을 위한 튼튼한 기반과 공급원이 되는 중요한 역할을 한다. 하나님은 그분의 교회가 이것을 이해하고 실행하기를 원하신다.

재물에 충성하라

지극히 작은 것에 충성된 자는 큰 것에도 충성되고 지극히 작은 것에 불의한 자는 큰 것에도 불의하니라 너희가 만일 불의한 재물에도 충성하지 아니하면 누가 참된 것으로 너희에게 맡기겠느냐 너희가 만일 남의 것에 충성하지 아니하면 누가 너희의 것을 너희에게 주겠느냐 집 하인이 두 주인을 섬길 수 없나니 혹 이를 미워하고 저를 사랑하거나 혹 이를 중히 여기고 저를 경히 여길 것임이니라 너희는 하나님과 재물을 겸하여 섬길 수 없느니라 눅 16:10-13

우리 주 예수님은 '재물에 충성하라'고 말씀하신다. 그러면 '참된 것'을 우리에게 맡기겠다고 하셨다. 재물은 눈에 보이는 이 땅에 있다. 참된 것은 눈에 보이지 않는 하늘에 있다. 하나님의 나라와 그의 의다. 주님은 우리에게 하나님의 나라를 맡기기를 원하신다. 그러나 먼저 우리는 자격시험을 치러야 한다. 우리에게 주어진 재물에 충성할 때 자격시험을 통과할 수 있다(눅 19:11-27).

그러면 어떻게 재물에 충성할 수 있을까? 다음의 세 영역의 삶을 살 때 이루어진다.

첫째, 재물의 노예가 되지 않고 재물을 노예로 다루는 삶을 산다.

둘째, 재물을 보물처럼 소유하지 않고 재물을 관리하는 삶을 산다.

셋째, 재물을 다루면서도 장막생활을 하는 삶을 산다.

하지만 이런 삶은 자동으로 이루어지지 않는다. 결심으로 되는 것도 아니다. 또한 특별한 사람에게만 해당되는 게 아니다. 이런 삶은 누구나 살 수 있다. 그러나 오직 훈련으로 이루어진다. 지난 동계올림픽에서 우리는 한국의 자랑인 여자스피드스케이팅 국가대표 이상화 선수, 남자쇼트트랙 국가대표 이한빈 선수의 발을 봤다. 이들이 세계 정상에 우뚝 설 수 있었던 것은 끊임없는 훈련에 있었다. 실수할 때 다시 일어서서 반복적으로 연습하는 고된 훈련을 거듭한 결과다.

재물에 노예가 되지 않고 재물을 노예로 다룰 줄 아는 삶은 '믿음으로 사는 삶'을 훈련할 때 이루어진다. 재물을 보물처럼 소유하지 않고 관리하는 삶은 '청지기의 삶'을 훈련할 때 이루어진다. 재물을 다루면서도 장막생활을 하는 삶은 '단순한 삶'을 훈련할 때 이루어진다.

믿음으로 사는 삶, 청지기의 삶, 단순한 삶, 이 세 가지가 재물에 충성할 수 있는 길이다. 이것이 하나님의 나라에 동참하기 위해 반드시 치러야 하는 자격시험이다.

믿음으로 사는 삶

믿음으로 산다는 것은 월급이 있고 없고를 말하는 게 아니다. 직장이 있고 없고를 말하는 것도 아니다. 로마서 10장 17절에 "믿음은 들음에서 나며 들음은 그리스도의 말씀으로 말미암았느니라"라고 하신 것처럼 믿음은 하나님의 말씀을 듣고 순종하며 신뢰하는 삶이다.

주께서 베드로에게 "깊은 데로 가서 그물을 내려 고기를 잡으라"(눅 5:4)라고 말씀하실 때 베드로가 믿음으로 반응했다. "선생님, 우리들이 밤이 새도록 수고하였으되 잡은 것이 없지마는 말씀에 의지하여 내가 그물을 내리리이다"(눅 5:5). 그는 자기의 경험이나 기술, 지식이나 생각에 의지하지 않고 주의 말씀에 의지했다. 그가 할 일은 오직 주의 말씀에 순종하여 깊은 데로 가서 그물을 내리는 것이다. 그리고 그럴 때 주께서 그물에 고기를 주실 것이라고 신뢰했다.

하나님이 엘리야에게 '요단 앞 그릿 시냇가로 가라'고 명령하셨다. 그리고 '내가 까마귀들에게 명령하여 거기서 너를 먹게 하리라'고 약속하셨다(왕상 17:2-7). 엘리야는 자신의 환경에 반응하지 않았다. 오직 하나님의 명령에 따라 순종하고 그 약속을 신뢰했다. 베드로와 엘리야는 믿음으로 사는 삶의 대표적인 예다.

주께서 "한 사람이 두 주인을 섬기지 못할 것이니 혹 이를 미워하고 저를 사랑하거나 혹 이를 중히 여기고 저를 경히 여김이라 너희가 하나님과 재물(맘몬)을 겸하여 섬기지 못하느니라"라고 하셨다(마 6:24, 눅 16:13). 하나님을 섬길 것인가, 맘몬을 섬길 것인가?

> 너희 자신을 종으로 내주어 누구에게 순종하든지 그 순종함을 받는 자의 종이 되는 줄을 너희가 알지 못하느냐 혹은 죄의 종으로 사망에 이르고 혹은 순종의 종으로 의에 이르느니라 **롬 6:16**

'내가 누구에게 순종할 것인가'에 따라 내가 섬길 주인을 택하는 것이다. 만일에 내가 맘몬의 말을 따라 행동한다면 맘몬이 내 주인이 될 것이다. 그러나 내가 하나님의 말씀을 따라 행동한다면 하나님이 내 주인이 될 것이다. 누가 내 결정에 영향을 주는가? 맘몬인가, 하나님인가?

믿음으로 산다는 것은 하나님을 내 주인으로 모시고 산다는 것을 말한다. 압박감으로 결정하는 게 아니라 하나님의 말씀을 따라 결정하는 것이다. 환경을 따라 사는 게 아니라 하나님의 말씀의 원칙을 따라 사는 것이다. 나는 환경에 의해 결정하는가, 아니면 하나님의 말씀을 듣고 그것에 따라 결정하는가? 내가 직장을 왜 다니는가? 돈 때문인가, 아니면 주의 말씀을 듣고 그의 뜻을 따른 것인가? 믿음으로 산다는 것은 오직 주의 말씀을 따라 행하는 것이다.

믿음으로 산다는 것은 다음의 세 가지 사실에 근거한다.

첫째, 내 모든 삶의 주인은 오직 예수 그리스도다. 내가 순종해야 할 이는 오직 예수 그리스도다.

둘째, 내 모든 삶의 공급자는 오직 하나님이시다. 회사의 사장이나 직장이 아니다. 하나님은 모든 것의 주인이시다. 모든 것이 다 주께 속했다. 부와 귀도 주께로 말미암는다. 주의 손에 권세와 능력이 있다(대상 29:11,12). 하나님은 "은도 내 것이요 금도 내 것이니라"(학 2:8)라고 말씀하신다.

셋째, 내 모든 삶의 안정은 오직 하나님께 있다. 사람이나 직장에 있지 않다.

시간이 지나갈수록 우리의 영적전쟁터는 재물에 있다. 요한계시록 13장 11-18절은 이런 모습을 잘 보여준다. 사탄이 짐승의 우상을 만들고, 그 우상에게 생기를 주어 말하게 하고, 모든 사람들이 그 우상에게 절하게 했다. 그리고 누구나 오른손이나 이마에 표를 가진 자만 매매할 수 있게 했다. 그 표는 '짐승의 이름'이나 '그 이름의 수'라고 했다. 먹고 사는 데 가치를 두는 사람이라면 당연히 그 표를 받을 것이다. 그러나 하나님은 이런 일이 일어나기 전에 먼저 그의 백성들의 이마에 인을 쳐서 보호하신다(계 7:1-4).

믿음으로 사는 사람이 바로 이런 사람들이다. 주께서 베드로나 엘리야의 필요를 채우시듯 오늘 믿음으로 사는 그의 백성들의 필요를 채우실 것이다. 당신은 재물의 노예가 될 것인가, 재물을 노예로 다룰 것인가?

믿음으로 살아갈 때 증명되는 다섯 가지가 있다.

첫째, 하나님이 그분 자신을 증명하신다. 믿음으로 살 때 하나님을 경험하게 된다. 말이나 이론이 아닌 삶으로 경험하게 된다.

둘째, 하나님과의 친밀감을 갖게 된다. 하나님의 음성에 귀를 기울이고 그 뜻을 따라 순종하는 삶을 살기에 하나님의 뜻을 아는 삶, 그분과 동행하는 삶을 산다.

셋째, 믿음이 자라난다. 데살로니가후서 1장 3절에 '믿음은 자라난다'라고 한다. 적은 믿음에서 점점 큰 믿음으로 자라난다. 영적인 원칙을 배운다. 보이는 세계와 보이지 않는 세계를 이해한다. 염려와 두려움으로부터 자유하게 된다. 기쁨과 평안의 삶을 산다.

넷째, 하나님의 나라가 확장된다. 하나님의 프로젝트가 활발하게 일어나고, 하나님의 일꾼들이 세워진다. 사회의 각 영역에 그분의 영광이 나타난다.

다섯째, 그리스도의 몸의 일치가 일어난다. 서로 나누어주는 삶, 섬김의 삶을 통해 진정한 그리스도의 사랑이 실천된다.

청지기의 삶

청지기의 삶은 내 모든 재물의 소유주가 내가 아니요 오직 하나님이심을 아는 삶이다. 그리고 나는 그것을 잘 관리하는 삶이다. 하나님께서 "너희를 위하여 보물을 땅에 쌓아두지 말고 하늘에 쌓아두라"(마 6:19,20)라고 하신다. 이 말씀에 의하면 우리의 보물을 쌓는 장소는 두 군데이다. 즉 '땅'과 '하늘'이다. 땅을 말할 때 가장 대표적인 예가 시중은행, 각종 펀드나 주식 등이다. 그렇다면 하늘에도 이 같은 것들이 있다는 것이다. 즉

'하늘은행'이다. 당연히 은행장은 하나님 자신이시다. 청지기의 삶은 하늘은행 구좌를 여는 삶이다.

어떻게 하늘은행에 입금할 수 있는가? 하나님이 말씀하시는 곳에 두면 된다. 씨 뿌리는 비유를 생각해보자. 예수께서는 씨 뿌리는 자가 네 종류의 밭, 즉 길가, 돌밭, 가시떨기, 좋은 땅에 씨를 뿌린다고 하신다. 그리고 좋은 땅에는 30배, 60배, 100배의 결실을 맺는다. 하늘은행은 분명히 좋은 땅이다.

좋은 땅은 어디를 말하는가? 첫째, 가난하고 소외된 자들, 고아나 과부, 나그네가 여기에 해당된다. 성경은 이에 대해 약 3천 번이나 언급하신다! "가난한 자를 불쌍히 여기는 것은 여호와께 꾸어드리는 것이니 그의 선행을 그에게 갚아주시리라"(잠 19:17), "여호와께서 나그네들을 보호하시며 고아와 과부를 붙드시고"(시 146:9)라고 하신다. 가난한 자를 보살피는 자에게는 복이 있다고 하신다. 시편 41편 1-3절을 묵상하자.

둘째, 하나님나라의 프로젝트다. 지역교회나 선교회의 사업이 해당된다(딤전 6:17-19).

셋째, 하나님의 나라의 일꾼들이다. 이들은 하나님나라의 확장에 부르심을 받았다. 이들은 재정 수입을 주께 의지하는 전임사역자들이다. 목회자, 선교사, 간사들이 해당한다. 이들을 '성빈'이라고 부른다.

성부들이 많이 일어나야 한다. 하나님께서는 성부들을 축복하시어 많은 재물을 주시어 좋은 땅에 심기를 원하신다. 내가 역사를 통해 배운 것은 성부가 속부(俗富)되기 쉽고, 성빈이 속빈(俗貧)이나 속부가 되기 쉽다는 것이다. 그렇게 되면 하나님의 나라에 부정적인 영향을 주게 된다.

이런 일이 일어나지 않도록 어떻게 해야 하는가? 성부는 성빈처럼 살고, 성빈은 성부처럼 살아야 한다. 디모데전서 6장 6-10절, 17-19절은 이에 대한 성경적 원리를 보여준다. 이 말씀을 묵상하자. 누구나 자족하는 삶을 살아야 한다. 부해지려고 하지 말아야 한다. 돈을 사랑하지 않아야 한다. 재물에 소망을 두지 말고 오직 하나님께 두어야 한다. 선을 행하고, 선한 사업을 많이 하고, 나누어주기를 좋아하고, 너그러운 자가 되어야 한다. 성부나 성빈 모두 하늘은행에 입금하는 삶을 산다.

성경은 놀랍게도 재물을 다룸에 대한 것을 농사짓는 원칙으로 말씀하신다. 농부가 씨를 땅에 심으면 많은 열매를 맺는 것처럼 재물을 하늘은행에 입금하면 반드시 놀랍게 배가가 되어 지급하신다는 것이다. 고린도후서 9장 6-15절, 잠언 11장 24,25절을 묵상하기 바란다.

하나님의 법칙은 언제나 배가다. 동물, 식물, 새, 물고기 등 모든 것이 배가가 된다.

하나님이 능히 모든 은혜를 너희에게 넘치게 하시나니 이는 너희로 모든 일에 항상 모든 것이 넉넉하여 모든 착한 일을 넘치게 하게 하려 하심이라 **고후 9:8**

심는 자에게 (심을) 씨와 먹을 양식을 주시는 이가 너희 심을 것을 주사 풍성하게 하시고 너희 의의 열매를 더하게 하시리니 **고후 9:10**

얼마나 놀라운 하나님나라의 법칙인가! 하나님은 우리를 재물의 청지기로 살게 하기 위해 모든 것을 배가가 되게 하셨다. 우리 자신의 필요와 가난한 자들을 보살피고, 하나님나라의 필요를 위해 모든 것을 풍성하게 하신다. 그런데 여기에 중요한 원칙이 있다. 적게 심는 자는 적게 거두고, 많이 심는 자는 많이 거둔다는 법칙이다. 만일 우리가 궁핍하게 산다면 적게 심었기 때문이다. 수확의 양은 심는 양에 의해 이루어진다. 그런데 놀라운 것은 우리가 심은 것보다 거두는 것이 엄청난 배가가 된다는 것이다. 가령 옥수수 한 알을 심으면 250알 정도의 옥수수를 2~3개나 수확한다. 한 알을 심으면 500~750알을 수확한다. 다른 것들도 다 이와 같다.

그러므로 영적 농부인 우리는 심는 것에 대해 비상한 관심을 갖는다. 심는다는 것은 하늘은행에 입금한다는 것이다. 좋은 땅에 심는 것이다. 가장 중요한 기본적인 심는 씨는 '십일조'다. 하나님은 우리를 축복하여 풍성한 삶을 위해 십일조에 대해 말씀하셨다. 말라기서 3장 7-12절, 신명기 26장 12-15절을 묵상하기 바란다.

청지기의 삶에서 빚지지 않는 것이 매우 중요하다. 빚지는 삶을 살면 청지기의 삶을 살 수 없다. 빚지는 순간부터 우리의 삶의 주인이 바뀌기 때문이다(잠 22:7). 빚지는 것을 대수롭지 않게 여겨서는 안 된다. 빚을 갚기 위해 최선을 다해야 한다. 우리는 청지기로 살기 위해 효과적인 예산을 세워야 한다. 의무사항과 필요사항과 요망사항, 그리고 심고거둠의 항목으로 분류하여 예산을 집행해야 한다. 각 항목마다 봉투를 따로 마련하여 충성스럽게 관리해야 한다.

단순한 삶

눈은 몸의 등불이니 그러므로 네 눈이 성하면 온몸이 밝을 것이요 눈이 나쁘면 온몸이 어두울 것이니 그러므로 네게 있는 빛이 어두우면 그 어둠이 얼마나 더하겠느냐 마 6:22,23

이 말씀은 언뜻 보면 이해가 잘 안 가는 부분이다. 바로 전의 구절은 '보물을 땅에 쌓아두지 말고 하늘에 쌓아두라'(마 6:19, 20) 하시고, 또한 바로 뒤에 '하나님과 맘몬(재물)을 겸하여 섬기지 못한다', '염려하지 말고 믿음의 삶을 살라'(마 6:24-34)는 말씀이 있기 때문이다.

이 구절의 앞뒤 내용들이 모두 재물에 대해 올바른 태도를 가져야 한다고 말하고 있다. 전체적으로 재물에 대해 말씀하시면서 중간에 '눈'에 대해 말씀하신 의미는 무엇일까? 주님은 눈과 몸의 관계를 설명하신다. 눈은 몸의 등불이다. 눈이 성하면 온몸이 밝고, 나쁘면 온몸이 어둡다. 어두우면 사물을 잘 분별하지 못해 더듬게 된다. 어두우면 캄캄한 밤에 빛이 없으면 길을 갈 수가 없다. 캄캄한 방에서는 아무것도 할 수 없다. 책도 읽을 수 없다. 그래서 등불이 필요하다. 등불은 길을 밝히고, 사물을 밝히 보며, 목적하는 바를 이루게 도와준다.

마찬가지로 눈은 몸의 등불 역할을 한다. 그래서 눈이 좋아야 한다. 그런데 주님은 눈이 '성하면'이라고 말씀하셨다. '성하다'라는 헬라어, '하플루스'(haplous)는 '건강하다'는 의미다. 그러나 '단순하다'(simple, single) 또는 '순전하다'가 이 구절에서 의미적으로 더 적합하다. 즉 '눈이 단순하다'는 것은 '눈의 초점이 하나다'라는 것이다. 만일에 사물이 하나로 보이지 않고 두 개로 보이면 심각한 것이다. 흔히 이것을 '더블 비전'이라고 한다. 왜냐하면 초점이 하나로 모아지지 않기 때문이다.

초점이 하나로 모아지면 사물을 밝히 보게 되는 것같이 삶의 목적의 초점이 하나로 모아질 때 그의 삶은 힘이 있다. 초점이 하나로 모아지는 삶, 이것이 단순한 삶이다. 장막생활은 단순한 삶으로 이 세상에서 나그네의 삶을 살 때만이 가능하다. 텐트생활은 이동하기가 편리하다. 나는 여행을 많이 한다. 여행을 효과적으로 하려면 가방을 간소하게 꾸려야 한다. 이처럼 하나님께서는 재물에 대한 우리의 눈이 단순하기를 바라신다. 즉 하나의 목적을 가지기를 원하신다. 재물에 대한 목적은 오직 하나다. 하나님의 나라를 확장하는 데 있다. 관대하면서 기꺼이 주는 삶을 사는 것이다.

하나님의 나라는 '사고파는 법'이 아니라 '주고받는 법'이 지배한다. 주고받는 것은 하나님의 성품이다. 하나님은 인색하지 않으시고 후히 주신다. 우리가 주고받는 삶을 살 때, 그분의 성품을 닮아간다. 하나님의 나라가 확장된다. 맘몬의 영으로부터 자유하게 된다. 우리의 믿음이 자라난다. 사랑과 위탁의 관계가 형성된다. 우리는 주고받는 법을 삶의 패턴으로 만들기 위해 훈련해야 한다. 다음과 같은 몇 가지 구체적인 실천 방안을 제시한다.

1. 5K 운동

'5K 운동'은 이를 실천하는 가장 좋은 터이다. 5K란 5킬로미터를 말한다. 각 지역교회가 교회 반경 5킬로미터 내의 가난하고 궁핍한 사람의 필요를 돌아보는 것이다. 동시에 각 교회가 북한의 한 지역을 선정하여 그 반경 5킬로미터 내의 필요를 채우기 위한 운동이다. 또한 가장 복음이 필요한 선교지를 정해 5킬로미터 반경 내의 필요를 돌아보는 것이다. 이들 세 지역의 필요를 어떻게 돌아볼 것인가?

첫째, 그들에게 성경을 준다. 각 사람은 하나님의 말씀을 들을 권리가 있다. 둘째, 그들이 교육받을 수 있도록 한다. 각 사람은 교육을 받을 권리가 있다. 특히 유아와 어린이들에게 필요하다. 셋째, 그들의 의식주를 도와준다. 각 사람은 기본적인 삶을 살 권리가 있기 때문이다. 넷째, 그들의 건강을 위한 의료 혜택을 받도록 도와준다. 각 사람은 건강할 권리가 있기 때문이다.

2. 소유권 포기 및 이전 계약서

우리가 가진 것은 모두 주의 것이다. 주께서 우리에게 얼마의 기간 동안 관리하도록 맡기신 것이다. 우리가 주께로 갈 때는 우리의 가진 것 어느 하나도 가지고 갈 수 없다. 실오라기 하나도 가져갈 수 없다. 그러므로 내가 가진 것의 소유권자가 내가 아니요 오직 하나님이심을 고백하고 언제든지 주께서 말씀하시면 그것을 내놓기로 문서에 서명한다.

3. 유언서 작성

내가 가지고 있는 것들은 언제나 다른 이에게 맡길 준비가 되어야 한다. 유언서 작성은 이것을 표현한 것이다.

나는 우리가 이 같은 일들을 운동으로 확산하기를 제안한다. 우리 그리스도인들이 앞장서야 한다. 개인과 가정, 교회와 기업을 넘어서서 서로 네트워크를 형성하여 함께 진행하는 것이 참으로 귀하고 아름답다.

NCMN 홍성건

부흥의 열쇠인 재정을 다스리라

옛날 일을 생각하지 말라

성경은 믿음에 대해 214번, 구원에 대해 218번, 재물에 대해 약 3천 번 언급한다. 믿음과 구원보다 재물에 대해 열 배 이상 더 말하는 이유는 재물이 믿음과 구원보다 더 중요해서가 아니다. 재물에 대해 우리가 알아야 하는 게 그만큼 많다는 것을 의미한다.

내가 중보기도와 영적전쟁에 대한 강의를 주로 하던 어느 날 새벽이었다. 갑자기 '일어나라 빛을 발하라'라는 음성에 놀라 주님 앞에 엎드렸다.

'바다의 부가 네게로 돌아오며 이방 나라들의 재물이 네게로 옴이라'

'금과 유향을 가지고 와서 여호와의 찬송을 전파할 것이며'

'먼 곳에서 네 자손과 그들의 은금을 아울러 싣고 와서 네 하나님 여호와의 이름에 드리려 하며'

'이방 나라들의 재물을 가져오며 그들의 왕들을 포로로 이끌어 옴이라'(사 60:5-11).

이사야서 60장의 말씀으로 주님이 나를 부르셨다. 그리고 온 교회와 나라 안에 부흥을 일으키겠다고 말씀하셨다. 그리고 그 부흥의 열쇠가 '재정'이라고 하셨다. 주께서 '네가 가는 곳곳마다 재물을 일으킬 것이고, 재정의 형태를 바꾸겠다'고 약속하셨다. 또 '너를 부르는 곳이 복이 될 것이고, 너를 만나는 자마다 복을 받게 될 것이다'라고 하셨다. 그리고 '너를 통해 거룩한 재물들을 모을 것이고, 이 재물들이 여호와의 이름 앞에 예배하게 될 것이다'라고 하셨다. 주께서 계속 말씀하시길 새 일을 행하겠다고 하셨다.

> 너희는 이전 일을 기억하지 말며 옛날 일을 생각하지 말라 보라 내가 새 일을 행하리니 이제 나타낼 것이라 너희가 그것을 알지 못하겠느냐 반드시 내가 광야에 길을 사막에 강을 내리니 사 43:18,19

그날 새벽에 주님은 아주 특별한 말씀으로 나를 익숙한 길에서 새로운 길로 이끌어가길 원하셨다. 주께서 말씀하신 새 일은 광야에 길을, 사막에 강을 내시는 것이었다. 새 일을 행하시는 것은 그것을 약속하신 주님이 하실 일이다. 그런데 주께서 우리에게 새 일을 행하시는 데 가장 방해가 되는 것이 있다고 말씀하셨다. 그것은 '이전 일과 옛날 일'이다. 주께서는 그것을 기억도, 생각도 하지 말라고 하신다. 우리가 실패하고, 실수했던 경험들, 열심히 했지만 안 되었던 일들을 생각하지 말라는 것이다. 이런 것들을 붙잡고 있으면 사탄이 그 생각들을 사용하여 우리가 주님을 신뢰하지 못하도록 만든다. 그렇게 되면 주님은 새 일을 행하지 않으신다.

이전의 실수와 실패, 과거의 정죄감을 주님 앞에 드려라. 이미 모든 것을 용서하신 주님을 신뢰하라.

나는 부족하고 힘이 없으나,
주님은 완전하시며, 강하신 분이시다!
나는 능력이 없으나,

주님은 내게 능력을 주시는 분이시다!
나는 연약하여 실패하나,
주님은 나의 힘이 되시고, 승리자이시다!

이런 주님을 신뢰할 때 반드시 주님은 우리에게 새 일을 행하실 것이다.

두 주인

한 사람이 두 주인을 섬기지 못할 것이니 혹 이를 미워하고 저를 사랑하거나 혹 이를 중히 여기고 저를 경히 여김이라 너희가 하나님과 재물을 겸하여 섬기지 못하느니라 마 6:24

홀로 한 분, 만왕의 왕이신 하나님만 주인이시다. 그런데 두 주인을 소개하는 것은 무슨 의미일까? 그것은 우리가 재물을 하나님만큼 중요한 주인의 자리에 올려놓았다는 것이다.

'재물'이라는 단어를 당시의 언어인 아람어로 보면 '맘몬'(Mammon)이다. 이는 실제로 가나안에 존재하던 우상의 이름이다. 사탄에게 속한 어두움의 영이다. 맘몬이 재물로 번역된 것은 그것이 재물 뒤에서 우리를 조종하기 때문이다.

맘몬은 재물을 지배하여 그것을 통해 세상에 영향을 주려고 한다. 세상과 사람을 지배하려고 한다. 우리에게 물질주의와 황금만능주의를 주입한다. 마태복음 6장 24절과 누가복음 16장 13절에서 예수께서는 맘몬이 하나님과 라이벌 의식이 있다고 한다.

예를 들면 정치 안에 역사하는 영은 정사(政事)의 영이다. 이것은 높은 위치의 사람들(대통령, 국회의원 등)에게 영향을 미친다. 하나님의 법과 반대되는 법을 통과시키거나 불의한 지도력을 발휘하여 나라 전체를 하나님의 나라와 반대되는 나라로 이끌어가게 한다. 최근에도 이런 법이 통과되어 온 나라를 어려움에 빠뜨리려 하고 있다. 그래서 "임금들과 높은 지위에 있는 모든 사람을 위하여 (기도)하라"라고 하신다(딤전 2:2).

이렇듯 사탄이 조직적이며 체계적으로 일하는 것을 우리가 알아야 한다. 그중 가장 강력한 사탄의 영이 맘몬의 영이다. 교만한 영이다. 이는 가나안에 거주하던 족속들이 섬겼던 신의 이름이다. 이 신은 사람에게 불의한 방법으로 돈을 주고 부유케 한다. 정말 맘몬이 돈을 주는가? 그렇다! 앞으로 맘몬이 주는 돈이 어떤 것들인지 배우기로 하겠다. 가룟 유다가 예수님을 팔아 챙긴 돈이 바로 맘몬이 주는 대표적인 돈이다.

성경은 사탄이 가룟 유다에게 예수를 팔 생각을 집어넣었다고 기록하고 있다(눅 22:3-6). 우리의 생각은 가장 치열한 영적전쟁터다. 하나님도 우리에게 돈을 주신다. 그렇다면 우리는 누구의 돈을 받을 것인가? 어떤 이들은 "누가 주면 어때, 돈만 많이 주면 좋겠네"라고 할지 모르겠다. 하지만 나는 확신한다. 여러분이 이 책을 다 읽게 되면 맘몬의 돈을 거절하고, 하나님의 돈을 받기로 결단하게 될 것이다!

백만 불짜리 질문

우리에게 지금 닥친 풍랑과 고난, 사건과 사람들과 깨어진 관계, 환경과 상황 등을 어떻게 볼 것인가? 나는 인생의 풍랑을 만났을 때 건강하지 않은 반응을 했다. 스스로 깊은 정죄감에 빠져들었다.

'내가 무슨 죄를 지었기에 이 풍랑을 만났는가?'

그리고 남을 원망하기 시작했다.

'저 사람만 아니었다면 내가 이 풍랑은 만나지 않았을 거야.'

자기 연민에 빠져 스스로를 불쌍히 여기면서 우울증에 빠지게 되었다. 급기야 하나님의 성품까지 의심했다.

'아, 하나님은 나를 사랑하지 않으셔서, 나를 버리신 거야.'

이런 네 가지 반응(정죄감, 남을 원망하기, 자기 연민, 하나님의 성품 의심하기)으로는 절대 풍랑을 해결할 수 없다. 그러면 풍랑을 만났을 때 어떻게 해야 하는가? 예수님은 풍랑을 만났을 때 어떻게 하셨는가? 우리가 풍랑을 축복으로 바꾸고, 그것을 해결하기 위해서는 예수님의 지혜를 배워야 한다.

그가 아들이시면서도 받으신 고난으로 순종함을 배워서 히 5:8

이 말씀을 통해 우리에게 가르치시는 것은 예수님도 고난(풍랑)을 만나셨다는 것이다. 그 풍랑을 통해 예수님은 순종을 배우기로 결정하셨다. 고난을 통해 순종을 배우신 예수님이시다. 그렇다면 우리도 고난을 바라보는 시선을 바꾸어야 한다. 이것이 훈련이다. 우리에게 닥친 고난을 통해 배우기로 결정하고, 주님 앞에 나가야 한다.

나는 정말이지 고난을 축복으로 바꾸어야만 했다. 그래서 건강하지 않았던 반응들을 버리기로 결정하고, 고난을 통해 가르치기 원하시는 하나님 앞으로 나아갔다.

'아버지! 이 고난을 통해 제가 배워야 하는 것은 무엇입니까?'

하나님은 '내려놓음'이라고 말씀하셨다. 나는 이해할 수가 없었다. 무엇을 더 내려놓아야 한단 말인가?

'이미 다 없어졌고, 모든 것을 내려놓았는데요.'

주님은 부드럽게 말씀하셨다.

'믿음으로 사는 삶에 가장 방해가 되는 자존심을 내려놓으라.'

그날 하나님 앞에 나는 완전히 깨져나갔다. 모든 것이 없어졌기에 자존심마저 지키지 못하면 살아낼 수 없다고 생각하고 끝까지 붙들고 있었다. 그러나 주님이 나를 가르치실 때는 마음이 아프지도, 자존심이 상하지도 않았다. 주님은 감격과 감동으로 나를 부드럽게 훈련시키셨다.

> 모든 은혜의 하나님 곧 그리스도 안에서 너희를 부르사 자기의 영원한 영광에 들어가게 하신 이가 잠깐 고난을 당한 너희를 친히 온전하게 하시며 굳건하게 하시며 강하게 하시며 터를 견고하게 하시리라 **벧전 5:10**

여러분도 주님께 배우는 것을 두려워하지 말라. 사람들처럼 우리를 아프게 하지 않으시는 분, 그분은 다정하고 부드러운 분이시다. 백만 불짜리 질문을 기억하라.

'주님! 이 고난(풍랑)을 통해 무엇을 가르치길 원하십니까?'

보이는 세계와 보이지 않는 세계

하나님께서 우주를 만드실 때 보이는 세계와 보이지 않는 세계를 만드셨다. 먼저 보이지 않는 세계를 다 만드셨다. 그 다음에 우리가 사는 보이는 세계를 만드셨다. 가장 놀랍게 만드신 것은 '사람'이다. 보이는 세계의 흙을 취해서 사람을 만드시고, 그 코에 생기를 불어넣어 만드셨다(창 2:7).

하나님은 사람에게 보이는 세계와 보이지 않는 세계를 볼 수 있게 하셨으며, 또한 두 세계에 동시에 살 수 있게 지으셨다. 사람은 보이는 세계의 음성을 들으며, 동시에 보이지 않는 세계의 음성을 들을 수 있다. 또한 하나님은 사람을 그분과 교제할 수 있도록 만드셨다.

그런데 왜 우리는 보이지 않는 세계를 볼 수 없고, 하나님의 음성을 듣지 못하는 것일까? 그것은 사람들이 보이는 세계에만 집중해서 살도록 사탄이 보이지 않는 세계를 가려놓았기 때문이다(고후 4:3,4). 보이는 세계만 보고 살면 영적 감각이 둔해져서 하나님의 음성이 잘 들리지 않게 된다.

그렇다면 어떻게 영적 감각을 회복하며, 보이지 않는 세계를 보며, 하나님의 음성을 들을 수 있을까? 어렵지 않다. 훈련을 통해 충분히 가능하다. 영적 감각의 회복은 믿음으로 사는 삶을 훈련함으로 가능하다. 보이지 않는 세계를 보는 것은 말씀을 믿음의 눈으로 보는 훈련을 통해 가능하다. 하나님의 음성을 듣기 위해 성경 말씀을 많이 읽고, 그분의 성품을 깊이 알아가야 정확한 음성을 분별하게 된다. 우리 모두는 처음부터 그분의 음성을 듣도록 창조되었다.

3년 전, 주님은 내게 재정에 관한 책을 쓰라고 말씀하셨다. 나는 하나님께 그 책을 쓰고 싶지 않다고 솔직하게 말씀드렸다. 그런데 올해 초에 주께서는 또다시 재정에 관한 책을 쓰라고 말씀하셨다. 나는 정말이지 내 부끄러운 과거들을 책으로 남기고 싶지 않았다. 유튜브에 올라와 있는 내 강의들은 언제라도 내가 요청만 하면 내릴 수 있지만, 책은 한번 내면 영원히 지울 수 없다는 생각 때문이었다.

그날 새벽, 나는 무거운 마음으로 주님 앞에 나아갔다.

'주님, 제가 왜 재정 책을 써야 합니까?'

그때 주께서 말씀하셨다.

'이 책을 통해 낙심자와 불신자들을 내게로 돌아오게 할 것이다. 내가 그들에게 미래의 소망이 되어줄 것이다. 내가 그들에게 새 일을 행할 것이다.'

그 말씀 앞에 나는 즉시 순종하여 그날 새벽부터 책을 쓰기 시작했다. 책을 쓰기로 한 것은 정말로 쉽지 않은 선택이었다.

나는 이 책을 읽는 독자들에게 간곡히 부탁드리고 싶다. 이 책을 낙심자와 불신자들을 향한 전도용으로 꼭 사용해주길 바란다. 그들에게 이 책《왕의 재정》을 전달하는 것은 우리의 몫이지만, 그들을 주께로 돌이키는 것은 그렇게 행하시겠다고 말씀하신 그분이 하실 것이다.

이 책이 나오기까지 함께 고생하고 견디며 치열한 믿음의 삶을 살아낸 남편과 아들 유진이에게 고맙고 감사의 마음을 전하고 싶다. 또 우리 가족을 옆에서 지켜봐주시고, 기도해주시고, 늘 신뢰해주신 인천제일교회 손신철 담임목사님께도 감사의 말씀을 드린다.

오늘의 내가 있기까지 홍성건 목사님의 탁월한 성경적 재정 원칙의 강의가 없었다면 아마 하나님나라의 비밀을 깨닫지 못했을 것이다. 목사님께도 정말 감사하다는 말씀을 꼭 전해드리고 싶다. 그리고 내 삶의 가장 큰 신앙의 본을 보이시고, 말씀으로 이끌어주신 어머니께 존경과 사랑의 마음을 드린다.

이 책은 홍성건 목사님의 제자 김미진의《왕의 재정》첫 번째 이야기다. 두 번째 이야기는 홍 목사님과 내 강의를 들은 사람들이 또한 제자가 되어 이어질 것이다. 이들이 믿음으로 사는 삶을 통해 하나님의 약속의 말씀이 그대로 이루어져서 그들의 막힌 재물들이 어떻게 돌파되었으며, 재물의 형태가 바뀌었는지에 대한 이야기가 될 것이다. 이들을 통해 하나님의 나라가 얼마나 놀랍게 확장되는지 기대하라!

김미진

1강

재물의 노예 되지 않고
재물을 노예로 다스리라

믿음으로 사는 삶을 훈련하라

2강

재물을 보물처럼
소유하지 않고 관리하라

청지기의 삶을 훈련하라

3장
재물을 다루면서도
장막생활을 하라

마치는 글
《왕의 재정학교 워크북》 사용법

재물의 노예가 되지 않고 재물을 노예로 다루는 삶은
오직 믿음으로 사는 삶을 훈련할 때 가능하다. 홍성건

1강

재물의 노예 되지 않고
재물을 노예로 다스리라

믿음으로 사는 삶을 훈련하라

씨고구마 밭의 꿈

재정적으로 아주 어려움을 겪고 있을 때였다. 하루는 잠을 자고 있는데, 어떤 세 사람이 찾아와서 나를 불렀다. 나는 일어나서 그들에게 갔다. 분명히 나는 자고 있었는데 또 다른 내가 그들에게 가고 있는 게 아닌가! 순간 나는 내가 죽은 줄 알았다. 사도 바울의 고백처럼 내가 몸속에 있는지 몸 밖에 있는지를 몰랐다.

그 세 사람은 "시간이 없다. 빨리 따라오라"라고 재촉했다. 나는 그들을 따라갔다. 그런데 그 길은 너무나 힘든 길이었다. 산을 넘고, 넘고, 또 넘었다. 마지막 산을 넘으니 아주 큰 바다 같은 호수가 보였다. 세 사람은 물속으로 쑥 들어갔고, 내게도 물속으로 빨리 따라 들어오라고 했다. 나는 너무나 두렵고 겁이 나서 안 들어가겠다고 버티고 있었다. 그 세 사람은 "시간이 없다"라며 나를 재촉했다. 내가 끝까지 물속으로 들어가지 않자 그들이 다시 물 밖으로 나와서 내가 선 곳과 호수 저 건너편까지 구름다리 같은 것을 만들었다. 그리고 그쪽으로 건너오라고 했다.

나는 그 다리를 건넜다. 다리를 건너자 놀라운 광경이 펼쳐졌다. 동서남북으로 끝도 보이지 않는 고구마 밭에서 사람들이 고구마를 수확하고 있었다. 팔뚝만한 큰 고구마들이 보였다. 세 사람은 시간이 없다며 나를 재촉했고, 나를 어떤 고구마 밭으로 데려갔다. 아주 작고 볼품없는 밭이었다. 그런데 이 밭이 내 밭이라고 했다.

그러고는 내게 시간이 없으니 빨리 고구마를 캐라고 했다. 나는 속이 상해서 다른 사람들처럼 내게도 좋은 밭을 달라고 했다. 그들은 시간이 없다며 빨리 고구마를 캐라고 재촉했고, 나는 할 수 없이 고구마를 캐기 시작했다. 그런데 아주 작고 단단하고 주먹만한 고구마들이 나왔다. 한 가마니하고 반 가마니를 더 캤다.

나는 그들에게 물었다.

"내 고구마들은 왜 이리 작아요? 큰 고구마를 캘 수 있는 밭을 주세요!"

그들이 내게 그들의 말을 잘 들으라고 했다.

"네가 지금 캔 고구마는 씨고구마다. 이 고구마를 좋은 밭에 심어라. 그러면 지금 네가 보고 있는 동서남북으로 끝도 없이 펼쳐진 이 고구마 밭을 얻게 될 것이다."

그러면서 내게 고구마를 들고 집으로 가라고 했다. 집에 어떻게 왔는지는 잘 모르겠다. 이 꿈이 너무나 생생해서 옆에서 자는 남편을 깨워서 이야기를 했다. 남편은 그 꿈을 주께서 해석해주시도록 기도하라고 했다.

다음 날이었다. 그 세 사람이 또 찾아왔다. 나는 그들 앞에 엎드려서 뭔가를 구하고 있었다. 그들이 내게 물었다.

"네가 지금 무엇을 구하느냐?"

나는 돈이 급했다.

'돈이요~, 돈이요~'라고 마음으로 외쳤으나 내 입에서는 전혀 다른 말이 나왔다.

"내 입술에 능력과 권세를 주세요!"

내 의지와 상관없이 내 입에서 말이 나와버렸다.

"왜 그것을 구하느냐?"

나는 정말이지 돈을 구했는데 내 입은 전혀 다른 답을 하고 있었다.

"온 땅을 다니며 주의 복음을 전하고 싶어요."

그들은 내게 "네가 구하는 것이 선하다"라고 말하고는 사라졌다.

연속으로 이틀에 걸쳐 너무나 생생한 꿈을 꾸었으나 도저히 이 꿈을 해석할 수가 없었다. 그리고 많은 시간이 지나 나는 정말 주님의 말씀을 전하는 사람이 되었다.

오랜 세월이 흐른 후 주님께서 이 꿈에 대해 이해시켜주셨다. 내가 섬기는 곳의 외모를 보지 말라고 하셨다. 볼품없어 보이는 작은 곳에서 씨고구마를 캔다고 하셨다. 지금은 실패한 것처럼 보이는 사람들이지만, 그들이 믿음으로 살아내어 씨고구마가 된다고 하셨다. 이런 이해를 받고부터 나는 작은 곳, 실패한 사람들을 볼 때 더 이상 작거나 볼품없다고 생각하지 않게 되었다. 오히려 이들이 씨고구마라고 생각하니 힘을 다해 섬기게 되었다.

주님께서 말씀하시길 '네가 섬기는 곳마다 동서남북으로 끝도 없이 열매 맺는 씨고구마들이 있다'고 하셨다. 어쩌면 지금 이 글을 읽고 있는 당신이 열매 맺는 씨고구마일 것이다. 할렐루야!

빚쟁이 하나님

> 가난한 자를 불쌍히 여기는 것은 여호와께 꾸어드리는 것이니 그의 선행을 그에게 갚아주시리라 **잠 19:17**

> 가난한 자에게 베푸는 일은 여호와께 빌려드리는 것이니 그분이 후하게 보상하신다 **쉬운성경**

이 말씀은 우리가 가난한 자에게 무엇을 준다면 하나님의 계산법은 '내가 네게 꾸었다'라고 하시며 하나님이 내게 빚쟁이가 되어주신다는 것이다. 하나님이 내게 빚을 지셨기에 선행을 갚아주겠다고 약속하신다. 누가 만왕의 왕을, 만주의 주를 빚쟁이로 만들 수 있는가! 가난한 자에게 주는 자가 하나님을 빚쟁이로 만든다.

그의 선행을 그에게 갚아주신다는 약속은 우리가 가난한 자에게 준 만큼 갚아주신다는 게 아니다. 우리가 준 것보다 더 넘치게 우리에게 갚으신다는 하나님의 약속이다.

가난한 자를 보살피는 자에게 복이 있음이여 재앙의 날에 여호와께서 그를 건지시리로다 여호와께서 그를 지키사 살게 하시리니 그가 이 세상에서 복을 받을 것이라 주여 그를 그 원수들의 뜻에 맡기지 마소서 여호와께서 그를 병상에서 붙드시고 그가 누워 있을 때마다 그의 병을 고쳐주시나이다 시 41:1-3

이 말씀에서 주님은 가난한 자를 보살피는 자들에게 세 가지를 약속하셨다.
첫째, 재앙의 날에 여호와께서 그를 건지실 것이다.
둘째, 이 세상에서 복을 받을 것이다.
셋째, 병상에서 붙드시고 그가 누워 있을 때마다 그의 병을 고쳐주실 것이다.

또 다른 곳에서도 동일한 약속을 하신다.

또 주린 자에게 네 양식을 나누어주며 유리하는 빈민을 집에 들이며 헐벗은 자를 보면 입히며 또 네 골육을 피하여 스스로 숨지 아니하는 것이 아니겠느냐 그리하면 네 빛이 새벽같이 비칠 것이며 네 치유가 급속할 것이며 네 공의가 네 앞에 행하고 여호와의 영광이 네 뒤에 호위하리니 사 58:7,8

이 말씀에서도 약속하시는 것은 가난한 자를 보살피는 자의 병을 고쳐주시겠다는 것이다. 주님은 왜 이토록 가난한 자들에게 관심이 많으시며, 우리에게 그들을 부탁하시는가?

하나님의 이름이 '여호와'이시다. 그 뜻은 '스스로 계신 자'이다. 여호와이신 하나님의 의미를 성경에서 두 가지 면으로 소개하고 있다. 하나는 '목자이신 하나님'이며, 다른 하나는 '아빠 아버지이신 하나님'이다. 홍성건

하나님은 '아빠'이시다. 고아와 과부와 객의 특징은 보호자가 없다는 것이다. 그래서 아빠가 보호자가 되어주셔야 한다. 가난한 자를 우리에게 부탁하시는 것은 우리와 가난한 자, 모두를 축복하기를 원하시기 때문이다.

시편 41편 1-3절이 어느 시골 권사님의 약속의 말씀이었다. 권사님은 단순했다. 말씀을 있는 그대로 믿고, 가난한 자를 사랑하시는 하나님의 마음을 알았다.

1974~1975년쯤의 이야기다. 그 시절에는 동네마다 거지들이 참 많았다. 권사님은 그들을 집에 데리고 와서 먹이고, 입히고, 재웠다.

권사님에게는 세 딸이 있었는데, 그중 막내딸이 초등학교 1학년 때의 일이다. 비가 억수같이 내리던 날, 십여 명의 거지들이 학교 정문에서 우산을 들고 막내딸을 기다리고 있었다. 그들이 너덜너덜한 우산 몇 개를 겹쳐 막내딸에게 건네주자 남학생들이 놀리기 시작했다.

"얼레리~ 꼴레리~ 너희 집은 거지집이래~ 거지집이래~."

막내딸은 너무나 창피해서 우산을 땅에 내팽개치고 집으로 달려갔다. 그러나 집에서 기다리는 것은 밥상에 둘러 앉아 있는 거지들과 꽁보리밥에 열무김치뿐이었다. 막내딸은 물에 밥을 말아서 급히 먹고는

방문을 '쾅' 닫고 들어가버렸다.

막내딸은 동네에서 놀다가 땅에 엎드려 있는 거지를 보면 발로 밀어서 얼굴을 확인하고는 이렇게 중얼거렸다.

"오늘 이 거지는 또 내 방에 있을 거야."

해가 져서 집에 돌아가면 영락없이 낮에 봤던 그 거지가 막내딸의 방에 있었다. 그뿐만이 아니었다. 권사님은 옆 동네 고아원의 아이들을 서너 명씩 집으로 데리고 와서 먹이고, 입히고, 살이 조금 오르면 다시 고아원에 데려다주고 또 다른 아이들을 데리고 왔다. 그렇게 집에는 늘 거지들과 고아들이 있었다.

딸들은 마음 깊이 어머니를 존경했지만 어머니와 같은 삶을 살고 싶진 않았다. 그래서 집에서 하루 속히 벗어나는 길을 모색했다. 그것은 빨리 결혼하는 것이었다. 딸들이 결혼할 때 권사님이 축복을 해주었다. 권사님의 축복은 아브라함과 이삭과 야곱의 축복이었다. 성경에 나오는 모든 축복을 딸들에게 했다. 그리고 마지막으로 이렇게 기도했다.

"아버지! 우리 딸들이 거부(巨富), 성부(聖富) 되기를 원합니다. 딸들이 재물로써 잃어버린 영혼을 구원하게 하시고, 하나님나라를 세우는 데 이들을 사용하시옵소서. 딸들이 시집가서 머무는 곳의 반경 1킬로미터 안에 고아와 과부와 객들이 굶는다면 이 모든 죄가 딸들의 머리로 돌아갈지어다! 예수님의 이름으로 기도합니다."

이 기도는 딸들에게 축복이 아니라 저주처럼 느껴졌다. 딸들이 "아멘"을 하지 않자 권사님은 그런 딸들을 더 축복하시기 시작했다.

"아버지, 딸들이 머무는 곳 반경 10킬로미터, 20킬로미터, 30킬로미터, 100킬로미터….”

그렇게 계속 늘려갔다. 딸들은 어머니의 기도를 잠시 멈추게 하고 회의를 했다.

“이렇게 있다가는 이 땅에서 발 붙이고 살 수가 없겠다. 그냥 1킬로 미터를 아멘으로 받자. 거지 없는 부자 동네로 시집가면 되겠지.”

그렇게 딸들이 1킬로미터 축복을 “아멘”으로 받자 권사님의 기도가 마무리 되었다.

▌노숙자 사역을 하다

막내딸은 권사님의 축복기도 덕분에 하는 사업마다 재정의 큰 복을 받았다. 그리고 건평 100평이 되고, 포도나무, 배나무, 사과나무, 감나무, 앵두나무, 등나무가 심긴 정원이 있는 큰 집을 얻으며 속으로 생각했다.

‘어머니가 이건 모르셨을 거야. 이 부자 동네에는 거지들의 입성조차 불가하다는 것을….’

이사 후 일주일 쯤 지나 막내딸 가족이 동네에 있는 심야극장에 갔다가 돌아오는 길이었다. 지하도로 내려가는데 눈에 익은 사람들이 30명쯤 모여 있었다. 거지들이었다! 순간 막내딸은 몹시 당황했다. 그곳은 정확하게 집에서 500미터 떨어진 곳이었다. 막내딸은 시집올 때 권사님께 받은 1킬로미터의 축복이 떠올랐다. 그리고 펑펑 울면서 그날로 노숙자 사역을 시작해서 만 8년간 하게 된다.

그러나 막내딸은 절대 노숙자 사역에 나가지 않기로 결심했다. 노숙자를 보는 것이 지긋지긋했기 때문에 집에서 그들에게 줄 죽을 끓였고, 남편이 그것을 가지고 나가 그들을 먹였다. 그리고 아들은 의료함을 가지고 가서 간단한 치료를 해주었다.

그러던 어느 날, 아들에게서 전화가 왔다.

"엄마, 여기 죽 세 그릇이 모자라요. 빨리 갖다주세요."

그녀는 할 수 없이 죽을 가지고 노숙자들에게로 갔다. 그리고 정신이 좀 혼미한 한 자매 노숙자를 만났다. 그 자매는 자신이 왜 노숙자가 되었는지를 그녀에게 정말 재미있게 말했다. 듣다보니 새벽 1시가 넘어가고 있었다. 속이 출출해진 막내딸은 노숙자가 먹던 죽을 아무 생각 없이 몇 숟가락을 퍼먹었다. 그 모습을 옆에서 보던 아들이 말했다.

"엄마가 노숙자 사역에 딱이네요."

그러면서 아빠는 술에 취해서 자고 있는 노숙자에게 이렇게 말한다고 했다.

"선생님, 따뜻한 죽 한 그릇 드셔야 해요, 아니면 동사(凍死)할 수 있어요."

그러면 듣고 있던 그 선생님(노숙자)이 소리를 버럭 지르며 말한다고 한다.

"야~ 인마, 너 죽을래? 죽 놓고 가라, 이 나쁜 놈아!"

그러면 아빠는 "예, 선생님, 꼭 이 죽을 드셔야 해요"라고 한다는 것이다. 그런데 엄마는 다르다고 했다. 엄마는 오자마자 그 선생님의 목덜미를 잡아 일으키고는 "야~ 너 죽고 싶어, 안 죽고 싶어?"라고 하고,

그들이 그 기세에 눌려 "안 죽고 싶어요"라고 하면 "그럼, 이 죽 먹어!"라고 한다는 것이다. 막내딸에게 노숙자들은 무섭지도, 더럽지도 않았다. 늘 함께 지내던 사람들일 뿐이었다. 그 막내딸이 바로 나다. 그리고 권사님은 내 어머니이시다.

아들이 '엄마가 노숙자 사역에 함께 나와야 한다'고 강권해서 할 수 없이 나도 노숙자 사역을 하게 되었다. 노숙자들에게 가려면 지하도로 가야 하는데, 늘 그 입구에 카세트테이프를 파는 노점상 아저씨가 있었다. 그가 벼락같이 내게 고함을 질렀다.

"사람 같지도 않은 거지들에게 먹이지 말라고! 당신이 먹여서 저들이 올해도 얼어 죽지도 않잖아! 저 거지들은 이 나라에서 없어져야 해!"

그런 아저씨가 나는 정말 싫었다.

3년쯤 지난 어느 날이었다. 나는 어떤 일로 하루 종일 몹시 화가 나 있었다. 노숙자 사역을 가는데 역시 그 아저씨가 계단을 내려가는 내게 고함을 질러댔다. 나는 속으로 '오늘은 더 이상 참지 않겠다'고 굳게 결심했다.

모든 사역이 끝나고 계단을 올라오는데 그 아저씨가 "아줌마!" 하고 큰 소리로 나를 불렀다. 나는 그와 한판 싸움을 하려고 고개를 들었다. 그런데 그를 보는 순간 정말 무서웠다. 순간 내가 한없이 작아졌다. 그래서 다시 고개를 푹 숙였다. 아저씨가 계속 나를 불러댔다. 무서워서 고개를 살짝 드는데 놀라운 광경이 보였다. 아저씨가 엄지손가락을 치켜들며 내게 말했다.

"아줌마가 믿는 예수는 진짜 예수야, 진짜 예수!"

그 순간 눈물이 왈칵 쏟아졌다. "그들로 너희 착한 행실을 보고 하늘에 계신 너희 아버지께 영광을 돌리게 하라"(마 5:16)라는 예수님의 말씀이 생각났다. 그동안의 모든 피로가 풀리는 순간이었다. 집에 돌아왔는데 주님께서 히브리서 말씀을 펴라고 하셨다.

> 오직 선을 행함과 서로 나누어주기를 잊지 말라 하나님은 이 같은 제사를 기뻐하시느니라 히 13:16

뜨거운 눈물이 내 볼을 타고 하염없이 흘러내렸다. 내가 죽 한 그릇을 노숙자와 나누는 그 작은 자리에서 하나님께서는 '예배를 받았다'라고 말씀하셨다. 삶의 자리에서 나를 통해 아름다운 하나님을 드러내는 것이 그분이 기뻐 받으시는 진정한 예배이다.

█ 말씀을 실행하시는 하나님

오래전(17년 전쯤)에 어머니가 중한 병환으로 인천 길병원에 입원하셨다. 한번은 뇌로 가는 혈관이 막혔고, 또 한번은 심장으로 가는 혈관이 막혔다고 했다. 어머니는 사람도 알아보지 못하셨다. 내게 계속 누구냐고 물으셨다. 내 마음이 무너졌다. 어머니가 병들어 돌아가시면 안 된다고 생각했다. 주께서 약속하시길 가난한 자를 보살피는 자의 병을 고쳐주신다고 하지 않으셨는가!

어머니는 방금 한 말을 전혀 기억하지 못하시고 자꾸 반복했다. 응급 수술을 위해 급하게 6인실 병실에 입원한 어머니는 같은 병실에 입원한 앞 침대 할머니에게 말했다.

"예수 믿으세요."

그 할머니가 자기는 다른 종교를 믿는다고 했다. 그런데 방금 한 말을 잊어버린 어머니가 또 "예수 믿으세요" 하니까 "안 믿는다"며 화를 냈다. 어머니가 예수 믿으라는 말을 처음 말하는 것처럼 계속 말하자 그 할머니의 대답이 점점 작아졌다. 나중에는 할머니가 지쳐서 "알았소, 나 오늘부터 예수 믿을 테니까 제발 그만 말하라고!"라고 했다. 그러면서 손짓으로 옆 침대 할머니를 가리켰다. 순간 어머니의 눈이 그 할머니에게로 돌아갔다. 이 모든 광경을 다 지켜 본 옆 침대 할머니가 기겁을 하며 "나… 나도 예수 믿을게"라고 서둘러 말했다. 그러자 그 옆의 다른 할머니에게로 어머니의 전도가 이어졌다.

그렇게 그날 그 병실의 환자들은 모두 예수를 믿는다는 입술의 고백을 했다. 하지만 그것이 나는 조금도 기쁘지 않았다.

'가난한 자를 돌보는 자가 병에 걸렸을 때 그 병을 고쳐주신다던 주님의 약속은 무엇이란 말인가?'

하나님은 사람이 아니시니 거짓말을 하지 않으시고 인생이 아니시니 후회가 없으시도다 어찌 그 말씀하신 바를 행하지 않으시며 하신 말씀을 실행하지 않으시랴 민 23:19

'하나님은 사람처럼 약속을 취소하거나 변경하시는 분이 아니시다.

그 말씀하신 것을 반드시 실행하신다. 그런데 어머니는 이대로 돌아가셔야 한단 말인가!'

이미 의사들은 수술해도 완치 가능성이 없다고 했다. 어쩌면 생명이 위험할 수 있다고 했다. 나는 잠을 잘 수가 없었다. 밤새도록 하나님께 기도했다.

'주여! 어머니에게 약속하신 시편 41편의 말씀대로 평생 가난한 자를 돌본 어머니의 병을 고쳐주시옵소서. 오늘, 그 약속을 현실화시켜 주십시오. 집행해주십시오! 오늘이 주께서 약속하신 말씀이 이루어짐으로 하나님께서 영광을 받으실 바로 그날입니다.'

나는 간절히 기도했다.

새벽 5시가 되자 응급 수술을 하기 위해 의사들이 분주하게 움직였다. 그때 어머니가 나를 보더니 말했다.

"유진 엄마야, 너는 왜 병원에 있고, 나는 왜 병원에 있느냐?"

나는 깜짝 놀라 의사를 불렀고, 의사가 와서 어머니에게 이것저것을 질문하더니 CT와 MRI 검사를 다시 해보자고 했다. 몇 시간 후 의사가 다시 와서 말했다.

"밤새 무슨 일이 있었습니까? 뇌와 심장으로 가는 혈관이 다 뚫렸습니다."

할렐루야! 놀라운 순간이었다. 하나님께서 말씀하신 약속을 지키셨다. 하나님은 정말 신실하시다.

하나님의 약속은 얼마든지 그리스도 안에서 예가 되니 그런즉 그로 말

미암아 우리가 아멘 하여 하나님께 영광을 돌리게 되느니라 고후 1:20

이 말씀은 그리스도 안에서 하나님의 모든 약속이 내 것으로 집행된다는 것이다. 성경에는 1만2천 가지 하나님의 약속이 있다. 하나님의 말씀은 믿는 자의 것이 된다.

한번은 이 간증을 서울 신정동의 열방교회에서 했는데, 부목사님의 사모님 한 분이 감격하며 내게 오셨다. 그리고 흥분하여 말했다.

"우리 아버지도 이 약속의 말씀으로 치유를 받으셨어요. 아버지는 폐암 말기였고, 다른 곳으로 많이 전이된 상태여서 수술을 할 수 없었고, 방사선 치료도 할 수 없는 상태였어요. 그런데 시편 41편의 약속의 말씀으로 모든 가족들이 기도하며 주님의 얼굴을 구했어요. 그 후에 모든 암이 흔적도 없이 사라졌고, 지금 18년째 건강하게 살아 계십니다. 그 기록이 지금도 순천향 병원에 있어요."

살아 계신 하나님은 신실하시다. 할렐루야!

네 포도원의 열매를 다 따지 말며 네 포도원에 떨어진 열매도 줍지 말고 가난한 사람과 거류민을 위하여 버려두라 나는 너희의 하나님 여호와이니라 레 19:10

너희 땅의 곡물을 벨 때에 밭 모퉁이까지 다 베지 말며 떨어진 것을 줍지 말고 그것을 가난한 자와 거류민을 위하여 남겨두라 나는 너희의 하나님 여호와이니라 레 23:22

고아와 과부와 객들은 보호자가 없다. 하나님께서 친히 그들의 보호자가 되어주신다. 아버지의 마음을 알고 아버지를 대신해서 가난한 자를 돕는 자를 주께서 축복하신다. 성경의 재물에 대한 말씀 약 3천 구절 중 절반 이상이 가난한 자를 부탁하시는 말씀이다. 하나님의 계산법에 의하면 지극히 작은 자에게 냉수 한 그릇을 대접한 것을 주님이 받으신다는 것이다.

▌눈물의 믿음 4대

나는 믿음의 4대째다. 대여섯 살쯤부터 성경을 통째로 읽으면서 글을 배웠다. 그리고 한글을 깨친 후에는 하루에 성경 열 장을 읽지 않으면 저녁을 먹지 못했다. 눈물로 호소해도 어머니는 밥을 주지 않으셨다. 그래서 나는 어린 마음에 성경이 정말 싫었다.

'성경만 없다면 편히 저녁을 먹을 수 있을 텐데….'

그래서 집안에 성경이 보이면 숨겨놓기 바빴다. 성경 읽기뿐 아니라 유치부, 초등부 예배가 끝나면 꼼짝없이 어머니를 따라 대예배를 드려야 했다. 주일 대예배 참석은 정말 두려웠다. 장로님이 이렇게 대표기도를 하셨다.

"높고 높은 보좌에서 졸지도 주무시지도 않으시며 불꽃같은 눈동자로 저희를 살피시는 하나님…."

나는 이 기도가 정말 무섭고 싫었다. 내가 조금이라도 죄를 지으면 하나님의 눈에서 레이저 광선 같은 불꽃이 나와서 나를 태워버리실 것

같았다. 장로님은 이어서 이렇게 기도하셨다.

"발가락의 때만도 못한 이 죄인이 주님 앞에 나왔습니다."

이 기도에 내 고개가 절로 푹 숙여졌다.

'아~ 나는 정말 발가락의 때만도 못한 죄인이구나.'

그러니 당연히 교회에 가는 게 즐겁지 않았다. 교회만 가면 정죄감에 사로잡히고, 거짓말을 한 것이 있으면 금방 내 몸이 타버릴 것 같은 두려움에 떨었다.

내가 예닐곱 살쯤 되었을 때 교회에서 부흥집회가 있었다. 그런데 어머니가 '장로님석'이라고 적혀 있는 장의자에 나를 앉혔다. 하얀 머리에 하얀 와이셔츠, 하얀 넥타이에 하얀 양복을 입고 구두코가 반짝이는 백구두를 신은 부흥강사 목사님을 보는 순간 나는 '와, 산신령이다' 하는 생각을 했다. 그 목사님이 약간 쉰 목소리로 "할렐루야~" 하는데 마치 하나님처럼 느껴졌다. 어린 나는 강사 목사님의 매력에 푹 빠져 메시지를 들었다.

"여러분~ 집 팔아서 헌금하세요, 복 받습니다! 땅 팔아서 헌금하세요, 복 받습니다!"

나는 크게 "아멘!"으로 화답했다. 그때부터 내 안에 '하나님께 복을 받으려면 뭔가를 팔아야 하는구나'라는 기복신앙이 자라나기 시작했다.

당시에 팔 것이 없었던 나는 대신 교회 예배당과 화장실 청소 등을 하기 시작했다. 이유는 단지 복 받기 위해서였다. 그러자 몸은 점점 고달프고, 교회에 점점 가기 싫어졌다. 교회에 안 가면 어머니께 혼이 나고, 교회에 가면 복 받기 위해 뭔가를 해야 했다. 정말 사는 게 고달팠다. 그렇게 시간이 흘러 중학교에 입학했다.

그리고 중학교 1학년 때 여름 수련회를 바닷가로 갔다. 마지막 날, 저녁 캠프파이어를 하면서 모든 죄를 종이에 다 적고 그것을 십자가에 못으로 박고 태우는 순간 '아, 이제는 내 죄가 다 없어졌구나'라고 생각했다. 내가 너무나 거룩해진 느낌이 들었다. 베드로처럼, 예수님처럼 바다 위를 걸을 수도 있을 것 같았다. 그래서 바다 위를 걷기 시작했다. 그런데 걸어지지 않고, 발목, 무릎, 허리, 가슴이 바닷물 속으로 자꾸 빠져 들어갔다. 놀란 전도사님이 나를 건져냈다(그 이후부터 우리 교회는 바닷가 수련회를 금지했다).

수련회 마지막 날 밤은 헌신의 시간이었다. 이사야에게 보여주셨던 "내가 누구를 보내며 누가 우리를 위해 갈꼬"(사 6:8)라는 말씀으로 초청하셨다. 나는 그때 하나님 아버지의 마음을 강하게 받았다. 내 친구들도 펑펑 울면서 헌신했다.

"아버지, 제가 여기에 있습니다, 저를 보내주소서!"

정말 뜨거운 헌신의 밤이었다. 나도 헌신했다.

"아버지, 제가 여기 있습니다. 하지만 순자를 보내시고, 저는 돈을 보내겠습니다."

나는 당시 선교에 헌신하면 무조건 아프리카로 가야 하는 줄 알았다.

▌복 받기 위한 구제

이후 나는 대학에 진학했다. 세 개의 대학을 다녔다. 대학에 다니면서 사업을 하게 되었고, 소위 말하는 성공을 했다. 사업의 종잣돈은 친구의 아버지가 주셨고, 여러 형태의 사업을 했다. 안경점, 무역업, 직·간접사업에 투자, 빌딩 임대업 등 돈이 되는 것은 무엇이든지 했다(물론 불의한 방법으로 하지 않았다).

100평짜리 안경점을 할 때였다. 당시 매월 남는 수익이 7천만 원 정도가 되었다. 그때 문득 어린 시절의 부흥강사 목사님의 말씀이 생각났다.

"집 팔아서 헌금하면 복 받습니다!"

하나님으로부터 더 복을 받기 위해 나는 무언가를 해야 했다.

'그렇지, 하나님은 고아와 과부와 객을 사랑하시니 이들에게 착한 일을 하고 복을 더 받아야지.'

나는 어려운 이들에게 안경을 무료 또는 원가로 해주기로 결정하고 각 학교와 동사무소에 공문을 발송했다.

'가난한 사람들의 형편에 따라 공짜 또는 원가로 안경을 드립니다.'

그리고 속으로 계산했다.

'5만 원짜리 안경을 하루에 열 개 해주면 50만 원, 한 달이면 1천5백만 원이 드네. 이 정도면 충분히 감당할 수 있어.'

그런데 며칠이 지나자 하루에 100명씩 오는 게 아닌가! 그러자 당장 한 달 지출이 1억5천만 원이나 되었다. 수입이 7천만 원인데 지출이 두 배 이상이 된 것이다.

나는 생각했다.

'이 일을 하나님이 무척 기뻐하시는구나!'

그래서 더 열심을 내어 했다. 순수하게 어려운 사람을 돕는 게 아니라 더 복을 받기 위해서…. 적자가 나기 시작했지만 조금도 복 받을 믿음이 흔들리지 않았다. 그래서 예수를 믿지 않는 직원들을 모아놓고 말했다.

"내 하나님이 내게 쏟아부으시는 복을 여러분들이 보게 될 것입니다. 열심히 해주기를 바랍니다."

그렇게 한 달, 두 달, 석 달이 흐르고, 육 개월이 지나자 부장님이 나를 찾아왔다.

"사장님, 하나님이 주신다는 그 복은 언제 오나요? 매달 계속 적자가 나는데요."

내가 당당하게 말했다.

"부장님, 하나님의 날은 사람의 날과 다릅니다. 하나님께는 하루가 천 년 같고, 천 년이 하루 같습니다. 계속 직원들을 격려하고 열심히 해주시기를 바랍니다."

그때까지도 하나님이 반드시 복을 주신다는 확신 속에서 조금도 내 믿음이 흔들리지 않았다.

'한방이면 끝난다. 아버지, 축복 한방 주세요!'

그렇게 삼 년이 지나자 나는 완전히 망했다. 아마 망하지 않았다면 지금도 그 일을 하고 있었을 것이다.

그런데 성경에 이런 종류의 믿음에는 '한방'이나 '대박'이 없다는 것을 나중에 알았다. 수입보다 지출이 많은 구조는 첫째, 가난해지고 둘째, 망한다는 것이 재물에 대한 성경의 말씀이다.

매월 수입을 몽땅 다 써버리고, 카드로 쓰고, 카드론 대출로 쓰고, 마이너스 통장으로 쓰고, 또 신용대출과 담보대출로 쓰는 것이 수입보다 지출이 많은 구조이다. 재정의 구조조정을 반드시 해야 한다.

수입<지출 : 지출이 수입보다 많은 구조는 절대 금지다.

수입>지출 : 수입이 지출보다 많은 구조로 조정을 해야 한다.

▌꽁지 돈까지 쓰다

부도가 나면서 나는 엄청난 재정적 고통에 시달렸다. 사람들은 매일 매시간 찾아왔고, 아무것도 없는 내게 무조건 돈을 달라고 했다. 내가 재물을 숨겨놨을 거라고 생각하고 돈을 내놓으라는 것이었다. 그들은 잔인했고, 더 이상 친구도 친구가 아니었다.

"부자는 가난한 자를 주관하고 빚진 자는 채주의 종이 되느니라"(잠 22:7)라는 말씀처럼 내 상황이 정말 그랬다. 빚쟁이들이 날 주관하기 시작했고, 나는 그들에게 종, 그 이상 아무것도 아니었다. 이런 깨진 관계들이 나를 몹시 상하게 했다. 나는 판단력이 흐려졌고, 지혜와 분별력도 완전히 사라졌다.

무섭게 달려드는 빚쟁이의 요구에 조금이라도 응하기 위해 일수(日收)를 쓰기 시작했다. 또 다른 일수로 일수를 메웠다. 일수는 천만 원을 빌리면 매일 10만 원씩 120일을 넣어야 끝이 난다. 일수 이자를 연리로 계산하면 20~30퍼센트가 훨씬 넘는다. 이렇게 빚쟁이들에게 돈을 주다 보니 최후에 '꽁지' 돈까지 쓰게 되었다. 꽁지는 천만 원을 빌리면 100일 후에 2천만 원을 갚아야 하는 것이다. 일수와 꽁지를 하는 아저씨들은 정말이지 끔찍했다. 나는 정신적, 육체적, 영적으로 병들어갔고, 정상적인 판단력을 완전히 상실했다.

▌네 누운 침상이 빼앗길 것이다

망하기 전, 어느 날 친한 친구 둘을 만났다. A라는 친구가 사업을 크게 확장하기 위해서 B라는 친구에게 6억 원의 돈을 빌리는 과정에서 내게 보증을 서 달라고 했다. 나는 친구 간의 '의리'를 생각해서 당연히 보증을 서주었다. 그때 내 재정관은 의리였다. 누가 빌려달라면 빌려주고, 보증을 서달라고 하면 서주었다. 가지고 있던 빌딩과 안경점과 아파트 등 모든 재산을 담보로 보증을 서주었다.

돈을 빌린 A가 당연히 B에게 돈을 갚을 거라고 믿었다. 그런데 A가 6억 원을 못 갚고 부도를 냈다. 그리고 내가 보증을 선 모든 곳이 동시다발로 부도가 나면서 내 빌딩과 점포와 아파트 등 모든 것이 순식간에 사라졌다. 설상가상으로 그때 IMF까지 터졌다. 모든 물건들은 경매와 급매로 넘어갔다.

세상에서는 '부자는 망해도 삼대가 먹고 산다'고 한다. 이는 남은 망하게 하고, 자기 살 궁리를 따로 해놓는다는 것이다. 그런데 믿음의 4대인 나는 그런 것을 배운 적이 없었다. 내가 살기 위해서 돈을 빼돌린다는 것은 상상도 하면 안 되는 거였다. 이는 어머니로부터 물려받은 신앙의 유산이었다. 주머니에 단돈 만 원도 남김없이 최선을 다해 빚 갚기에 돌입했다.

하지만 곧 집안 곳곳에 빨간 딱지(압류 딱지)가 붙었다. 텔레비전과 오디오와 피아노, 소파와 침대까지 다 붙었다. 어느 날 아침 일찍 사람들이 트럭을 가지고 와서 집의 모든 물건을 실어갔다. 그날 아침까지 자고 일어난 침대가 내 눈앞에서 사람들의 손에 의해 실려 나갔다. "너는 사람과 더불어 손을 잡지 말며 남의 빚에 보증을 서지 말라 만일 갚을 것이 네게 없으면 네 누운 침상도 빼앗길 것이라 네가 어찌 그리하겠느냐"(잠 22:26,27)의 말씀이 내게 그대로 일어났다.

나는 그날로 입고 있던 옷차림 그대로 거리로 쫓겨났다. 그러고도 남은 빚이 50억 원이었다. 하루아침에 거지가 되었고, 어마어마한 빚더미에 올라앉았다. 매일 빚쟁이들이 찾아와 잠도 재우지 않고 나를 괴롭혔다. 그렇게 한 달, 두 달, 석 달, 일 년이 지나면서 나는 정신적, 영적, 육체적으로 깊이 병들어갔다. 정말이지 끔찍한 기억이다. 사람들이 싫어졌고, 믿음도 없어졌다. 우울증과 대인기피증에 빠졌다. 마귀가 우는 사자와 같이 두루 삼킬 자를 찾다가 나를 잡았다. 그리고 내 귀에 속삭였다.

'너, 남편을 정말 사랑하니? 아들 유진이를 사랑하니? 정말 사랑한다면 그들을 위해 너 하나가 없어지면 돼. 그러면 모두가 살게 되는 거야.'

나는 그리스도인으로서 스스로 죽을 생각을 절대 못하는 사람이다. 그러나 분별력과 판단력을 완전히 상실한 나는 마귀의 속임에 반응하기 시작했다. 그때까지도 나는 예수님을 깊이 알지 못했던 것 같다. 예수님을 안다면 스스로 목숨을 버릴 수는 없다. 맘몬은 우리가 주님에 대한 소망을 버리도록 속이고, 결국 우리를 죽음으로 몰고 간다. 당시는 숨을 쉬고 있는 게 지옥이었다.

'그렇군, 그렇게 끝내면 되겠네….'

그래서 약을 모으기 시작했고, 큰 한 병이 모였을 때 먹으려고 했으나 실패했다. 마침 남편이 이를 알고 울면서 간절히 요청했다.

"정말로 나와 아들을 사랑한다면 일 년만 더 살아줘."

간절한 남편의 마음에 나는 설득이 되었다. 남편은 일 년간 내가 무엇을 해야 하는지를 말해주었다. 제주도에 있는 열방대학으로 내려가서 홍성건 목사님을 만나보자고 했다. 거기에서 남편은 성경연구학교(9개월 과정)를 하고, 나는 인천에서 훈련받은 독수리예수제자훈련학교(BEDTS)의 적용훈련 기간을 보내며 때를 봐서 중보기도학교에서 배우며 일 년간 지내보자고 제안했다. 나는 남편의 제안에 동의하고 제주도로 내려가기로 결정했다.

일 년의 유예 기간

남은 빚 50억 원을 다 갚으려면 한 달에 100만 원씩 갚아도 오백 년이 걸린다. 나는 빚 갚는 것을 포기해야만 했다. 그러나 어쨌든 일 년간 제주도에 내려갈 방도를 모색했다. 나는 빚쟁이들에게 빚을 갚을 테니 다 오라고 했다. 40명쯤 온 것 같았다. 내가 그들에게 말했다.

"여러분, 저는 입은 옷 그대로 숟가락 하나 챙기지 않고 거리로 쫓겨 났습니다. 이것은 여러분들이 증인입니다. 그런데 매일 와서 저를 감시 하고, 24시간 잠도 안 재우고 돈을 달라고 하면 제가 무슨 수로 돈을 벌어 빚을 갚겠습니까? 딱 일 년만 시간을 주십시오. 사업에 재기하여 반드시 빚을 갚겠습니다. 아니면 저를 고소하십시오. 제가 대가를 치르겠습니다."

나는 두꺼운 종이에 번호표를 만들어서 그들에게 보여주며 말했다.

"저를 일 년 동안만 자유롭게 해주실 분은 손들어 보세요."

그러자 한 분이 손을 들었다. 그에게 앞으로 나오라고 해서 '1번'이라고 적힌 번호표를 주었다. 그러자 여기저기서 손을 들었다. 그렇게 표를 다 나눠주고, 1번을 받은 사람에게 말했다.

"만일 일 년 동안에 제게 전화를 한다거나 찾아와서 사업 구상을 방해하시면 사장님의 번호는 끝번호가 될 것입니다."

이런 협박 아닌 협박으로 모임을 마쳤다. 모임이 끝나고 돌아가는 그들의 뒷모습을 보며 나는 생각했다.

'나는 절대로 일 년 후에 이 지옥 같은 곳으로 돌아오지 않을 거야.'

큰 빚을 지면서 나는 지옥을 경험했다. 돈 문제가 결부되니 사람들이 더 이상 사람이 아니었다. 정말이지 다시는 돌아올 생각이 없었다. 일 년 후에도 50억 원을 갚을 방법이 없었기 때문이었다.

눈물에 말은 간장밥

그리고 11월 마지막 주에 제주도로 내려갔다. 아들은 초등학교에 진학하여 다니고, 남편은 성경연구학교 9개월 과정에 들어가고, 내가 입학하고자 하는 학교의 개강은 2월 말이어서 3개월 동안 집에 머무르며 지내야 했다. 우리는 열방대학에서 조금 떨어진 함덕 바닷가에 숙소를 마련했다. 아무것도 가져갈 것이 없어 조선간장과 샘표간장과 참기름을 각 한 병씩, 그리고 깨소금 한 통을 가지고 갔다. 한겨울인데 방에 불을 넣지 못해 냉방이었다. 하지만 나는 두 다리를 쭉 펴고 잘 수 있다는 것에 감격했다.

무엇보다 빚쟁이들의 독촉전화로부터 자유였다! 간장과 참기름과 깨소금을 넣고 비벼먹는 밥맛은 정말 맛있었다. 모든 것에 감사가 넘쳤고, 일 년간의 자유 시간을 주신 주님께도 감사했다. 다음날도, 그 다음날도 감사가 넘쳤다. 그런데 이 감사가 참기름이 없어지자 반으로 줄어들었다. 그 얼마 후 깨소금마저 떨어지자 감사가 완전히 사라졌다.

샘표간장만으로 밥을 비벼 먹는 것은 쉽지 않았다. 12월 마지막 날에 그 간장마저 끝났다. 짜디짠 조선간장만 남았다. 나는 어찌할 바를 몰라서 큰 바가지에 수돗물을 가득 받아 밥을 간장물에 말았다. 그렇게 간장물에 만 밥을 건져 먹는데 눈물이 뚝뚝 떨어지고, 간장 냄새에 헛구역질이 올라왔다.

'이렇게 비참하게 살고 싶지 않아.'

아들과 남편이 밖에 나간 사이에 마귀가 또 내게 속삭였다.

'너, 정말 남편과 아들을 사랑하니? 그들을 살리고 싶다면 이 빚은

네가 가지고 가야 해.'

'그래, 어차피 나는 일 년 후에 죽을 거야. 이렇게 사느니 차라리 지금….'

나는 다시 죽기로 결정했다. 12월 마지막 날이었다. 몹시 추운 겨울날에 함덕 앞바다에 갔다. 나는 미련도 망설임도 없이 몸을 던졌다. 12월 추운 바닷물이 뼛속까지 파고들었다.

'그래, 3분만 참자. 곧 심장마비가 되면 모든 고통이 끝날 거야.'

그런데 이게 웬일인가! 죽으려고 바다에 뛰어들었는데 군소(해삼, 멍게와 같은 해산물) 비슷한 것이 내 눈에 보였다. 군소는 해산물 중 내가 가장 좋아하는 것이었다. 식용으로 먹을 수 있는 참군소는 손으로 문지르면 보라색 물이 나온다. 나는 얼른 군소를 건져서 손으로 문질러 보았다. 정말 보라색 물이 나왔다.

"와~ 참군소다, 먹을 수 있는 군소다!"

눈을 들어 물 속 사방을 보니 내 주위에 군소가 가득 있었다. 당장 죽는 게 문제가 아니었다. 배고픈 것이 먼저였다. 일단 군소를 건져서 삶아 먹고 싶었다. 그것을 한 가득 안고 집으로 돌아왔다. 삶아서 초장이 없어 간장에 찍어 먹었지만 맛은 최고였다.

그날은 군소로 인해 죽지 못했다. 때마다 건지시는 손길 때문에 죽어지지도 않았다. 군소 사건으로 '내 마음대로 죽을 수도 없구나' 하는 생각이 들었고, 일 년을 살아볼 생각을 하게 되었다.

한 지붕 두 가족

돈 때문에 친구도, 건강도 잃었다. 내 혼과 영과 육이 다 병들었고, 햇빛도 싫고, 사람을 보는 것도 싫었다. 그래서 나는 방에서 나오지 않고 혼자만의 세계에 갇혀 살았다. 그런데 윗집 다은이 엄마가 내려와 내게 말을 걸며 이것저것 챙겨주었다.

어느 날 그녀가 말했다.

"언니, 우리 집에 놀러오세요. 다은이 좀 보세요."

다은이는 두 살쯤 된 예쁜 아가였다. 하지만 나는 모든 게 싫었다. 새로운 사람들과의 교제도 싫었다. 그날은 다은 엄마의 간곡한 부탁으로 아가를 보기 위해 위층으로 올라갔다. 그런데 다은이가 흰 우유가 가득 든 우유병을 들고 먹고 있었다.

'아… 저 우유를 딱 한 모금만 먹으면 살 것 같은데, 입안에 남아 있는 간장 맛이 없어질 텐데, 우유 딱 한 모금만!'

오랫동안 간장만 먹다 보니 간장 맛이 뇌의 기억에 남아 물을 마셔도 간장을 마시는 것처럼 속이 울렁거렸다. 그래서 다은 엄마에게 말했다.

"다은 엄마, 혹시 볼일이 있으면 보고 와. 내가 다은이 우유를 먹이고 잘 보고 있을게."

"아이, 언니가 모처럼 우리 집에 놀러왔는데 어떻게 볼일을 봐요."

그러고는 내 옆에 앉았다. 나는 정말 우유 한 모금이 간절히 필요했다. 그래서 다시 그녀를 설득했다.

"내가 다은이를 잘 볼 테니 걱정 말고 다녀오라니까."

"아니에요, 언니. 저 볼일이 진짜 없어요~."

그러는 사이에 우유병에 가득 들어 있던 우유가 사라졌다. 나는 정말 슬펐다. 다은이 엄마도 말 못할 사정이 있음이 분명했다. 집을 둘러보니 제대로 된 살림살이가 없었다. 아기도 있는데 한겨울에 방에 불도 넣지 않고 살고 있었다.

우리 집으로 내려와서 냉방에 누워 있는데 다은이의 우유병이 내 머릿속에서 빙빙 돌았다.

'아, 딱 한 모금이면 되는데….'

못내 아쉬운 마음에 나는 벌떡 일어나 위층으로 올라갔다.

"다은 엄마, 우리 같이 살자!"

"아, 언니. 그럼 좋지요."

얼마 후 우리는 한라산 기슭에 위치한 선흘마을 입구에 있는 빨간 쌍둥이 벽돌집으로 함께 이사했다. 왼쪽 벽돌집에는 주인 할머니가 사셨고, 우리는 오른쪽 벽돌집에 살았다. 그렇게 한 지붕 두 가족, 여섯 식구의 삶이 시작되었다. 나는 고추장, 된장, 우유 한 모금을 먹을 수 있다는 기대로 몹시 흥분했다. 고추장을 보면 한 숟가락 가득 퍼먹을 작정이었다. 느끼한 간장 냄새를 혀와 뇌에서 지우고 싶었다. 그런데 아무리 찾아봐도 고추장과 된장이 보이지 않았다.

"다은 엄마, 부엌으로 빨리 와서 고추장하고 된장을 좀 찾아봐. 안 보이네."

그런데 다은 엄마가 부엌으로 오더니 내가 먹다 가져온 반 병 남은 간장병을 발견하고 소리쳤다.

"와~ 언니네는 간장도 있었어요? 아버지~ 감사해요. 오늘로 소금이 끝났어요."

'아니, 그럼 그동안 소금으로만 먹었단 말인가?'

정말 충격이었다. 이후부터 말도 안 되는 이상한 삶이 시작되었다(하나님의 계획하심이 있었던 것을 그때는 눈치채지 못했다).

내가 다은 엄마에게 물었다.

"다은이네는 도대체 무슨 일이 있었기에 이렇게 살고 있어?"

"저희는 결혼과 동시에 캐나다에 가서 예수제자훈련학교(DTS)와 상담학교를 수료하고, 지금은 제주 열방대학에서 훈련을 받고 선교사로 나갈 준비를 하고 있어요."

다은 아빠와 엄마는 신앙적으로 매우 성숙하고, 주님께 깊이 위탁된 사람들이었다.

이사 온 첫날부터 우리는 초자연식에 돌입했다. 두 아빠에게는 바다에 들어가서 먹을 만한 것은 뭐든지 건져오라고 했고, 아들 유진이에게는 땅에서 올라오는 것은 뭐든지 뜯어오라고 했다. 그렇게 동거한 지 얼마 지나지 않아서 다은 엄마가 둘째를 임신했다. 기쁨보다는 걱정이 앞섰다.

'다은 엄마의 약한 몸에 둘째 임신이라니, 이렇게 힘들게 살고 있는데 어떻게 키우려고….'

또한 두 집 살림을 내가 다 해야 할 것 같은 부담감이 확 밀려왔다. 하지만 지나서 돌이켜 보니 하나님의 계획하심 안에 있었고, 다은 아빠와 엄마의 성숙함으로 내가 보호를 받았던 시기였다.

불의한 청지기

그래도 한 가지 소망은 2월 말이 되면 열방대학에 입학하게 된다는 것이었다. 중보기도학교(예배와 영적전쟁을 통한 중보기도학교)에 들어가게 된다. 나는 학교 수업에는 관심이 없었다. 일 년 후에 죽을 사람이 무슨 공부란 말인가! 학교에서 주는 맛있는 점심 한 끼를 먹는 것으로 충분했다.

학기가 시작되고 첫 시간은 '하나님 음성 듣는 법'이었다. 강사는 폴 홉킨스였는데 강의 후 숙제를 내주었다. 하나님의 음성을 듣기 위해 조용한 장소와 시간을 정해서 하나님께 여쭤보라고 했다.

'하나님, 저를 어떻게 생각하십니까?'

나는 과제가 좀 시시하다는 생각을 했다.

'하나님이 성경을 통해 이미 다 말씀하신 것을 또 다시 묻고 들어야 한단 말인가?'

나는 바로 노트를 펴서 이미 성경에서 말씀하신 것들을 적고 숙제를 끝냈다. 내가 진짜 궁금하고, 도저히 납득되지 않는 것은 '내가 왜 망해야 했나'였다.

'하나님, 제가 망한 이유를 좀 말씀해주세요. 쫄딱 망했을 때도 십일조도 선교헌금도 빌려서 했고, 아프리카에 우물도 몇 개 팠고, 교회 예배당 건물도 빚내서 지어주었어요. 그런데 제가 왜 망해야 합니까?'

새벽이 되었다. 하나님의 음성이 들렸다.

'내가 네게 헌금을 강요한 적이 있느냐?'

'….'

'내가 네게 헌금을 강요한 적이 있느냐?'

하나님의 음성에 나는 심한 배신감이 느껴졌다. 내가 드린 헌금은 다 받으시고, 발뺌을 하시는 것 같은 서운함이 밀려왔다.

'이 음성은 제가 하나님의 음성으로 받기가 어렵습니다. 오직 말씀으로 제가 망한 이유를 설명해주세요.'

지금 생각하면 어머니로부터 받은 가장 아름다운 신앙유산이 하루에 성경 열 장을 반드시 읽는 것이었다. 그것이 평생의 습관이 되어 나는 내 나이보다 성경을 더 많이 읽게 되었다. 내 안에 말씀이 풍부했고, 기록된 하나님의 말씀인 성경을 통해 주께서 내게 말씀하기에 편하셨다.

나는 어머니로부터 하나님의 음성을 들을 때는 기록된 성경 말씀을 통해 듣는 것을 교육받았다. 하나님의 음성을 들었다면 항상 기록된 말씀인 성경에서 검증하고, 또한 그분의 성품으로 검증하라고 배웠다. 하나님의 음성은 성경 말씀과 또한 하나님의 성품과 일치해야 한다고 배웠다.

'주님, 제가 망한 이유가 궁금합니다. 성경 말씀으로 다시 말씀해주소서.'

이런 내게 주께서 말씀으로 응답해주셨다. 누가복음 16장을 펴서 읽으라고 하셨다.

또한 제자들에게 이르시되 어떤 부자에게 청지기가 있는데 그가 주인의 소유를 낭비한다는 말이 그 주인에게 들린지라 주인이 그를 불러 이르

되 내가 네게 대하여 들은 이 말이 어찌 됨이냐 네가 보던 일을 셈하라
청지기 직무를 계속하지 못하리라 하니 눅 16:1,2

종이 주인의 재물을 가지고 자기 것인 양 다 써버리자 주인이 그 불
의한 청지기를 파면하는 장면이었다.

'아버지, 왜 이 말씀을 제게 하시는 것입니까? 그럼, 저를 자르셨단
말씀인가요? 왜 저를 자르셨습니까?'

순간 화가 났다. 도저히 납득이 되지 않았다. 그때 내 머릿속에 영
화처럼 지난 과거의 삶들이 하나씩 스쳐 지나갔다.

오래전 교회에 건축헌금을 할 때의 한 장면이었다. 나는 봉투에 1억
원을 넣고, 이름을 쓰지 않고 헌금을 했다. 당시 1억 원은 아주 큰돈이
었다. 그러자 온 교회에 소문이 났다.

"대체 누가 1억씩이나 했대? 믿음도 좋지. 더구나 이름도 쓰지 않고…."

교회의 여전도회 회원 중에는 남의 말을 속에 담아두지 못하는 사람
이 꼭 있다. 이 사람이 어떤 사실을 알게 되면 모든 교인들이 알게 된
다. 내가 속한 여전도회 회원 중 그런 한 친구에게 전화를 했다.

"친구야~ 기도 제목이 있어서 전화했어."

"그래 미진아, 말해봐."

"혹시 지난주에 건축헌금 1억에 대해 들은 것 있니?"

"응, 온 교회가 난리잖아."

"그 1억… 내가 했어."

"어머나, 그래? 전혀 몰랐네~."

"그런데 아무한테도 말하면 안 돼."

"물론이지."

"그리고 나 또 기도제목이 있는데, 아프리카에 우물 파주는 것을 계속하잖아. 교회도 짓고 있고, 이 일들을 통해서 주께서 영광 받으시도록 기도만 해줘."

"그래, 걱정 마~ 내가 기도 많이 할게."

그렇게 우리의 대화는 끝이 났다. 주일에 교회에 가면서 나는 크게 기대하는 바가 있었다. 분명 그 친구가 교회 전체에 뭔가를 했을 것이기 때문이다. 예배를 마치고 장로님들이 모여 계시는 교회 카페로 갔다. 내가 문을 열고 들어가는데 김 장로님과 박 장로님께서 나를 자꾸 쳐다보시면서 무슨 이야기인가를 했다. 두 분의 입 모양을 보니 분명 헌금 1억 원에 대한 이야기였다.

내가 옆으로 지나가는데 장로님들이 말했다.

"세상에… 믿음의 4대는 뭐가 달라도 다르구먼. 1억도 1억이지만, 저 미모가 미스코리아감 이구먼."

나는 겉으로는 겸손한 척했으나, 속으로는 엉덩이까지 실룩거리면서 춤을 추고 있었다.

'바로 이거야~, 역시 친구가 역할을 잘해주었어.'

다음은 권사님들이 많이 계신 식당으로 갔다. 식당에서 줄을 서서 내 차례를 기다리는데, 배식하던 권사님 한 분이 나를 발견했다. 그러고는 내 소고기 국밥에 소고기를 많이 건져주셨다. 내가 식판을 들고 자리를 잡으러 가는데 내 뒤에서 권사님들이 주고받는 대화가 들렸다.

"우리도 저런 며느리를 봐야 하는데… 마음도, 신앙도, 얼굴도 어찌 저리 예쁠 수가 있을까?"

나는 기분이 더 좋아졌다. 겉으로는 겸손한 척, 착한 척했으나 속마음은 엉덩이를 더욱더 실룩거리며 '그래, 바로 이거야' 하며 춤추고 있었다. 나는 이것을 즐겼다. 이 장면이 불의한 청지기에 대한 말씀과 함께 내 머릿속을 스쳐갔다.

또 다른 장면이 지나갔다. 한번은 예배 때 아프리카 선교사님이 우물 파는 이야기를 하셨다. 그곳에는 맑은 물이 없어 아이들이 죽어간다는 것이었다. 나는 선교사님을 불러서 물었다.

"선교사님, 우물을 파려면 얼마나 드나요?"

"경우에 따라 다르지만 약 3천만 원 정도 듭니다."

"그럼 그 우물을 내가 파줄게요."

또 다른 선교사님에게도 말했다.

"교회요? 내가 지어줄게요. 버스도 필요하죠? 내가 사줄게요. 내가, 내가, 내가 … 해줄게요."

나는 주님 앞에 아무 할 말이 없었다. 내가 돈을 집행하는 데 하나님의 이름은 없었다. 겉으로는 하나님의 영광을 말했지만 사실은 내이름, 내 명성, 내가 칭찬을 받는 곳에 모두 썼다. 주님 앞에 정말 할말이 없었다. 가슴이 무너져 내리고 너무나 부끄러웠다. 목사님, 장로님, 권사님, 교우들 등 모든 사람들은 속일 수 있었으나 하나님은 내게 속지 않으셨다. 외모로 보는 사람과 다르셨다. 중심을 보시는 하나님은 사람들에게 만홀히 여김을 받지 않으셨다.

그날 하나님은 내가 얼마나 교만했고, 내가 물질의 주인이 되어 있는지를 보여주셨다. 나는 하나님 앞에 두려움과 떨림으로 엎드렸다.

"당신이 나를 파면했다면 순복합니다, 항복합니다. 이 불의한 종을 용서하시옵소서."

통렬한 회개가 터져 나왔다. 이 사건은 일 년의 시간밖에 없는 나를 전심으로 주님 앞에 나아가게 하는 계기가 되었다. 하나님께서 나를 불의한 청지기로 파면하신 뜻을 나중에야 알았다. 그것은 하나님의 사랑이었고, 하나님께서 내게 주신 두 번째 기회였다.

█ 광풍을 해결하는 열쇠

열방대학 훈련과정 중 내가 가장 관심이 있었던 과목은 '성경적 재정 원칙'이었다. 정말 돈에 대해 알고 싶었다. 나는 홍성건 목사님의 탁월한 성경적 재정 원칙 강의를 들으며 큰 충격을 받았다. 목사님은 재정을 말씀하시면서 먼저 믿음에 대해 말씀하셨다.

다음은 내가 들은 목사님의 강의이다.

하루는 제자들과 함께 배에 오르사 그들에게 이르시되 호수 저편으로 건너가자 하시매 이에 떠나 행선할 때에 예수께서 잠이 드셨더니 마침 광풍이 호수로 내리치매 배에 물이 가득하게 되어 위태한지라 제자들이 나아와 깨워 이르되 주여 주여 우리가 죽겠나이다 한대 예수께서 잠을 깨사 바람과 물결을 꾸짖으시니 이에 그쳐 잔잔하여지더라 제자들에게 이르시되 너희 믿음이 어디 있느냐 하시니 그들이 두려워하고 놀랍게 여겨 서로 말하되 그가 누구이기에 바람과 물을 명하매 순종하는가 하더라 눅 8:22-25

"이 말씀의 배경은 이렇습니다. 예수님께서 먼저 말씀하시길 제자들에게 호수 건너편으로 가자고 하셨고, 배를 타고 건너는 도중에 광풍을 만났습니다. 제자들은 처음에는 이 정도의 광풍은 해결할 수 있을 거라고 생각했습니다. 그러나 제자들은 자신의 경험과 기술과 힘과 능력으로 광풍을 해결해보려고 온갖 수고를 했으나 역부족이었습니다. 점점 거칠어지는 광풍으로 배가 위태로워졌습니다.

결국 제자들은 자신들의 힘으로는 도저히 광풍을 해결할 수 없어 배에서 주무시는 예수님을 깨웠습니다. 예수님은 말씀으로 광풍과 물결을 잔잔하게 하셨습니다. 모든 것이 정상으로 회복되었습니다. 제자들의 기대는 무엇입니까? 그들은 예수님께 위로받기를 원했습니다.

'얼마나 고생이 많았느냐? 너는 배멀미를 한 것 같은데 몸은 괜찮으냐?'

그런데 이런 기대는 무너졌습니다. 예수님이 광풍을 해결해보려고 온갖 애를 쓴 제자들에게 하신 첫 말씀은 '너희 믿음이 어디 있느냐?'였습니다. 닥친 광풍 가운데 믿음을 보이라는 것입니다.

예수님이 광풍 가운데서 요구하시는 것은 제자들의 믿음이었습니다. 왜 예수님은 제자들의 믿음을 보시길 원했을까요? 자기의 경험과 지식과 힘과 능력을 의지하지 말고, 주님을 의지하는 믿음이 광풍을 해결하는 열쇠라는 것을 가르치길 원하셨습니다. 주님은 제자들이 머리로만 아는 믿음의 소유자가 되기를 원하지 않으십니다. 교과서에서 배운 이론적인, 말로만 믿는 믿음이 아니라 풍랑 중에 보여주는 믿음을 요구하셨습니다."

그리고 목사님은 학생들에게 질문하셨다.

"여러분 중에 혹시 광풍을 만난 분이 계신가요? 내 경험, 내 지식, 내 힘으로는 도저히 해결할 수 없는 일이 있나요? 그렇다면 여러분은 광풍을 만난 것입니다. 어떤 사람은 현대 의학으로 해결할 수 없는 건강의 광풍, 또 어떤 사람들은 배우자나 자녀, 교회 교우들과의 관계의 광풍, 또는 재물에 광풍을 만나 부도가 난 사람도 있을 것입니다."

그랬다. 나는 재물의 광풍을 만났다. 목사님이 이어서 말씀하셨다.

"이 광풍을 잠잠케 하시고 우리를 건져 내실 분은 주님 한 분이십니다."

목사님의 메시지는 모두에게 큰 도전이 되었다. 하지만 나는 속으로 생각했다.

'광풍도 광풍 나름이지, 내 50억 재정의 광풍을 주님이 어떻게 해결하신단 말인가?'

1~2억도 아니고 50억의 광풍을 하나님이 해결하신다는 것은 도저히 믿어지지 않았다. 목사님은 이런 내 마음을 아시기라도 한 것처럼 말씀하셨다.

"어떤 크기, 어떤 종류의 광풍이든지 하나님은 그것을 잠잠케 하십니다. 하나님을 소망으로 삼는 자는 그로부터 반드시 구원을 얻을 것입니다. 여러분, 믿음으로 사는 삶을 훈련하십시오. 믿음이 광풍을 해결하는 열쇠입니다. 우리가 풍랑을 만났을 때 기억할 것은 하나님의 성품입니다."

그러면서 고린도전서 10장 말씀을 보라고 하셨다.

사람이 감당할 시험 밖에는 너희가 당한 것이 없나니 오직 하나님은 미쁘사 너희가 감당하지 못할 시험 당함을 허락하지 아니하시고 시험 당할 즈음에 또한 피할 길을 내사 너희로 능히 감당하게 하시느니라 고전 10:13

그러자 이상하게도 내 안에 작은 기대가 생기기 시작했다.
'저 말씀이 사실일까? 목사님이 말씀하신 것이 사실이라면 나도 믿음으로 살아야겠다.'
나는 스스로 다짐했다. 그리고 목사님은 마태복음 6장 말씀을 하셨다.

그러므로 내가 너희에게 이르노니 목숨을 위하여 무엇을 먹을까 무엇을 마실까 몸을 위하여 무엇을 입을까 염려하지 말라 목숨이 음식보다 중하지 아니하며 몸이 의복보다 중하지 아니하냐 공중의 새를 보라 심지도 않고 거두지도 않고 창고에 모아들이지도 아니하되 너희 하늘 아버지께서 기르시나니 너희는 이것들보다 귀하지 아니하냐 너희 중에 누가 염려함으로 그 키를 한 자라도 더할 수 있겠느냐 또 너희가 어찌 의복을 위하여 염려하느냐 들의 백합화가 어떻게 자라는가 생각하여 보라 수고도 아니하고 길쌈도 아니하느니라 그러나 내가 너희에게 말하노니 솔로몬의 모든 영광으로도 입은 것이 이 꽃 하나만 같지 못하였느니라 오늘 있다가 내일 아궁이에 던져지는 들풀도 하나님이 이렇게 입히시거든 하물며 너희일까보냐 믿음이 작은 자들아 그러므로 염려하여 이르기를 무엇을 먹을까 무엇을 마실까 무엇을 입을까 하지 말라 이는 다 이방인들이 구하는 것이라 너희 하늘 아버지께서 이 모든 것이 너희에게 있어야 할 줄을 아시느니라 그런즉 너희는 먼저 그의 나라와 그의 의를 구하라 그리하면 이 모든 것을 너희에게 더하시리라 마 6:25-33

먹을 것, 마실 것, 입을 것을 염려하지 말라는 것이다. 이 말씀은 모든 사람들에게 하시는 약속의 말씀이지만, 이 약속을 내 것으로 만들어내는 사람은 오직 믿음으로 사는 사람이다. 나는 선택의 여지가 없었다. 그때부터 당장 믿음으로 살기로 결정했다.

0퍼센트 믿음에서 새로운 출발

홍성건 목사님은 믿음으로 사는 삶을 강력하게 주문하셨다. 나도 그렇게 살고 싶었지만 빚쟁이가 되면서 사람들에게 시달리고, 멸시를 받으면서 고통 가운데 내 믿음이 없어졌다.

'믿음이 없는데 어떻게 믿음으로 살 수 있단 말인가? 내 안에 큰 믿음이 있어야 그런 삶이 가능한 것 아닌가?'

나는 믿음의 4대로 태어나서 아주 어릴 때부터 태산 같은 믿음의 사람으로 자랐다. 그러나 삶의 풍랑을 만나면서 그 믿음이 0퍼센트가 되어버렸다. 이런 자신을 보면서 나는 절망했다. 믿음으로 살 수 있는 힘이 내겐 없었다. 이때 홍 목사님의 강의가 내 마음을 붙들어주었다.

"처음 예수 믿을 때보다 신앙생활 십 년, 이십 년, 삼십 년이 지난 지금 여러분의 믿음이 분명히 많이 성장했습니다. 그러나 믿음으로 순종하는 삶이 잘 살아집니까? 믿음으로 순종하는 삶은 큰 믿음 있는 사람들만 살아내는 거라고 생각하지 마십시오. 그렇게 생각한다면 계속 여러분들은 지금보다 더욱더 큰 믿음만 구하는 삶을 살게 될 것입니다.

이것은 훈련으로 되는 것입니다. 믿음으로 사는 삶의 훈련을 통해 첫째, 하나님을 경험하게 됩니다. 둘째, 하나님을 경험함으로 우리의 믿음이 자라나고 흔들리지 않는 믿음의 사람이 됩니다. 셋째, 하나님을 경험할 때 비로소 여러분은 하나님을 깊이 신뢰하는 사람으로 바뀌게 됩니다. 넷째, 하나님을 신뢰할 때 주께서 여러분을 하나님나라 확장에 귀하게 쓰실 것입니다.

여러분! 하나님께서 만물의 창조주이시고, 그분만이 주인이심을 믿습니까? 여러분! 예수님이 내 구주이심을 고백할 수 있습니까? 이 믿음만 있다면 오늘부터 훈련을 통해 여러분들은 하나님을 경험하는 믿음의 사람이 될 것입니다."

이 메시지는 정말 충격적이었다. 내게 믿음이 완전히 없어졌다고 해도 나는 이 두 가지 사실만은 믿고 인정했다. 믿음으로 순종하는 삶은 믿음이 큰 사람만이 살아낼 수 있다고 생각했다. 그래서 믿음이 없어진 나를 보며 낙심하고 절망하여 소망이 끊어진 상태였다. 그런데 믿음으로 사는 삶이 훈련을 통해 가능할 수 있다니 정말 놀라운 도전이었다. 내 안에 용기가 생겼다. 큰 믿음만이 믿음으로 사는 삶을 살 수 있다고 했다면 아마 나는 살아내지 못했을 것이다. 훈련으로 이런 삶을 사는 게 가능하다고 했기에 도전해볼 수 있었다.

나도 여러분에게 도전한다. 큰 믿음이 없어도 믿음으로 순종하는 삶은 살아낼 수 있다. 내가 했던 것처럼 훈련으로 시작하여 하나님의 사람이 될 수 있다. 믿음으로 산다는 것은 말씀에 순종하고 그분을 신뢰하는 삶이다.

다음은 훈련의 특징이다.

첫째, 시간이 요구된다. 훈련은 시간을 요구한다. 한순간에 이루어지는 게 아니다.

둘째, 반복적이다. 훈련은 반복하는 것이다. 비록 실수와 실패가 있을지라도 성공할 때까지 끊임없는 반복을 통해 훈련한다.

▌세컨드 찬스를 주시다

나는 정말 열심히 믿음으로 사는 삶을 훈련하고 또 훈련했다. 하나님이 주신 이 두 번째 기회(second chance)를 놓치고 싶지 않았다. 내 모든 안정감을 주님께로 옮기는 훈련을 했다. 훈련 기간에 나는 말씀을 많이 읽고 묵상했다. 기도도 많이 했다.

하나님은 누구시며, 어떤 것들을 소유하고 계시는가?

여호와여 위대하심과 권능과 영광과 승리와 위엄이 다 주께 속하였사오
니 천지에 있는 것이 다 주의 것이로소이다 여호와여 주권도 주께 속하
였사오니 주는 높으사 만물의 머리이심이니이다 부와 귀가 주께로 말
미암고 또 주는 만물의 주재가 되사 손에 권세와 능력이 있사오니 모든
사람을 크게 하심과 강하게 하심이 주의 손에 있나이다 **대상 29:11,12**

하늘과 모든 하늘의 하늘과 땅과 그 위의 만물은 본래 네 하나님 여호
와께 속한 것이로되 **신 10:14**

땅과 거기에 충만한 것과 세계와 그 가운데에 사는 자들은 다 여호와의
것이로다 **시 24:1**

이는 땅과 거기 충만한 것이 주의 것임이라 **고전 10:26**

토지를 영구히 팔지 말 것은 토지는 다 내 것임이니라 너희는 거류민이
요 동거하는 자로서 나와 함께 있느니라 **레 25:23**

삼림의 짐승들과 뭇 산의 가축이 다 내 것이며 산의 모든 새들도 내가
아는 것이며 들의 짐승도 내 것임이로다 내가 가령 주려도 네게 이르지
아니할 것은 세계와 거기에 충만한 것이 내 것임이로다 **시 50:10-12**

은도 내 것이요 금도 내 것이니라 만군의 여호와의 말이니라 학 2:8

이 말씀들은 모든 것의 주인은 오직 하나님 한 분이심을 말하고 있다. 하나님께 영광과 승리가 있고, 천지에 있는 것이 다 그분의 것이며, 재물과 권세도 하나님께 있고, 만물의 주인이 되신 그분의 손에 사람을 크게 하는 것과 강하게 하는 게 있다. 하나님의 손에 있는 이 모든 것들을 그분은 누군가에게 주기를 원하신다.

나는 내 큰 능력과 나의 쳐든 팔로 땅과 지상에 있는 사람과 짐승들을 만들고 내가 보기에 옳은 사람에게 그것을 주었노라 렘 27:5

하나님은 모든 것을 소유하셨고, 그것을 그분이 보시기에 옳은 사람에게 주신다는 말씀이다. 하나님이 보시기에 옳은 사람이란 어떤 사람인가? 하나님은 재물에 대한 올바른 태도가 있으면 재물을 주시고, 권세에 대한 올바른 태도를 가질 때 권세를 주신다. 하나님이 보시기에 재물에 대한 태도가 옳은 사람이 되기 시작하면 그분의 재물을 움직이는 사람이 될 것이다.

하나님은 정말로 재물을 주시는 분이신가? 그렇다. 하나님께서 재물을 심히 많이 주신다고 여러 번 말씀하신다(대하 32:27-29 참조). 하나님의 재물은 보이지 않는 세계 가운데 무한하게 있고, 제한 없이 있다. 하나님의 재물은 '약속'이라는 형태로 있으며, 그분의 파이프라인을 우리에게 심으시고, 재물을 그리로 보내신다. 하나님의 무한하고 제한없는 자원을 그냥 받기만 하면 된다는 말씀은 내게는 큰 충격이었다. 당시 내게는 하나님의 재물을 받는다는 개념이 없었기 때문이다.

내게 더 주님을 기대하는 마음과 소망이 생겼다. 하나님께서 옳다고 여기시는 재물에 대한 태도를 공부하며, 훈련했고, 또 어떤 사람들에게 하나님의 재물을 주시는지도 배우게 되었다. 날마다 믿음으로 사는 삶을 훈련하고 또 훈련했다.

그러자 어느 날부터 빚을 갚기 시작했으며, 그 많은 빚을 다 갚고 이자까지 갚았다. 정말 하나님께서 재물을 내게로 옮겨주셨다. 우리가 훈련해야 하는 것은 재물에 대한 올바른 태도이다. 지금 주님의 도움이 절실한 분들께 말하고 싶다.

오직 주님께만 소망을 가져라!

재물에 대한 올바른 태도를 가져라!

나는 재정 문제를 해결하기 위해 온갖 세상적인 방법을 다 해보았지만 실패했다. 그러나 믿음으로 사는 삶이 내 풍랑을 해결하는 열쇠였다(돈을 번 이야기와 빚 갚은 이야기는 3강에서 하겠다).

믿음으로 살기로 결정하다

믿음으로 사는 삶이란 무엇인가? 하나님의 음성을 듣고, 그분의 말씀을 따라가는 삶이다. 하나님의 음성을 듣지 못하는 사람들이 있을까? 그럴 수 없다. 하나님의 음성을 듣지 못한다는 것은 사탄의 속임수다. 하나님은 말씀하시는 분이다. 성경 말씀 전체에 "하나님이 이르시되… 여호와의 말이니라…"라고 기록하고 있다.

하나님은 말씀하시는 분이고, 이미 그 음성을 다 듣고 있는데 왜 못 듣는다고 생각하는가? 우리는 내가 듣고 싶은 하나님의 음성이 아니면 들리지 않는다고 생각한다. 우리가 보이는 세계에만 반응하고 보이지 않는 세계에는 관심을 두지 않으면서 영적 감각이 둔해지고 없어졌다. 영적 감각을 회복하는 가장 탁월한 방법은 성경 말씀을 소리 내어 읽고, 묵상하고, 기도하는 것이다.

성경에 "여호와께서 말씀하시되"라는 것은 이스라엘 민족에게만 하시는 말씀이 아니다. 오늘 내게도 말씀하시는 것이다.

첫째, 성경 말씀을 보다가 갑자기 눈물이 흐르거나 가슴이 뭉클해지거나 뭔가 깨달음이 오는 것은 성령께서 내게 말씀하시는 것이다. 둘째, 목사님의 설교 또는 강사들의 강의를 듣다가 감동, 깨달음, 눈물, 도전, 소망이 충만해짐, 기쁨이 넘침, 이런 것들은 성령께서 레마로 내게 말씀하고 계신 것이다. 성령님은 목사님의 설교를 통해 각 사람에게 필요한 말씀으로 각각 다르게 말씀하실 수 있다.

이처럼 하나님의 음성은 누구나 들을 수 있고, 청각장애인들도 영으로 하나님의 음성을 분명히 들을 수 있다. 우리가 하나님의 음성을 들어야 믿음으로 삶을 살아낼 수가 있다.

믿음으로 살기로 결심한 나는 하나님의 통치를 받기로 결정했다.

사람이 해 아래서 수고하는 모든 수고는 먹고 입고 마실 것을 위해 하는 것이다. 믿음으로 사는 사람들에게 이 세 가지를 공급해주신다는 하나님의 약속을 굳게 신뢰하기로 결정했다. 그때까지 살았던 내 삶의 방식과 생각의 틀을 바꾸어야 했다. 하나님은 만물의 주인이시며 공급자이시다. '말씀에 따라 나는 주님 앞에서 먼저 그의 나라와 의를 구하겠습니다'라고 결단하는 시간들이 있었다.

이에 대해 홍성건 목사님께서 도전하셨다.

"누가 오늘 이 약속의 말씀을 믿음으로 취하여 내 것으로 만들겠습니까? 먹을 것, 입을 것, 마실 것의 염려를 끝내는 삶을 살겠습니까?"

당장 이것들이 하나도 없는 상황에서 말씀을 믿음으로 받기는 쉽지 않았지만 나는 결정해야만 했다. 내 힘과 지혜와 능력으로 살았던 삶의 방식을 주님 앞에 내려놓았다. 그렇게 나는 결정했다.

"오직 하나님이 내 힘과 지혜와 능력이 되시며, 하나님의 길(방법)만이 정의로운 길입니다. 제가 그 길로 가겠습니다. 믿음으로 사는 삶을 살아내겠습니다."

그리고 모든 기도도 바꾸었다.

"아버지, 이제부터 하나님의 나라와 의를 구하는 삶을 살겠습니다. 직장에서도 하나님의 나라와 의를 구하기 위해 일하겠습니다. 사람을 대할 때도 주의 말씀을 기억하겠습니다. '너희 착한 행실을 보고 하나님께 영광을 돌리게 하라 내가 거룩하니 너희도 거룩하라'라는 말씀 앞에 세상 사람들과는 다르게 살겠습니다. 부정직의 유혹 앞에서 정직하겠습니다. 세상의 부도덕한 문화에서 구별된 거룩한 삶을 살아내겠습니다."

하나님의 통치는 우리가 말씀에 순종하는 삶을 통해 이루어진다. 내가 사업하는 목적도 하나님의 나라와 의가 그 가운데서 이루어지게 하기 위함이다. 그래서 "너는 복의 근원이 될지라. 온 땅을 축복하는 자가 되리라" 하신 말씀의 중심에 내가 있기를 원한다.

하나님은 우리 모두를 하나님의 사역자로 부르셨다. 우리의 부르심을 한마디로 말하면 "너희는 가서 모든 민족을 제자로 삼아라"이다.

나는 이렇게 기도한다.

"아버지, 제가 선교사적 사명으로 직장에 가고 사업을 합니다. 하나님의 원칙으로 하나님의 길로 가겠습니다. 축복해주시옵소서!"

이렇게 기도하며 살기 시작할 때 놀랍게도 하나님의 약속이 내 것이 되기 시작한다. 왜냐하면 믿음으로 삶을 살기 때문이다. 그런 삶 가운데 하나님의 축복의 통로들을 열어가신다. 믿음으로 사는 삶은 하나님의 말씀에 내 믿음을 결부시키고, 입으로 선포하고, 행동으로 옮기면 된다.

김녕 바다를 하나님께 플로잉 받다

나는 믿음으로 살기로 결정한 후 정말로 먹을 것과 마실 것과 입을 것의 걱정을 끝냈고, 하나님께서 공급하실 것을 믿으며 큰 기대를 했다. 놀라운 방법으로 이것들을 주실 것으로 기대했지만 하나님의 공급 방법은 달랐다. 굶게 하시지는 않았지만 날마다 초자연식으로 해결해야만 했다. 늘 손으로 수고해야만 먹을 것이 주어졌다.

하루는 김녕 바다에 나가서 미역을 주웠다. 배가 고파서 주운 미역을 바닷물에 씻어서 허겁지겁 먹었다. 주운 미역들을 모래사장에 널어두고 그 옆에 힘없이 쓰러져 누웠다. 내 신세가 처량하고 서러워서 눈물이 났다. 누워서 한참을 울고 있는데 하나님의 부드러운 음성이 들렸다.

'미진아, 일어나서 앉으렴. 그리고 김녕 바다를 좀 보렴.'

나는 일어나 앉아서 처음으로 바다를 보았다. 그동안은 바다를 볼 여유도 없이 그저 미역만 주웠다. 정말 아름다운 에메랄드 빛 바다였다.

'와~ 이렇게 아름다운 바다였단 말인가!'

'미진아, 바다를 만드신 분이 누구냐?'

'하나님이십니다.'

'바다의 경계선을 정하신 분이 누구냐?'

'하나님이십니다.'

한계를 정하여 문빗장을 지르고 이르기를 네가 여기까지 오고 더 넘어가지 못하리니 네 높은 파도가 여기서 그칠지니라 하였노라 욥 38:10,11

'내가 누구냐?'

'열방을 창조하신 하나님이십니다.'

보라 그에게는 열방이 통의 한 방울 물과 같고 저울의 작은 티끌 같으며

섬들은 떠오르는 먼지 같으리니 사 40:15

'미진아~ 이 김녕 바다와 온 열방은 내게는 통의 물 한 방울이란다.'

하나님의 계속되는 질문으로 내 머릿속에는 성경 말씀들이 지나갔다. 광대하신 하나님께 경배하며 나는 예배하기 시작했다. 내가 하나님의 하나님 되심에 감격해서 찬양하고 있는데 하나님이 말씀하셨다.

'미진아, 이 김녕 바다를 네게 플로잉(flowing, 흘려보내다, 선물하다의 의미)한다.'

'와~ 하나님, 정말요? 이 바다를 제게 주시는 거예요?'

나는 하나님의 음성에 감격하여 해변의 끝에서 끝까지 마구 뛰어다녔다. 그렇게 바다의 주인이신 하나님으로부터 김녕 바다를 선물받았다. 이후 그 바다에서 미역을 줍거나 고동을 따거나, 조개와 고기를 잡을 때 아주 당당해졌다. 더 이상 처량하거나 서럽지 않았다. 내가 그 바다의 주인이기 때문이었다. 부자가 된 마음으로 즐겁게 생활했다.

광야학교에서 하나님은 나를 때로는 죽을 만큼 훈련시키셨고, 때로는 부자로 만들어주셨다. 내가 감당하지 못할 즈음에는 항상 피할 길을 내셨다. 하나님은 온전히 선하신 분이다.

사람이 감당할 시험 밖에는 너희가 당한 것이 없나니 오직 하나님은 미쁘사 너희가 감당하지 못할 시험 당함을 허락하지 아니하시고 시험 당할 즈음에 또한 피할 길을 내사 너희로 능히 감당하게 하시느니라 고전 10:13

다은이 우유 사건

나는 믿음으로 사는 삶을 정말 열심히 훈련했다. 그런데 어느 날 학교에 갔다 왔는데 다은이의 우유가 없었다. 이 사건으로 나는 몹시 실망했다. 왜냐하면 다은이 아빠와 엄마는 믿음의 사람이고, 남편 역시 선교사로 살고 있는 믿음의 사람이다. 아들 유진이도 어린이·청소년 캠프를 통해 하나님의 음성 듣는 법을 이미 배웠고, 잘 훈련되어 있었다.

두 가정, 여섯 명 중에 나를 뺀 모든 사람은 헌신된 믿음의 사람들이었다. 그런데 다은이 우유가 없다니! 믿음으로 살 때 하나님께서 먹을 것을 공급해주신다고 하지 않았던가! 그 말씀을 믿고, 열심히 믿음으로 사는 삶을 훈련하고 있는데…. 정말 혼란스러웠다. 말씀하신 하나님께 의심이 생기기 시작했다. 사탄이 내 생각 속에 가라지를 뿌렸다.

'내가 먹을 게 없다면 이해할 수 있다. 그런데 두 살 된 아기가 무슨 죄가 있단 말인가?'

다은이 우유가 없다는 게 도저히 납득이 되지 않았다. 이 사건은 믿음으로 살면 모든 것을 공급하신다는 성경 말씀을 믿었던 내게 큰 실망과 낙심을 가져다주었다.

'당장 아기가 먹을 우유도 책임져주시지 않는 하나님이 어떻게 내게 50억 원을 주실 수 있단 말인가?'

마음이 무너졌다. 남편과 다은 아빠가 가족 모두에게 거실로 모이라고 했다. 모두 거실에 모였다. 다은 아빠가 말했다.

"이때가 하나님께 예배할 때입니다. 우리 하나님을 찬양할 때입니다."

듣고 있던 남편도 말했다.

"맞습니다. 우리의 믿음을 보일 때입니다. 하나님을 경배합시다."

내가 기가 막혀서 말했다.

"아니, 이때가 어찌 예배하고 찬양하고 경배할 때입니까? 당장 다은이가 굶게 생겼는데, 이때는 부모의 도리를 다할 때입니다. 어디 가서 우유를 빌려오든지, 훔쳐오든지 무조건 구해야 할 때입니다!"

서로 한참 옥신각신하고 있는 것을 보고 당시 초등학교 저학년이던 아들 유진 형제(당시 우리는 훈련 중이서 호칭을 '형제님', '자매님'으로 불렀다)가 할 말이 있다고 했다. 모두의 시선이 집중되고 유진이가 말했다.

"미진 자매님의 상태가 오늘 특히 안 좋은 것 같습니다. 미진 자매님을 빼고 우리가 먼저 하나님을 찬양하고 예배합시다."

이들은 나를 빼고 예배하기 시작했다.

"하나님, 감사합니다. 이 모든 상황을 알고 계셔서 감사합니다. 우리의 모든 필요를 당신이 아십니다. 우리의 모든 필요를 채우시는 하나님을 찬양합니다. 까마귀를 통해 엘리야를 먹이신 하나님은 지금 살아계신 우리의 하나님이십니다. 다은이의 생명 되신 주님을 찬양합니다. 어떠한 상황에도 주님은 찬양과 예배와 경배받기에 합당하십니다."

나는 이런 고백을 하면서 찬양하고 예배하는 그들이 비정상으로 보였다.

'그래, 그렇게 예배를 백날 드려봐라. 하늘에서 우유가 뚝 떨어지나 보자.'

나는 하나님께 화가 나서, 그 자리에 있을 수가 없어 밖으로 뛰쳐나갔다. 그날 제주도의 밤하늘은 어찌나 아름다운지 하늘 위에 꼭 하나님이 계신 것 같았다.

내가 정말 화가 난 이유는 홍 목사님의 말씀을 철석같이 믿고 믿음으로 사는 삶을 정말 열심히 훈련하고 있는 게 억울해서였다. 그래서 하늘을 향해 외치기 시작했다. 아니, 절규했다는 표현이 더 맞았다.

"하나님, 정말 오늘 내게 살아 계신 분이신가요? 성경에서만 기적으로 역사하셨고, 지금 이 시대에는 역사하시지 않습니까? 이스라엘 민족들에게 날마다 기적을 베푸신 그 하나님은 그들의 하나님이시지, 지금의 나와 무슨 상관이 있습니까? 당신이 엘리야에게 까마귀를 동원해서 떡과 고기를 주신 것을 믿습니다. 그러나 그 사건이 지금 나와 무슨 상관이 있단 말입니까!"

그때는 정말 하나님이 내 필요를 공급하신다는 말씀도, 홍 목사님 강의도 믿어지지 않았다. 사탄이 또 내 안에 의심의 가라지를 뿌려버렸다. 그러자 하나님에 대한 원망과 쓴 뿌리가 올라왔다. 나는 믿음의 4대로 하나님을 거역한다는 것은 생각하기도 싫었다. 이스라엘 백성들이 하나님을 거역했던 게 기억났다.

홍해를 가르신 하나님, 사십 년간 만나를 먹이신 하나님, 백성들이 고기가 먹고 싶다고 할 때 메추라기를 먹이신 하나님, 사십 년 동안 입은 옷이 해지지 않게 하신 하나님, 불기둥과 구름기둥으로 인도하신 하나님, 이 놀라운 하나님을 이 백성들이 불평하며 어떻게 거역할 수 있단 말인가? 그런데 그날은 내 안에서 심하게 불평이 올라왔다.

'아니, 하나님, 하루도 일주일도 일 년도 아니고 십 년, 이십 년, 삼십 년도 아니고 사십 년을 만나만 먹일 수 있단 말입니까? 나는 지금 간장에 말은 밥을 한 달간 먹고 나니 간장 냄새만 맡아도 구역질이 나서 힘들어요. 하나님, 당신이 사십 년간 하루에 세 번씩 만나만 드셔 보세요.

이스라엘 백성들이 고기가 먹고 싶다고 할 수도 있지, 그렇다고 그들이 진을 친 동서남북으로 하룻길 걸어가는 거리까지 메추라기를 2규빗(약 1미터) 높이로 쌓이도록 보낼 수 있단 말입니까? 최고로 맛난 한우도 일주일만 먹으면 더 못 먹는데 어떻게 메추라기만 잔뜩 먹이셨단 말입니까? 하나님께는 꿩도 있고, 참새도 있고, 비둘기도 있고, 닭도 있고, 오리도 있고, 종류대로 좀 먹이시면 안 됩니까?

또 생각을 해보세요. 입은 옷이 사십 년간 해지지 않았다고 했는데, 애굽에서 급히 나올 때 입은 옷을 사십 년간 입은 것을 어떻게 생각하세요? 매일 같은 옷만 입고 있는 것을 어떻게 생각하시나요? 하나님, 말씀 좀 해보세요. 너무하신 것 아닌가요? 이스라엘 백성들이 당연히 불평할 수 있는 것 아닌가요?'

다은이의 우유 앞에 믿음으로 사는 내 삶이 속절없이 무너졌다. 나는 점점 더 심각한 상황으로 빠져들고 있었다. 한참을 울다 절규하다가 또 울다가 집으로 돌아왔다. 나머지 가족들은 여전히 예배 중이었다. 나는 생각했다.

'이 거룩한 무리들은 분명 광신자인 게 틀림없어!'

그리고 새벽에 우유를 꼭 먹는 다은이를 생각해서 부엌으로 갔다.

밥을 으깨어 물을 부어 끓여서 걸쭉한 밥물을 만들어서 우유병에 넣어두고 방으로 들어가버렸다.

새벽에 잠이 깼는데 전날 밤과는 달리 정신이 굉장히 맑아졌다. 다니엘이 생각났다. 사자의 우리에 던짐을 받고 왕이 '다니엘아, 너희 하나님이 너를 구원하겠느냐?'라고 물었을 때, 다니엘은 '나의 하나님이 사자들의 입을 봉하셔서 나를 상해하지 못하게 하셨습니다'라고 대답했다(단 6:19-22). 또한 하박국 선지자의 고백이 생각났다.

"비록 무화과나무가 무성하지 못하며 포도나무에 열매가 없으며 감람나무에 소출이 없으며 밭에 먹을 것이 없으며 우리에 양이 없으며 외양간에 소가 없을지라도 나는 여호와로 말미암아 즐거워하며 나의 구원의 하나님으로 말미암아 기뻐하리로다"(합 3:17,18).

다니엘의 믿음과 하박국의 고백이 날 부끄럽게 했다. 밖으로 나가 하나님께 죄송한 마음에 회개했다. 다은이의 우유가 없어도 하나님은 하나님이신 것이다.

'아버지, 어젯밤에는 정말 죄송했습니다. 살아 계신 하나님, 모든 것을 공급하시는 하나님을 의심했습니다. 용서해주소서. 다시 믿음으로 사는 삶을 훈련하겠습니다. 아버지, 다은이의 우유가 없다 할지라도 하나님은 만왕의 왕이시며 나의 하나님이 되십니다.'

회개하고 나니 내 마음에 평강이 부어졌다. 하나님의 음성이 들렸다.

'미진아~ 네가 간절히 찾던 엘리야의 하나님은 오늘 살아서 네 하나님이 되어줄 것이다. 그런데 내 엘리야들은 다 어디로 갔단 말이냐?'

엘리야를 간절히 찾고 계신 하나님의 마음이 내게 부어졌다. 믿음으로 사는 사람들인 오늘날의 엘리야들을 찾으시는 그분 앞에서 나를 보니 민망하고 죄스러운 마음이 들었다. 나는 속으로 다짐했다.

'아버지 제가 믿음으로 사는 엘리야가 되어드리겠습니다.'

집으로 돌아오는데 우리가 사는 빨간 쌍둥이 벽돌집 사이 중간 지점에 우유가 가득 든 1.5리터 병이 눈에 띄었다. 옆집 할머니네 우유가 분명했다. 나는 그 우유를 훔쳤고, 냄비에 넣고 끓이기 시작했다. 그리고 다은이에게 먹였다. 나는 행복했다. 우유를 훔치긴 했으나 양심의 가책은 전혀 없었다. 그 할머니는 여든도 훨씬 넘으셨고, 큰 병이 있으셨는데 곧 소천하실 것 같았다(정말 할머니는 3년 후쯤 돌아가셨다).

냄비에 우유가 많이 남아 있었다. 나는 학교에 가기 위해 준비를 한 후 거실로 나갔다. 그런데 이게 웬일인가! 유진 형제가 남은 우유를 냄비째 들고 마시고 있었다.

"안 돼, 다은이가 하루 종일 먹을 우유란 말이야!"

하지만 이미 냄비는 바닥을 드러내고 있었다. 나는 화가 나서 유진이의 등을 손바닥으로 두들겨 패주었다(처음이자 마지막으로 손으로 때렸다). 유진이가 울면서 말했다.

"엄마, 죄송해요. 정말 미안해요. 우유가 냄비에 있기에 먹어도 되는 줄 알았어요. 다은이를 생각 못했어요. 매일 간장만 먹다가 흰 우유가 있어서…."

아이는 서럽게 울며 학교에 갔다. 나는 마음이 몹시 슬펐다. 아들에게도 미안했다(그랬던 아이가 지금은 188센티미터의 훤칠한 믿음의 청년이 되었다).

다음날 새벽에 이상한 기대가 생겼다. 그 자리에 또 우유가 있을 것 같았다. 밖으로 나가보니 정말 어제 있던 그 자리에 우유가 또 있었다! 나는 주저 없이 훔쳤다. 전혀 죄스럽지 않았다. 여든의 할머니보다는 두 살 아기가 우유를 먹는 게 당연하다고 생각했다.

다음날도 훔쳤다. 나흘째 되는 날, 우유를 훔쳐서 오는데 성령이 내 양심 가운데 말씀하셨다.

'안 돼! 훔치지 마라.'

순간 나는 두려움에 휩싸였다. 그래서 그 새벽에 할머니의 집 대문을 두드렸다.

"할머니~ 할머니~."

할머니를 보는 순간 나는 꿇어앉아서 우유병을 할머니께 건네며 말했다.

"할머니, 제가 우유 세 병을 훔쳤는데 나중에 꼭 갚을게요. 아기에게 먹일 우유가 없어서 훔쳤어요. 용서해주세요."

눈물이 바닥에 뚝뚝 떨어졌다. 내가 너무나 초라하게 느껴졌다. 나를 빤히 보시던 할머니가 말했다.

"아니 유진 엄마, 이 새벽부터 무슨 난리야? 뭔 우유를 말하는 거야?"

"이 우유요."

내가 손에 들고 있던 우유를 할머니께 보였다.

"우유네. 그런데 이 우유가 어쨌다고?"

"제가 훔쳤다고요. 세 병."

할머니가 계속 말씀하셨다.

"그런데 나는 우유를 안 먹어."

할머니는 우유 알레르기가 있어서 평생 먹지 않는다고 했다.

'그럼 이 우유는 어떻게 된 일일까?'

그날 밤이 생각났다. 나를 뺀 거룩한 무리들이 드린 예배가 기억났다.

'정말 하나님께서 우유를 주신 것일까? 천사들이 우유를 배달해놓은 것일까?'

다음날부터 그 천사를 잡기로 결심했다. 며칠 밤을 기다렸건만 천사가 나타날 시간만 되면 주께서 내 눈을 감기셨다. 어느 날 초저녁부터 잠을 자고 자정쯤 일어나 밖으로 나갔다.

'오늘은 우유를 배달하는 천사를 꼭 만나보리라.'

새벽 5시가 좀 넘는 시간에 천사가 왔다. 자전거를 탄 천사였다. 늘 있던 그 자리에 우유를 살짝 놓고 다시 자전거를 타고 갔다. 나는 달려가서 천사의 얼굴을 확인했다.

'이럴 수가….'

선흘교회 담임목사님이셨다. 충격이었다.

'천사가 목사님이셨다니….'

우유가 없던 그날 밤 거룩한 무리의 예배를 받으신 하나님께서 응답하신 것이었다.

선흘교회는 우리가 살던 동네의 작고 예쁜 교회다. 새벽마다 낙농업을 하시는 권사님께서 매일 신선한 우유를 짜서 담임목사님을 섬기시는데, 그날도 목사님께서 그 우유를 가지고 집으로 가고 계셨다고한다. 그런데 주님이 '그 우유를 미진이네 집에 가져다놓아라'라고 말씀하셨다는 것이다. 주님의 음성에 순종하여 우리 집으로 왔는데 할머니 집과 우리 집이 쌍둥이처럼 똑같이 생겨 이 대문에 놓았다가, 저 대문에 놓았다가 하시다가 그냥 중간에 놓으시고, 말씀하신 주님께서 정확하게 배달하실 것을 믿으셨다는 것이다.

'오~ 이것이 홍 목사님께서 말씀하셨던 믿음으로 사는 삶 가운데 경험하는 하나님의 역사일까?'

다은이 우유 사건은 내 영적 근육을 만들어주었다.

▌해물 스파게티와 그라탕

어느 날, 유진이가 누군가에게서 용돈으로 만 원을 받아왔다. 두 식구가 모여서 유진이 손에 든 만 원을 구경하고 있는데, 아이가 그 돈을 가슴에 끌어안고 꺽꺽 소리를 내어 울면서 말했다.

"엄마, 이 만 원으로 다은이 우유를 다 사줄 거예요."

그날 냄비에 남은 우유를 다 먹어버린 유진이는 다은이에게 빚진 마음이 있었다. 나는 유진이를 방으로 데리고 들어갔다.

"유진아, 다은이 우유는 지금 하나님께서 잘 공급하고 계시잖아. 이 돈은 네가 먹고 싶은 것을 사 먹을 수 있도록 하나님께서 주신 거야. 먹고 싶은 것 없니?"

"엄마, 다은이 우유는요?"

"어허, 신경 쓰지 말라니까. 하나님이 무척 신경 쓰고 계시잖아."

"엄마, 그래도 다은이…."

"유진아, 엄마 말 들어. 너 먹고 싶은 것 없니?"

"사실은 해물 스파게티가 먹고 싶어요."

"그래, 엄마가 따라가줄게."

우리는 스파게티를 파는 집에 갔다. 메뉴를 보니 해물 스파게티는 8,500원이었다.

"유진아, 1,500원이 남네. 이것으로 다은이 우유를 한 병 사가자."

그런데 메뉴판을 찬찬히 살펴보니 내가 가장 좋아하는 그라탕도 값이 같았다.

"유진아, 엄마는 그라탕이 먹고 싶다."

"엄마, 이 돈은 제 거예요. 저는 꼭 해물 스파게티를 먹을 거예요."

나는 마음이 상했다. 부모를 공경하지 않는 아들을 교육하기로 결심했다.

"유진아, 넌 믿음의 5대다. 에베소서 말씀에 주께서 뭐라고 하셨니? '네 부모를 공경하라. 이것은 약속이 있는 첫 계명이니 이로써 네가 범사에 잘될 것이라'라고 말씀하셨잖아!"

아들도 내게 지지 않고 말했다.

"엄마, 저는 그라탕이 싫어요. 해물 스파게티를 먹을 거예요."

부모를 공경하라는 하나님의 말씀 앞에서도 유진이는 마음을 바꾸지 않았다. 말씀 앞에서 순종하지 않는 아들을 나는 심각하게 생각했다.

"유진아, 너 혼자 해물 스파게티 다 먹어라. 엄마는 먼저 집에 간다. 너 나중에 엄마가 죽고 나서 '엄마, 그때 그라탕 못 사드린 거 죄송해요' 하면서 평생 후회할 거다."

내 말에 아이가 울음을 터트렸다. 내가 자리에서 일어나려는데 아이가 고개를 숙이고 기도하는 게 보였다. 잠시 후 아들이 말했다.

"엄마….."

"왜?"

유진이의 얼굴이 밝아져 있었다.

"제가 지금 기도하는데 하나님께서 '네 부모를 공경하라. 이것은 약속이 있는 첫 계명이니 네가 범사에 잘 된다'라고 하셨어요. 엄마, 그라탕을 드세요."

"그래, 아까 엄마가 그 말씀을 해주었잖아."

"아니요. 지금 하나님께서 제게 말씀하셨어요. 어머니, 그라탕 드세요."

유진이에게 미안한 마음이 들었지만 나는 아들을 교육했어야 했다. 주문을 받는 종업원을 불러서 말했다.

"여기 그라탕 한 접시만 주세요. 양을 좀 많이 주세요."

"두 사람인데 한 접시로 되겠어요?"

"예, 미안해요. 지금 돈이 없어서요."

"아~ 예."

20분쯤 지났다. 종업원이 아주 큰 접시에 뭔가를 가득 담아 왔다. 3~4인분쯤 되어 보였다. 그런데 해물 스파게티였다. 분명 옆 테이블의 것이 잘못 배달된 게 틀림없었다. 나는 종업원을 다시 불렀다.

"우리는 해물 스파게티가 아니고, 그라탕을 시켰는데요."

"조금 전에 돈이 없다고 해물 스파게티를 시키면서 양을 많이 달라고 했잖아요?"

종업원이 말했다. 나도 물러설 수 없었다.

"아니, 제가 그라탕을 시켰어요. 주문서를 확인해봅시다."

"아주머니가 해물 스파게티를 시키면서 돈이 없어 둘이서 같이 먹는다고 양을 많이 달라고 해서 주방장에게 특별히 주문해서 많이 가져왔다니까요."

종업원도 물러서지 않았다. 결국 우리는 주문서를 확인하기로 했다. 순간 종업원이 몹시 당황해했다.

"어머머~ 분명히 해물 스파게티를 주문받았는데 이게 어찌된 일이지? 왜 그라탕이지? 죄송합니다. 어차피 잘못 나온 것이니 해물 스파게티를 드시고 계시면 그라탕을 빨리 해드릴게요."

유진이가 해물 스파게티 접시를 앞으로 당기면서 말했다.

"엄마, 나빠요. 오직 내 공급자는 하나님이십니다."

그라탕 사건은 내게 적지 않은 충격이었다.

'이것이 믿음으로 살 때 하나님을 경험하게 된다는 목사님의 말씀이 실제가 되는 것일까?'

▌설화수의 하나님

부도, 일수, 꽁지 등으로 나는 만신창이가 됐다. 돈도 다 잃고, 몸도 망가졌다. 얼굴은 기미로 덮였고, 검버섯 같은 것이 잔뜩 생겨 도저히 민낯으로는 바깥출입을 못할 정도였다. 그래서 특수화장(변장 수준의 진한 화장)을 배워서 제주도에 갔다. 누구도 내 얼굴이 그렇게까지 망가졌는지 몰랐다. 단지 '조금 진한 화장을 했나 보다' 하고 생각할 정도였다. 같이 공부하던 자매들과 형제들은 나를 무척 예쁘게 봐주었다.

그런데 문제가 발생했다. 제주도 생활이 길어지면서 스킨, 로션, 에센스, 영양크림 등 기초 화장품이 다 떨어진 것이다. 이런 기초 화장품을 바르지 않고는 그 위에 특수화장을 할 수가 없었다. 위에 덧바른 분가루가 서서히 떨어지면서 얼굴은 실시간으로 변한다. 나는 막막했다. 방법이 없었다. 그래서 남편이 쓰던 스킨을 바르고, 물기가 마르기 전에 빨리 분가루를 겹겹이 바르고 학교에 갔다. 그런데 시간이 지나자 이마에서 손톱만한 크기의 분가루가 떨어졌다. 마침 그것을 한 형제가 보고 말했다.

"어? 미진 자매님, 이마에 뭐가 묻었네요?"

그러면서 내가 말릴 틈도 없이 내 이마를 털어준다고 하며 코까지 건드렸다. 분칠한 것이 이마는 더 크게 떨어졌고, 코까지 떨어져서 순식간에 얼굴의 시커먼 기미와 검버섯이 드러났다. 그 형제가 놀라면서 말했다.

"아니, 이게 뭐야? 얘들아, 이리 좀 와 봐."

형제들이 내 주위로 모여들었고, 한 형제가 말했다.

"와~ 이제까지 화장으로 변장을 하고 우리를 속였나요?"

다른 형제들도 거들었다.

"이건 변장이 아니라 가면 수준인데?"

"와~ 정말 실망이다. 할리우드 특수변장이야."

나는 정말 창피했다. 수건으로 얼굴을 가리고 학교를 뛰쳐나와 집으로 왔다. 그리고 두 다리를 뻗고 앉아 서럽게 울었다. 수치심이 들었고, 자존심이 상했다. 내가 죽으려고 한 것도 얼굴이 심하게 망가진 게 큰 이유였다. 그렇게 한참을 울다가 목사님의 말씀이 생각났다.

"믿음으로 산다면 아버지께 구하십시오. '주 예수의 이름으로 믿고 구하라 그리하면 주시리라'라고 하셨습니다. 여러분, 염려하지 마세요. 믿음으로 살기만 하면 예수님께서 여러분의 필요를 반드시 공급하십니다."

> 너희가 내 이름으로 무엇을 구하든지 내가 행하리니 이는 아버지로 하여금 아들로 말미암아 영광을 받으시게 하려 함이라 내 이름으로 무엇이든지 내게 구하면 내가 행하리라 요 14:13,14

그랬다. 나는 믿음으로 살고 있었다. 바로 기도 수첩을 꺼냈고, 내 필요를 적기 시작했다.

"하나님 아빠, 화장품 한 세트만 주세요."

목사님 말씀이 또 기억이 났다.

"우리 하나님이 얼마나 부자인지 여러분들이 아신다면 담대하게 구할 것입니다. 그분은 천지 만물의 주인이시고, 만왕의 왕이 되십니다. 금도 은도 하나님의 것이지요. 하나님이 보시기에 옳은 사람에게 그것을 주신다고 하셨습니다. 여러분의 믿음으로 사는 삶보다 더 쉬운 삶은 없습니다."

하나님은 부자이시다. 나는 다시 기도 수첩을 꺼내서 '하나님 아빠! 화장품 한 세트만 주세요'라고 적은 옆에 '설화수'라고 썼다. 부자 아빠께 상당히 좋은 고가의 화장품 세트를 구했다.

나는 이 기도 제목을 가지고 어떻게 구할 것인지 여쭈었다. 선교사님들을 보면 기도 편지에 필요를 적어서 기도 요청들을 하기도 한다. 그것도 하나님의 방법이다. 또 다른 방법은 소그룹이나 셀, 구역 등 작은 단위의 모임이 있을 때 겸손하게 기도 제목을 나누고 기도할 수 있다. 나는 이 중 어떤 방법으로 할지 주님께 여쭈었다. 그런데 주님의 음성이 들렸다.

'미진아, 이 기도 제목을 누구와도 나누지 말라. 기도 요청 편지도 쓰지 말며, 소리 내어 통성으로 기도도 하지 말라. 너는 오직 내 앞에서만 이것을 구하라.'

내 마음이 심란해졌다.

'아니, 기도 요청도 안 하고, 기도 편지도 안 쓰면 도대체 누가 알아서 내게 설화수를 준단 말인가?'

상식적으로 이해할 수 없는 하나님의 음성이었다. 들은 음성을 검증하고 또 검증했다. 하나님의 음성이 분명했다. 이 기도 제목을 오직 하나님께만 구하고, 하나님과 나만의 비밀로 간직하기로 했다. 남편이나 아들, 어느 누구에게도 말하지 않았다.

또 이 기도 제목을 통성으로도 기도할 수도 없었다. 하나님께서 말하지 말라고 하셨기 때문이다. 이것은 하나님이 증인이시다(이 글을 읽고 있는 사람 중에 내가 그때 설화수를 구한다는 기도 제목을 들은 사람이 있으면 말하라. 절대 그런 일은 없었다).

나와 같은 학교에 선교사로 나가기 위해 하나님 음성 듣기 훈련을 하던 현미 언니가 있었다. 그 언니는 부산 사람이었다. 언니는 "내가 하나님의 음성도 제대로 못 듣고 선교지로 가면 되나? 안되지~" 하면서 오직 하나님의 음성을 듣고 사는 삶을 점검하고 있었다.

언니는 기도하다가 "누구에게 십만 원을 주어라"라고 그분의 음성을 들으면 그에게 가서 "하나님께서 당신에게 십만 원을 주라고 하셨습니다. 당신이 이 돈을 하나님께 구하고 있었습니까?"라고 물었다. 그리고 그가 맞다고 하면 주고, 아니라고 하면 주지 않았다. 또한 금액이 안 맞아도 주지 않았다.

현미 언니는 '하나님 음성 듣기 수첩'을 늘 가지고 다니면서 음성이 맞은 것은 'O', 틀린 것은 'X'를 체크하면서 음성 듣는 삶을 훈련하고 있었다. 또 누구에게 영양크림을, 볼펜을, 책을 주라는 등의 음성을 들으면 즉각 순종하여 실천하는 삶을 통해 음성을 분별하고 있었다.

어느 날, 언니가 내게 오더니 물었다.

"미진아, 너 혹시 하나님께 화장품 한 세트를 구했니?"

순간 내 가슴이 두근거렸다. 언니가 말했다.

"하나님께서 네게 화장품 한 세트를 주라고 하셨고, 화장품의 종류까지 말씀해주셨어."

나는 깜짝 놀랐다.

'아니, 하나님께서 화장품 종류까지 말씀하셨단 말인가?'

나는 하나님의 음성을 듣는 현미 언니가 존경스러웠다. 언니가 내게 화장품 한 세트를 주었다.

"내가 최고로 좋은 것으로 사왔다."

나는 조심스럽게 받아서 포장을 열었다.

'헉! 더 페이스샵(중저가 브랜드) 세트네.'

나는 몹시 실망했다. 언니가 내게 물었다.

"미진아, 네가 구한 화장품의 종류가 맞니?"

내가 구한 설화수가 아니었다. 그러나 화장품이 꼭 필요했다.

"언니, 종류는 중요하지 않아요. 화장품 한 세트를 구한 거 맞아요."

"아니, 미진아. 하나님께서 화장품 종류를 말씀하셨다니까. 이게 진짜 맞아?"

화장품 종류가 맞지 않으면 언니가 주지 않을 것 같았다. 자기가 들은 음성이 틀렸다고. 나는 화장품이 급해서 할 수 없이 거짓말을 했다.

"맞아요. 내가 주님께 구한 화장품 세트예요."

그러자 언니가 아주 실망스러운 표정을 지었다.

"더 페이스샵, 이것을 네가 구했구나…."

"…."

나는 더 말을 못하고 가만히 있었다.

"그런데 미진아, 하나님께서 네게 화장품 세트를 주라고 하셨는데 선교사가 무슨 돈이 있겠니? 내가 최선을 다해 사왔는데 주께서 다시 말씀하시길 '미진이가 구한 것은 이게 아니다. 설화수를 주어라'라고 하셨어."

그러고는 설화수 열 병을 내 앞에 꺼내놓았다. 설화수라는 말에 충격으로 정신이 멍해졌다. 설. 화. 수! 그런데 헉! 샘플(견본품)로 열 병이었다. 나는 할 말을 잃었다. 종류까지 세밀하게 말씀하신 하나님께도, 예민하게 음성을 듣고 순종한 언니에게도 충격을 받았다.

'아니, 하나님과 나만 아는 기도 제목을 이 언니가 어떻게 안단 말인가?'

주님의 음성대로 단 한 번도 입 밖에 내지 않았고, 통성기도도 한 번 하지 않았다. '미진이에게 설화수를 주라'라고 말씀하신 하나님으로 인해 나는 가슴이 벅차올랐다. 심장이 터질 것처럼 빠르게 뛰었다. 나는 언니 손에 있는 비닐봉지에 담긴 샘플을 빼앗아 들고 학교 뒷동산으로 달리기 시작했다.

동산 위에 큰 바위가 하나 있었다. 나는 그 바위 밑에서 대성통곡을 하며 내 온몸과 혼과 영으로 하나님을 경험하며 받아들였다. 나는 믿음의 4대로 하나님 앞에 늘 믿음의 고백을 했다고 생각했다. 그러나 그때까지 한 번도 심장에서 나오는 신앙고백을 한 적이 없었다는 걸 깨달았다.

"하나님! 당신은 살아 계십니다. 정말 제 신음 소리까지도 들으십니다. 저는 이미 두 번이나 죽은 사람입니다. 주께서 저를 살리셨습니다. 지금 이 시간부터 제 생명을 주님께 드립니다. 사는 날까지 오직 복음을 전하다가 죽겠습니다. 저를 어여삐 여기신다면 제가 복음을 전하다가 죽게 해주십시오. 제 생명을 받으십시오. 이후의 모든 삶은 오직 주를 위해 죽고 주를 위해 살겠습니다. 주님, 저를 순교자의 자리에 세워주십시오."

그렇게 나는 하나님 앞에 생명으로 헌신하는 시간을 가졌다. 나는 그날 새로 태어났다. 욥의 고백이 내 고백이 되었다.

"아버지를 제가 눈으로 보았고, 손으로 만진 바 되었습니다. 사랑합니다. 생명을 바쳐…."

▌순종 훈련에 돌입하다

'믿음이 없어도 적은 믿음을 가지고 훈련을 통해 순종하는 사람이 될 수 있다'라는 목사님의 말씀은 내게 소망이 되었다. '개인이 직접 하나님을 경험할 때 믿음이 성장하고 하나님을 신뢰하게 된다'라는 말씀이 무슨 의미인지를 깨달았다. 지식적으로 성경에서 배운 이론이 아니라 심장으로 신뢰하는 믿음, 지금 내게 살아 계신 하나님을 경험했다. 이런 경험들을 통해 믿음이 자라나고 있었다. 나는 하나님을 신뢰하는 사람으로 변해 갔다.

믿음으로 살기로 굳게 결정하며 인천으로 올라올 때, 하나님께 질문했다.

'아버지, 50억 빚은 어떻게 해야 합니까? 이제 제가 무엇을 하며 살아야 하나요?'

주님께서 이에 대한 약속의 말씀을 명확하고 분명하게 말씀해주셨다.

내가 너보다 앞서 가서 험한 곳을 평탄하게 하며 놋문을 쳐서 부수며 쇠빗장을 꺾고 네게 흑암 중의 보화와 은밀한 곳에 숨은 재물을 주어 네 이름을 부르는 자가 나 여호와 이스라엘의 하나님인 줄을 네가 알게 하리라 사 45:2,3

또 주께서 말씀하셨다.

'미진아, 내가 너보다 앞서 가겠다. 험한 곳을 다 평탄케 할 것이며, 너를 막는 놋문들은 내가 다 쳐서 부수겠다. 쇠빗장을 다 꺾어버리겠다. 너는 염려하지 말고 두려워하지 말라. 흑암 중의 보화와 은밀한 곳에 숨은 재물을 네게 주어서 너를 사역자로 부른 자가 하나님인 줄 세상이 알게 될 것이다.'

나는 이 놀라운 하나님의 약속 앞에 잠시 어안이 벙벙했지만 "아멘" 하며 이 말씀을 믿음으로 취했다.

'아버지, 이제 돈 걱정하지 않겠습니다. 이 무거운 짐을 아버지께 다 드립니다. 그리고 제가 할 수 있는 최선을 다하겠습니다.'

주님께서 또 말씀하셨다.

'그러므로 염려하여 이르기를 무엇을 먹을까 무엇을 마실까 무엇을 입을까 하지 말라 이는 다 이방인들이 구하는 것이라 너희 하늘 아버지께서 이 모든 것이 너희에게 있어야 할 줄을 아시느니라 그런즉 너희는 먼저 그의 나라와 그의 의를 구하라 그리하면 이 모든 것을 너희에게 더하시리라'(마 6:31-33).

나는 기쁨으로 충만해졌고 "아멘"으로 응답했다. 그 이후 복음을 전하지 않고는 견딜 수가 없었다. 열방대학의 훈련을 마치고 인천으로 올라온 나는 더 열심히 복음을 전하며 전도하기 시작했다.

얼마 후 하나님께서 말씀하셨다.

'제자훈련학교를 세워라.'

일단 "아멘"으로 응답하고 주님께 질문했다.

'아버지, 제가 예수전도단의 간사도, 리더도 아닌데 어떻게 제자훈련학교를 세웁니까?'

'내가 사람을 보낼 것이다.'

나는 그 사람을 기다렸고, 놀랍게도 인천지부 박노철 지부장님과 오영자 권사님이 우리 집에 찾아와 제자훈련학교를 세우는 데 도와달라고 했다. 그래서 인천에서 '독수리예수제자훈련학교' 주간반을 개척하여 학교 책임자로 섬기게 되었다.

믿음으로 산다는 것은 '순종'과 '신뢰'의 두 발로 걸어가는 삶이다. 즉 내가 할 일은 최선을 다해 순종하고 내가 할 수 없는 일은 하나님이 하실 거라고 신뢰하는 것이다. 이 두 가지 중 하나가 빠지면 우리가 원하는 열매는 맺을 수 없다. 순종이 없는 신뢰를 하는 자는 '광신자'이다. 신뢰가 없는 순종을 하는 자는 '맹목적 크리스천'이다. 감리교 창시자인 요한 웨슬리는 광신자에 대해 '바람직한 목적은 있으나 합당한 수단을 사용하지 않는 사람'이라고 정의했다.

예를 들어 두 명의 농부가 있다고 하자. A라는 농부는 믿음이 좋아보이는 농부였다. B라는 농부는 예수를 모르는 농부다. 이 둘이 농사를 짓는데 A는 무에서 유를 창조하신 전능자 하나님을 찬양하며 밭을 일구지도, 씨도 뿌리지도 않았다. 그리고 B에게 "우리 하나님은 씨를 뿌리지 않아도 열매 맺게 하시는 전능자이시다"라고 말했다.

B농부는 겨울 내내 얼어붙은 땅을 농기구로 일구어 흙을 부드럽게 했고, 때가 되어 고랑을 파고 창고에 잘 보관해두었던 종자 씨를 심었다. 이 농부는 다음 날도 아침 일찍 나가 혹시 땅이 헤쳐져 씨앗이 밖으로 나오지 않았는지 밭을 살핀다. 추수하는 가을이 되었을 때, 하나님은 누구의 밭에 풍성한 수확을 주실까? 당연히 B농부의 밭이다. A농부의 밭에는 아무것도 추수할 것이 없고 잡초만 무성할 뿐이다. 이런 A농부를 광신자라고 한다.

농부의 바람직한 목적은 풍성한 수확이다. 그렇다면 당연히 농기구로 땅을 일구고 씨를 뿌리는 것은 합당한 수단이다. 우리는 A농부와 같은 사람을 아주 믿음이 좋다고 착각한다. 그렇지 않다. A농부는 광신자이다. 풍성하게 수확하려면 부지런해야 한다. 합당한 수단을 사용해야 한다. 주님은 부지런히 움직인 손의 수고로 우리의 먹을 양식을 구하라고 하셨다. 그 말씀에 순종하여 열심히 일할 때 주께서 풍성한 수확을 주시겠다는 것이다.

홍성건 목사님이 "믿음으로 사는 것보다 더 쉬운 삶이 있으면 제게 이야기해주십시오. 제가 그 삶을 살겠습니다"라고 하셨을 때 나는 '믿음으로 사는 것보다 더 어려운 삶이 어디 있을까'라고 생각했다. 그러나 하나님을 경험하고 믿음으로 살기 시작한 후로는 하나님의 신실한 약속들이 내 삶 가운데에 드러나기 시작했고, 믿음으로 사는 것보다 더 쉬운 삶이 없다는 것을 깨달았다. 하나님은 선하시며 신실하시기 때문이다. 내가 할 일은 순종하여 행하고, 하나님이 하실 일은 그분이 하실 것을 신뢰하는 것이다. 내 할 일을 최선을 다함으로 순종한다면 하나님은 그가 하실 일을 행하실 것이다.

> 예수께서 예루살렘으로 가실 때에 사마리아와 갈릴리 사이로 지나가시다가 한 마을에 들어가시니 나병환자 열 명이 예수를 만나 멀리 서서 소리를 높여 이르되 예수 선생님이여 우리를 불쌍히 여기소서 하거늘 보시고 이르시되 가서 제사장들에게 너희 몸을 보이라 하셨더니 그들이 가다가 깨끗함을 받은지라 눅 17:11-14

이 말씀에서 예수님은 나병 환자들에게 제사장에게 가서 몸을 보이라는 말씀만 하신다. 나병을 고쳐주지는 않으신다. 당시 나병 환자들은 성 밖에서 살아야 했는데, 제사장에게 몸을 보여 병이 다 나은 게 증명이 되어야 성 안에서 살 수가 있다. 여전히 몸에 나병이 있는데 제사장에게 몸을 보이라는 예수님의 말씀에 우리는 어떻게 반응할까?

"예수님, 제 나병을 먼저 고쳐주소서. 그래야 성 안으로 들어갈 수 있습니다."

그렇게 반응할 것이다. 하지만 예수님은 그렇게 하지 않으셨다. "먼저 네 믿음을 보이라"라고 하셨다. 믿으면 성 안으로 가라는 것이다. 그러나 나는 여전히 나병 환자다. 성 안에 있는 제사장에게 도착하기도 전에 성문 입구에서 사람들이 던진 돌에 맞아 죽을 것이다.

이때 말씀에 순종하여 어떻게 성 안으로 갈 수 있는가? 주님의 성품을 알 때 가능하다. 그분이 우리를 죽이겠는가? 아니다. 주께서 고치실 거라는 확신이 있으면 움직일 수 있다. 내가 할 일을 순종하여 행하면 나머지는 하나님이 하실 거라고 신뢰하는 게 믿음이다.

지금은 믿음이 필요할 때다. 많은 사람들은 나병을 먼저 고침 받지 않으면 그 자리에서 성 안으로 가라는 주님의 음성에도 순종하여 움직이지 않는다. 나병 환자인 내게 돌을 던질 게 분명하기 때문이다. 두려움이 나를 움직이지 못하게 한다.

내 삶 속에 이런 결정들을 해야 하는 순간이 수없이 많았다. 그때마다 나는 순종함으로 내 믿음을 보였고, 신실하신 하나님을 경험했다. 예수님의 말씀을 들은 나병 환자들도 순종하여 성 안으로 걸어가기 시작했고, 가는 도중에 문둥병은 완전히 고침을 받았다.

우리가 기억해야 할 것은 순종의 결과에 대해 하나님께서 먼저 말씀해주시지 않는다는 것이다. 즉 "너희들이 걸어가는 도중에 모든 나병이 고침을 받을 것이다"라고 말씀하시지 않는다는 것이다. 그분은 우리의 믿음(순종)을 먼저 요구하신다.

믿음으로 사는 삶은 내 생각과 지식, 경험과 환경을 초월해야 한다. 말씀에 순종하여 제사장에게 가기 시작할 때 나병으로부터 완전히 나음을 얻은 것처럼 우리도 말씀에 순종하여 나아가야 한다. 이때 그들의 마음이 어떠했겠는가? 아마도 '죽으면 죽으리라!' 하는 마음이었을 것이다.

베드로는 밤새도록 깊은 곳과 얕은 곳, 이곳저곳에 그물을 내렸으나 고기를 잡지 못했다. 한 마리도 잡지 못한 채 날이 밝자 그는 허탈해하며 그물을 손질하고 있었다. 그런 베드로에게 예수님은 깊은 곳에 그물을 내리라고 말씀하셨을 뿐 순종의 결과는 말씀하지 않으셨다. 이미 깊은 곳에 그물을 내려본 베드로지만 믿음의 반응으로 다시 그물을 내렸다.

"제가 밤새도록 수고하여 얻은 것이 없지만 말씀에 의지하여 그물을 내리겠습니다."

베드로는 믿음으로 순종하여 깊은 곳으로 가서 그물을 내렸다(눅 5:5).

그가 이렇게 대답할 수도 있었다.

"이미 깊은 곳에 그물을 내려봤어요. 제가 가진 모든 지식과 경험과 힘을 다했지만 한 마리도 못 잡았어요. 제 경험상 오늘은 고기가 없어요. 저는 베테랑 어부입니다. 제 지식과 경험으로 말하지만 오늘은 아닙니다."

이렇게 반응했다면 어땠을까? 하나님을 경험하지 못했을 것이다. 그날 베드로는 자신의 모든 경험, 지식과 생각과 환경을 초월해야 했다. 말씀에 의지해서 깊은 곳에 그물을 내린 순종을 통해 그의 인생에서 '대박'을 경험했다.

이처럼 순종과 신뢰는 아버지가 요구하는 그 시간, 그 시점에서 내가 할 일을 다 하는 것이다. 그날 베드로에게 하나님이 깊이 경험되었고, 자신의 모든 것을 내려놓게 된다. 우리도 말씀 앞에 우리의 생각과 지식과 경험과 느낌을 뛰어넘는 순종을 보일 때 하나님을 경험하게 될 것이다.

▌티코에서 벤츠까지(순종 훈련)

주라 그리하면 너희에게 줄 것이니 곧 후히 되어 누르고 흔들어 넘치도
록 하여 너희에게 안겨주리라 눅 6:38

'주라!', 이것은 주님의 명령이고 우리가 순종할 일이다. '그리하면'
은 하나님께서 하실 일이다. 우리가 말씀에 따라 순종하여 누구에게
준다면, 하나님은 다시 우리에게 주실 것이다. 하나님이 주실 때는 우
리가 준 것에 비해 후히 되어 누르고 흔들어 넘치도록 해서 우리에게
안겨주신다.

주라는 것은 두 가지 방법으로 주라는 것이다. 첫 번째는 하나님께
서 우리에게 요청하셔서 주는 것이다. 이것을 '심는다'고 말한다. 심는
것은 반드시 거두게 된다. 물질로 심고, 물질이 후히 되어 거두게 하신
다. 심는 것은 하늘은행에 입금으로 기록한다.

두 번째는 우리의 선하고 착한 마음으로 그냥 주는 것이다. 이때 우
리는 주는 것으로 끝난다. 거두지 않는다. 그러나 이렇게 주는 삶을
살게 되면 주께서 참된 것(하늘의 것)으로 우리에게 갚으신다. 하나님
과의 친밀감과 사람들과의 관계의 회복이 되고, 사람들에게 존경을 받
게 되며, 하나님의 사랑이 우리를 통해 흘러가게 된다. 이것이 제자의

삶이다. 우리가 마땅히 살아야 하는 삶이다.

나는 믿음으로 사는 삶을 훈련하고 있었다. 주께서 말씀하시는 것을 듣고 그대로 행하는 삶의 훈련이다. 믿음으로 사는 삶은 처음부터 쉽게 되지 않았다. 그래서 거실 벽에 이렇게 붙여놓았다.

'주님 말씀하시면 즉시! 온전히! 기쁘게! 순종한다.'

내가 먼저 외치면 유진이도 함께 외쳤다. 날마다 이것을 심장에 새기고 또 새겨서 순종의 사람이 되기로 결심하고 또 결심했다.

완전히 망한 이후에 주께서 다시 사업을 시작하게 하셨다. 일산에 있는 두 평짜리 아주 작은 안경점이었다. 출근을 하려면 인천에서 일산까지 직통 버스가 없어 여러 번 갈아타야 했고, 왕복 5시간이 걸렸다. 차가 막히면 7시간도 걸렸다. 장사가 그리 잘되지도 않았다. 한숨만 나왔다.

'이전에 100평짜리 안경점을 했었는데 지금은 고작 두 평짜리라니….'

주님이 당시에 내게 약속하신 것은 "네게 흑암 중의 보화와 은밀한 곳에 숨은 재물을 주겠다"라는 말씀이었다(사 45:2,3). 이 엄청난 약속을 받았던 터라 '이 작은 안경점을 정말 주님이 주신 게 맞을까' 하고 갈등하고 있을 때 "작은 것에 충성할 때 큰 것을 맡기시겠다"라는 말씀이 기억났다. 주님은 먼저 작은 것에 내 충성을 요구하셨다. 나는 작은 안경점으로 출퇴근을 하면서 열심히 믿음으로 사는 삶과 충성 훈련을 했다.

하지만 출퇴근이 너무나 힘들었다. 그래서 믿음으로 사는 사람에게는 "너희가 나를 택한 것이 아니요 내가 너희를 택하여 세웠나니 이는 너희로 가서 열매를 맺게 하고 또 너희 열매가 항상 있게 하여 내 이름으로 아버지께 무엇을 구하든지 다 받게 하려 함이라"(요 15:16)라는 주님의 말씀에 따라 자동차 한 대를 구하기로 했다. 차만 있으면 50분 만에 출근할 수 있었다. 하나님께 차 한 대를 달라고 기도했다. 즉시 응답하신 하나님의 말씀은 '저축하라'는 것이었다. 나는 실망했다. 하나님의 뜻은 내가 저축해서 차를 사는 것이었다.

그래서 나는 50만 원씩 10개월을 저축해서 500만 원을 만들었다. 경차인 티코를 중고로 사기로 결정하고 기도했다.

'아버지, 400만 원 정도의 중고 티코를 살 거예요. 100만 원은 보험료로 낼 거예요. 제가 좋은 중고차를 구입할 수 있도록 도와주세요.'

중고차를 구입하기 위해 신발을 신고 나가려는 순간 부드러운 주님의 음성이 들렸다.

'미진아~ 그 500만 원을 A국의 이태영 선교사에게 보내라.'

나는 몹시 당황했다. 그래서 혼자 중얼거렸다.

"지금 내가 들은 것을 어떻게 주님의 음성으로 신뢰할 수 있단 말인가? 만일 아니라면 돈만 몽땅 날리잖아. 주님의 음성이 확실하다면 순종하겠지만 아닐 수도 있잖아?"

나는 주님의 음성이 아니기를 바랐다. 그래서 들은 음성을 무시하고 신발을 신고 밖으로 나가는데 '주님의 음성을 들었다면 무시하지 말고 검증을 해야지'라는 생각이 내 양심을 움직였다. 나는 다시 집으로 들어왔다.

우리가 듣는 음성은 네 종류가 있다. 하나님의 음성, 사탄의 음성, 다른 사람의 음성, 나 자신의 음성이다. 검증에 들어갔다. 즉시 검증된 것은 사탄의 음성은 아니라는 것이다. 어떤 사탄이 선교사에게 선교 헌금을 보내라고 한단 말인가! 내 음성도 아니었다. 나는 이태영 선교사를 좋아하지 않았다. 당시 상당히 월급을 많이 받던 남편을 선교사로 헌신시킨 장본인이기 때문이다.

'내가 좋아하는 선교사들도 많은데 하필 이 선교사라니….'

나는 이 선교사에게 헌금할 생각이 조금도 없었다. 사탄의 음성도, 내 음성도 아니라면 하나님의 음성이었다. 막상 검증이 되고 나니 마음이 더 상했다. 10개월간 아끼면서 모은 전 재산을 선교 헌금으로 보내라니…. 하나님께 서운한 마음이 들었다.

주께서 말씀하셨지만 즉시, 온전히, 기쁘게 순종할 수 없었다. 말씀에 순종하는 훈련은 쉽지 않았다. 주님의 말씀 앞에 내 욕심이 순종을 방해했다. 그러나 이미 하나님을 진하게 경험한 나로서는 불순종이 순종보다 더 어려웠다. 이러지도 저러지도 못하고 망설이다가 결국 눈물을 삼키며 전 재산을 모두 선교지에 보내기로 결정했다. 그리고 울면서 외쳤다.

"주님이 말씀하셔서 즉시, 온전히, 억지로, 순종했습니다!"

그날 출근길은 훨씬 더 힘들고 멀게 느껴졌다. 안경점에 출근했더니 부장님이 말했다.

"오늘은 아침부터 장사가 무지 잘됐습니다. 3만 원짜리 안경을 두 개나 팔았어요!"

그 말을 들어도 내 기분은 조금도 나아지지 않았다. 계속 불평과 불만과 서운함이 올라왔다. 불평을 하면 할수록 더 나왔다. 그때 주님의 말씀이 생각났다. "너희가 무엇을 결정하느냐. 결정한 대로 이루어지리라"라는 욥기 말씀이 생각나서 마음의 불평을 바꾸기로 결정했다. 내가 불평을 결정하면 어두움의 영이 계속 내 생각을 공격한다. 그러나 내가 감사하기로 결정하면 "주님, 감사합니다" 하는 순간 모든 주권을 하나님께 드리게 된다. 감사를 의지적으로 결정해야만 했다. 나는 감사하기로 결정했다.

오래전에 주님께 이태영 선교사에 대해 물은 적이 있다. 그때 주님께서 '내 마음을 시원케 하는 자'라고 말씀하셨다. 이 선교사가 하나님의 마음은 시원케 하는지는 모르지만 내 마음은 답답하게 했다. 나는 속으로 생각했다.

'여러 선교사님들도 많은데 하나님 마음을 시원케 하는 선교사에게 선교 헌금을 보냈으니 잘한 거야.'

생각을 바꾸는 그 순간, 마음에 평강이 찾아왔다.

그날 점심시간쯤 친구에게 전화 한 통이 왔다. 저녁에 강남에서 만나자는 것이었다. 어차피 인천으로 가려면 강남을 거쳐서 가야 했다. 친구는 가장 맛있는 일식집에서 저녁식사를 대접하고 싶다고 했다. 위로가 필요했던 나는 기분이 좋아졌다. 하나님께서 이 정도의 이벤트는 해주셔야 한다고 생각했다.

퇴근하며 친구의 집으로 갔다. 친구가 자기 차를 타고 식당으로 가자고 했다. 나는 친구의 차를 보는 순간 깜짝 놀랐다. 요즘은 수입차가 많지만, 그때만 해도 드물었던 토요타의 차 중에서도 가장 좋은 차였다. 친구는 비닐도 벗기지 않은 그날 받은 새 차를 내게 운전해보라고 했다. 나는 싫었다.

"운전을 안 해봐도 아주 잘 나가게 생겼네."

그러면서 조수석에 타려고 하는데 토요타 옆에 있는 검은색 그랜저가 눈에 들어왔다. 그랜저 옆에 또 다른 차 한 대가 있어서 내가 구경하려고 하자 친구가 말했다.

"저 차는 볼 것도 없어. 내가 시장에 갈 때나 타는 차야."

순간 내 심장에서 뭔가가 치밀어 올라왔다. 중고 티코 한 대를 사려다가 하나님께 몽땅 털렸다는 생각에 섭섭하고 서운함이 올라왔다.

'아버지, 오늘 꼭 이런 것을 보게 하셔야 합니까?'

나는 친구가 부럽기도 하고, 하나님께 섭섭하기도 했다. 식사도 하고 싶지 않아 친구에게 그냥 집에 가겠다고 했다. 친구가 안 된다고 하며 꼭 밥을 같이 먹어야 한다고 했다.

"괜찮다니까, 다음에 하자고…."

내가 강하게 거절하자 친구가 말했다.

"안 된다니까 그러네. 오늘 새벽기도 때 하나님께서 '미진이를 초청해서 최고로 맛있는 식사를 대접하라'고 하셨어."

내가 친구에게 대답했다.

"미진이가 오늘 저녁 안 먹고 다음에 먹는다고 하나님께 말씀드려라."

그리고 그 집을 빠져나오는데 친구가 나를 불러 세웠다.

"미진아, 오늘 꼭 네게 저녁을 먹여야 한다고 하셨다니까. 하나님이 새벽에 두 가지를 말씀하셨어. 첫째는 널 만나서 맛난 밥을 먹이고, 둘째는 차 한 대를 주라고 하셨다고!"

그러면서 친구가 내 손에 자동차 열쇠를 쥐어주었다. 토요타 마크가 선명한 열쇠를! 나는 순간 멍해졌다.

'아, 어떻게 이럴 수 있단 말인가?'

말씀하신 하나님도, 그 말씀에 순종하는 친구도 놀라웠다. 나 같으면 시장갈 때나 탄다는 차를 선물할 것 같은데 새 외제차를 선물하는 친구의 넉넉함이 부러웠다. 내가 그녀에게 말했다.

"토요타는 기름 값이 없어서 못 탄다. 그랜저 키를 주라."

그리고 저녁도 먹지 않고 그랜저를 운전해서 곧바로 집으로 왔다. 그 차를 십 년쯤 타고 다니며 많은 곳에서 간증했다. 티코를 그랜저로 바꾸어주신 하나님의 은혜를!

그동안 나는 빚을 다 갚을 수 있게 되었고, 돈도 조금 모을 수 있게 되었다. 그리고 어떤 차든지 현금으로 살 수 있을 정도가 되었다. 그런데 그랜저가 여전히 너무나 튼튼했다. 새 차를 타고 싶었던 나는 그랜저에게 날마다 말했다.

"야~ 이젠 좀 멈추어라. 너는 좀 쉴 때가 됐어."

며칠 후 정말 차가 갑자기 멈췄다. 엔진에 이상이 생긴 것이다. 나는 행복했다. 그래서 새 차 구입을 위해 여러 모델을 보았다. 그런데 주께서 자동차를 선물로 주셨다. 이번에는 벤츠 CLS였다. 놀라웠다! 처음에는 선뜻 받을 수가 없었다.

'혹시 맘몬인가? 나를 타락시키는 것인가?'

그런데 주께서 받으라고 하셨다. 막상 받고 보니 타고 다닐 데가 없었다. 강의 때 타고 가면 성도들이 시험에 들 것 같아 좀 더 저렴한 남편 차(그것도 폭스바겐이었다!)를 타고 갔다. 그리고 벤츠는 시장에 갈 때나 탔다.

한번은 호텔에서 사람을 만나기 위해 벤츠를 타고 갔다. 대리주차를 해주는 사람들이 와서 호텔에서 가장 좋은 자리에 주차해주었다. 또 고속도로에서 차선을 이동하기 위해 신호를 하면 사람들이 서둘러 길을 비켜주었다. 식당에 가도 역시 최고의 대접을 받았다. 사람들은 벤츠 탄 사람을 벤츠 수준으로 대접해주었다. 그들은 정말로 외모로 사람을 평가했다.

그러던 어느 날, 내가 점점 교만해지고 있음을 알았다. 지하 주차장에 주차를 하고 차에서 내리면서 사람들이 날 좀 봐주면 좋겠다는 생각이 들었다.

'아이고, 이러면 안 되는데….'

벤츠를 타고 다닌 지 6개월쯤 되었을 때 강남에서 친구와 만났다. 그 친구가 벤츠를 운전해보더니 내게 손을 내밀며 말했다.

"미진아~ 이 벤츠, 나한테 주라."

나는 몹시 당황했다.

'아니, 어떻게 벤츠를 달라고 할 수 있지?'

순간 내 머릿속에서 내가 했던 강의들이 지나가기 시작했다.

'세상의 나라는 사고파는 나라이고, 하나님의 나라는 주고받는 나라입니다.'

나는 피식 웃었다. 하필 지금 이 강의가 왜 생각난단 말인가! 그것은 주께서 하나님나라 원칙으로 말씀하시는 것이었다. 나는 친구에게 손을 펴라고 했고, 바로 벤츠 키를 친구의 손에 올려주며 "이 시간부터 이 차는 네 것이다"라고 말했다.

십 년 전 내게 토요타를 주려고 했던 넉넉한 마음의 친구를 나는 부러워했다. 그런데 믿음으로 사는 삶의 훈련을 통해 나 역시 넉넉한 마음의 사람으로 바뀌어가고 있었다.

주님의 계획과 공급하심은 우리의 상식을 뛰어넘는다. 그분의 부요하심도 우리의 상식을 넘어선다. 나는 예전에 예수를 잘 믿으면서 가난하게 사는 것만이 좋은 줄 알았다. 그런데 하나님께서는 당신이 얼마나 풍성하신지를 내게 계속 가르치셨다. 받게 하시고, 주게 하시고, 더 받게 하시고, 더 주게 하셨다. 할렐루야!

▌안경 40박스(순종과 신뢰 훈련)

하나님을 신뢰하기 위해서는 순종을 통한 믿음의 삶의 훈련이 필요하다. 첫째는 소망을 하나님께 두는 훈련이다. 이는 하나님 자체가 소망이시기 때문이다. 우리의 상급은 하나님, 그분 자체이다.

> 우리가 이 소망을 가지고 있는 것은 영혼의 닻 같아서 튼튼하고 견고하여 휘장 안에 들어가나니 히 6:19

소망이 영혼의 닻과 같다고 한다. 큰 배가 항구에 정박할 때 닻을 내리지 않는다면 다음날 항구에서 그 배는 찾아볼 수 없을 것이다. 밤새 파도에 밀려 바다로 떠밀려 갈 것이기 때문이다. 배가 부두에 정박하면 제일 먼저 닻을 내린다. 그래야 파도가 아무리 밀려와도 흔들리기만 할 뿐 그 자리에 그대로 있을 수 있다.

이처럼 우리가 하나님과 말씀에 소망의 닻을 내려두지 않으면 어려운 환경과 힘든 상황이 생기면 흔들리기 시작하고, 낙심하며, 절망하고, 포기하게 된다. 그래서 소망을 하나님께 두는 것을 훈련해야 한다. 이 훈련은 말씀을 매일 읽고 묵상하며 하나님의 성품을 더 깊이 알아갈 때 가능하다.

두 번째는 기대를 하나님께 두는 훈련이다. 이 훈련은 언제나 내게 가장 좋은 것을 주시는 하나님의 성품을 믿을 때 이루어진다. "너희가 악할지라도 좋은 것을 자식에게 줄 줄 알거든 하물며 너희 하늘 아버지께서 구하는 자에게 성령(가장 좋은 것)을 주시지 않겠느냐"라는 말씀을 기억해야 한다(눅 11:13). 다 지나고 보니 부도났던 그 시간이 내게는 가장 좋은 때였다. 그 시간을 거치지 않았으면 나는 교만했을 것이다. 오늘의 나는 없었을 것이다.

세 번째 내 모든 안정감을 하나님께 옮기는 훈련이다. 통장에 잔고가 많으면 마음이 든든하고, 줄어들면 안정감이 없어지고 불안한가? 그렇다면 여러분의 안정감은 하나님이 아니라 돈이고 통장이다. 맘몬의 영향을 받는 것이다. "내 재정이나 환경이나 상황에 관계없이 하나님 한 분만으로 충분합니다"라는 고백의 훈련을 통해 우리의 안정감을 돈에서 하나님에게로 옮겨야 한다. 우리의 입술의 고백은 영적인 파워가 있다. 우리의 고백은 주께서 우리를 이끌어가시도록 한다.

아브라함을 생각해보라. 어떻게 이삭을 바치라는 하나님의 음성에 순종하며 하나님을 신뢰할 수 있었는가? 그것은 하나님과의 친밀감에서 비롯된다. 그럴 때 하나님의 음성에 익숙해지고 순종할 수 있다.

> 그(아브라함)가 하나님이 능히 이삭을 죽은 자 가운데서 다시 살리실 줄로 생각한지라 히 11:19

안경점을 할 때의 이야기이다. 내가 100평짜리 안경점을 하다가 완전히 망하니까 당시 안경점에서 함께 일하던 부장님이 말했다.

"하나님이 갚아주신다더니, 복을 주신다더니… 우리 착한 사장님이 망하게 됐네."

내가 전도해도 교회에 안 간다고 했다. 그런 그를 보며 나는 주님께 너무나 죄송했다.

큰 안경점들은 새로운 트렌드와 상품을 선점하기 위해 이탈리아 밀라노에서 열리는 세계 안경쇼에 가서 보고 물건을 먼저 주문할 수 있다. 좋은 물건들은 한정 수량으로 만들기 때문이다. 그러나 나는 망했고, 이탈리아에 갈 일도 없었다. 아주 작은 안경점이었기에 다음 달장사를 위해 5백만 원의 물건값만을 준비해두었다.

어느 날 아프리카 탄자니아의 옛 수도 다르에스살람에서 사역하시는 박명화 선교사님이 우리 안경점에 들렀다. 즉시 주님이 '사랑하는 내 딸에게 그 돈이 필요하다. 헌금하라'고 하셨다. 그때는 하나님을 여러 번 경험한 터라 말씀에 순종하는 것도, 음성을 분별하는 것도 많이 쉬워졌다. 나는 부장님에게 맡겨놓은 물건 구입비를 달라고 했다. 그는 안 된다며 나를 말렸다.

"아니, 또 망하려고 그러십니까?"

"부장님~ 이건 제 생각이 아니에요. 하나님께서 저 선교사님께 헌금을 하라고 하십니다."

부장님은 절대 안 된다고 했고, 나는 그와 옥신각신 끝에 돈의 일부를 받아 박 선교사님에게 건넸다. 마음이 상한 부장님은 일부러 내가 들으라고 혼잣말처럼 말했다.

"옛날에도 착한 일을 하다가 쫄딱 망하더니 아직도 정신 못 차렸다니…."

그 후 며칠이 지나고, 내 앞으로 큰 소포가 왔다. 부장님이 풀어보니 큰 박스 20개 안에 작은 박스 40개가 들어 있었다. 전부 안경이었다. 편지와 거래명세서까지 첨부되어 있었다. 이탈리아 밀라노 쇼에 간 친구가 그 쇼에 가지 못한 내 것까지 구입해서 보낸 것이었다. 거래명세서에 안경 가격이 총 4,800만 원이라고 적혀 있고, 계좌번호가 첨부되어 있었다.

'이 일을 어쩐단 말인가!'

내가 망한 것을 그 친구가 몰랐던 것이다. 부장님이 박스에 있던 편지를 읽기 시작했다. 밀라노 쇼에 내가 안 보여서 친구가 좋은 것으로만 골라서 사왔다고 했다. 그 친구는 예수님을 믿지 않았다. 나는 무척 난감했다.

'아버지, 이 일을 어쩌지요?'

그런데 편지를 다 읽어갈 무렵 부장님의 눈에서 눈물이 흘렀다.

'미진아, 내가 너를 위해 이탈리아 밀라노에서 안경을 많이 구입해왔는데 왠지 네게 전부 선물하고 싶어. 친구야….'

감격의 눈물을 흘리던 부장님이 말했다.

"하나님이 정말 살아 계시네요."

그는 그날로 우리 교회에 등록하고 지금은 집사가 됐다. 내가 안정감을 재물에 두지 않고 하나님과 그분의 말씀에 두고 순종했을 때, 그분은 놀라운 방법으로 내 필요를 채우시며 당신을 더 경험시켜주셨다.

나중에 알고 보니 그 작은 헌금이 박 선교사님의 아프리카 선교 베이스 건축의 첫 헌금이었다고 한다. 선교사님은 주께서 말씀하셔서 베이스를 짓기 위해 금식하며 기도하고 있었다고 한다. 그런데 어디에서도 헌금이 오지 않아 낙심할 뻔 했는데 그 헌금으로 하나님의 큰 위로를 느끼며, 그분이 하실 일에 대한 사인(sign)으로 받아 격려가 되었다고 한다.

지금은 다르에스살람에 여러 개의 아름다운 선교 베이스 건물이 지어졌고, 아프리카 최고의 명문대학교인 다르에스살람대학교의 학생들을 제자훈련하는 데 쓰이고 있다. 이들이 탄자니아의 미래다. 할렐루야!

세 종류의 믿음이 있다

우리가 믿음으로 살아내기 위해서는 세 가지 종류의 믿음을 가져야 한다.

첫 번째 믿음은 하나님이 주시는 선물이다. 이 믿음은 이미 우리가 구원받을 때 받는 믿음이다.

너희는 그 은혜에 의하여 믿음으로 말미암아 구원을 받았으니 이것은 너희에게서 난 것이 아니요 하나님의 선물이라 엡 2:8

두 번째 믿음은 은사로서의 믿음이다. 성령으로 믿음의 은사를 주신다.

다른 사람에게는 같은 성령으로 믿음을, 어떤 사람에게는 한 성령으로 병 고치는 은사를 고전 12:9

이스라엘 민족이 가나안 땅에 들어가기 위해 정탐하고 돌아온 열두 명 중에 열 명의 정탐꾼과 갈렙의 보고를 보자(민 13장-14장). 그 땅은 참으로 비옥하고 젖과 꿀이 흐르는 땅이었다. 그 증거로 포도 한 송이를 장정 두 명이 메고 왔을 정도로 땅이 비옥했다. 그리고 열 명의 정탐꾼이 말했다.

"첫째로 환경적으로 그 땅은 점령할 수 없다. 견고한 여리고성이 있다. 둘째로 군사적으로 불가능하다. 그들은 최신 무기로 무장하고 있다. 셋째로 신장 면에서 우리는 그들 앞에서 메뚜기와 같다. 그러므로 가나안에 들어가는 것은 불가능하다."

온 백성들이 소리 높여 통곡했다. 그때 갈렙이 말했다.

"열 명의 보고는 사실이다. 그러나 한 가지가 빠졌다. 내 하나님께서 말씀하시길 능히 이 땅을 취할 거라고 하셨다. 우리가 능히 이길 것이다."

그러나 백성들은 소리 높여 울며 통곡했다. 그들은 모세를 원망하고 모세와 아론과 갈렙과 여호수아를 돌로 치려고 했다. 그때 하나님께서 그들 가운데에 임재하셨다. 하나님이 판단하셨다. 열 명의 정탐꾼의 말은 틀렸고, 갈렙의 말이 옳다고 하셨다. 그들의 보고를 듣고 원망하는 백성들은 그들의 말대로 그 땅에 들어가지 못하고 광야에서 죽을 거라고 하셨다. 그리고 갈렙은 믿음대로 그 땅을 차지하게 될 거라고 하셨다.

왜 열 명의 정탐꾼의 말은 틀렸고 갈렙의 말은 옳았는가? 열 명의 보고는 사실이었다. 그러나 중요한 사실 하나가 빠졌다. 하나님의 약속의 말씀이다. 갈렙은 하나님의 약속의 말씀을 믿었다. 하나님의 말씀에 근거해서 반응하는 그의 믿음은 은사로서 주어진 믿음이다. 환경적으로 막힌 것을 돌파하는 믿음이다. 개인이나 공동체에서도 갈렙과 같이 말씀에 근거하여 믿음으로 반응하는 사람이 있으면 하나님은 그를 통해서 막힌 것들을 돌파할 것이다.

세 번째 믿음은 성령의 열매로서의 믿음이다.

오직 성령의 열매는 사랑과 희락과 화평과 오래 참음과 자비와 양선과
충성과 **갈 5:22**

여기서 충성은 믿음과 원어가 같다. 또한 성령의 열매로서의 믿음은
자라난다.

형제들아 우리가 너희를 위하여 항상 하나님께 감사할지니 이것이 당연
함은 너희의 믿음이 더욱 자라고 너희가 다 각기 서로 사랑함이 풍성함
이니 **살후 1:3**

처음에는 작은 믿음이었다가 점차 자라나 큰 믿음의 사람이 되어
간다. 대표적인 사람이 아브라함이다. 그는 '믿음의 조상'이라 일컬어
진다. 그는 믿음으로 시작했다. 하나님의 약속의 말씀을 믿고, 말씀
을 따라 가나안으로 갔다(창 12:1-4).

말씀을 따라가는 것은 믿음으로 사는 삶을 선택했다는 것이다. 그
러나 믿음으로 사는 삶에는 언제나 테스트(test)가 있다. 아브라함 패
밀리는 말씀을 따라 믿음으로 반응하고 가나안에 갔지만, 아무도 그
들을 환영하지 않았다. 우리가 생각할 때 하나님이 부르신 곳에는 모
든 것이 준비되어 있고 환영을 받을 거라고 생각하지만 대부분은 그렇
지 않다. 하나님과 함께 개척해가야 한다.

아브라함도 믿음에 실패할 때가 있었다. 창세기 12장 10-20절에서
하나님께서 가라고 하신 그 땅에 기근이 심하게 든 것을 볼 수 있다.

약속의 땅에 기근이 들었다! 이런 환경은 우리가 기대하지 않는 것들이다. 적어도 말씀을 따라 믿음으로 살아갈 때 하나님께서 모든 환경을 축복하셔야 하지 않는가?

그러나 그런 상황은 우리의 믿음이 테스트를 받을 때다. 말씀을 따라 행할 것인가, 아니면 환경을 따라 행할 것인가? 아브라함은 환경에 반응하여 기근이 있는 가나안을 떠나 기근이 없는 애굽으로 내려갔다. 거기서 그는 아내를 파는 부끄러운 일을 행했다.

아브라함은 처음에는 말씀을 따라갔지만 나중에는 환경을 따라갔다. 그는 믿음으로 시작했지만 실패했다. 이후에도 그는 여러 번 실패했다. 그러나 이 실패와 실수는 아브라함을 성장시켰고, 하나님을 깊이 만나게 했으며, 그가 하나님의 성품을 깊이 알게 되는 계기가 되었다. 이후 아브라함은 자신의 전부인 이삭까지도 주님께 드리게 되는 믿음의 사람이 되었다.

믿음으로 사는 삶도 실수와 실패를 할 수 있다는 것을 인정해야 하는 것이다. 김연아와 손연재 같은 선수들을 생각해보라. 얼마나 많은 시간 동안 넘어지는 실수와 실패를 했겠는가! 그러나 그들은 포기하지 않고 다시 일어났다. 아브라함이 실수와 실패를 했다면 우리도 가능성이 있다. 믿음으로 사는 삶을 훈련할 때 실수와 실패를 인정하라. 충분히 그럴 수 있다. 그러나 다시 일어나 훈련하고 또 훈련하게 될 때 우리의 영적 근육이 단단해질 것이다.

마귀는 우리의 실패를 통해 우리를 붙잡으려 한다. 그러나 하나님은 우리의 죄와 허물을 용서하신다. 실패했을 때 낙심이나 정죄감에 사로잡히지 말고, 오히려 담대히 하나님 앞으로 나아가라. 그분은 우리를 받아주신다. 아브라함에게 하셨던 것처럼 우리를 이해하고, 용납하며, 용서하고, 기회를 주실 것이다. 우리를 붙들어주시고, 새 힘을 주실 것이다.

그러므로 우리에게 큰 대제사장이 계시니 승천하신 이 곧 하나님의 아들 예수시라 우리가 믿는 도리를 굳게 잡을지어다 우리에게 있는 대제사장은 우리의 연약함을 동정하지 못하실 이가 아니요 모든 일에 우리와 똑같이 시험을 받으신 이로되 죄는 없으시니라 그러므로 우리는 긍휼하심을 받고 때를 따라 돕는 은혜를 얻기 위하여 은혜의 보좌 앞에 담대히 나아갈 것이니라 히 4:14-16

▍세 가지 시험이 있다
▍첫 번째는 '연단'(test)으로서의 시험이다.

내 형제들아 너희가 여러 가지 시험을 당하거든 온전히 기쁘게 여기라 이는 너희 믿음의 시련이 인내를 만들어내는 줄 너희가 앎이라 인내를 온전히 이루라 이는 너희로 온전하고 구비하여 조금도 부족함이 없게 하려 함이라 약 1:2-4

이런 시험은 우리를 성숙하게 만들어준다. 우리는 하나님이 쓰시기 합당한 사람으로 무장되어 간다. 그러므로 이런 시험이 오면 불평하거나 원망하지 말아야 한다. 오히려 적극적으로 받아들이고 온전히 기쁘게 여겨야 한다.

'온전하고 구비한다'는 것은 지금 당장 전쟁터에 투입될 수 있는 군인으로 무장하는 것과 같다.

두 번째는 '환난'(trial)으로서의 시험이다.

시험을 참는 자는 복이 있나니 이는 시련을 견디어낸 자가 주께서 자기를 사랑하는 자들에게 약속하신 생명의 면류관을 얻을 것이기 때문이라 약 1:12

우리의 믿음으로 인해 어려움을 당하는 것인데 이런 시험이 올 때는 참고 견디며 인내해야 한다. 이로 인해 결국 우리는 상을 받게 될 것이다. 생명의 면류관을 받을 거라고 약속하신다. 이 시험을 참는 자는 복이 있다고도 하신다. 산상수훈 가운데 제8복이 의를 위해 박해를 받는 거라고 한 것도 이를 가리켜 말한 것이다(마 5:10-12).

세 번째는 '유혹'(temptation)으로서의 시험이다.

사람이 시험을 받을 때에 내가 하나님께 시험을 받는다 하지 말지니 하나님은 악에게 시험을 받지도 아니하시고 친히 아무도 시험하지 아니하

시느니라 오직 각 사람이 시험을 받는 것은 자기 욕심에 끌려 미혹됨이니
약 1:13,14

이것은 마귀로부터 오는 것이다. 이런 시험은 우리를 넘어뜨리고 우리의 믿음을 빼앗으려고 한다. 우리가 스스로 욕심을 내므로 마귀에게 기회를 주어 어려움을 당하는 것이다. 우리가 '시험을 받는다'고 할 때 이런 영역의 시험인 경우가 많다. 그렇다고 '하나님이 나를 시험하신다'라고 말하지 말아야 한다. 하나님은 우리를 넘어뜨리거나 죄에 빠지도록 시험하시지 않는다. 또한 사람을 원망하거나 불평하지도 말아야 하며, 자기 연민에 빠져서도 안 된다. 이 시험에 빠졌을 때는 즉시 회개하고 돌이켜야 한다.

우리가 믿음으로 살 때 이 세 가지 시험을 잘 분별해야 한다. 우리가 어려움을 당할 때 어느 시험 가운데에 있는지를 알아야 한다. 항상 깨어 있어서 하나님께서 쓰실 사람으로 준비되며, 하나님께 상을 받는 사람이 되도록 올바르게 반응해야 한다.

사람이 감당할 시험밖에는 너희가 당한 것이 없나니 오직 하나님은 미쁘사 너희가 감당하지 못할 시험 당함을 허락하지 아니하시고 시험 당할 즈음에 또한 피할 길을 내사 너희로 능히 감당하게 하시느니라 고전 10:13

어떤 종류의 시험을 당하든 우리가 알아야 할 것은 하나님은 언제나 신실하시다는 것이다. 그분은 우리가 감당할 만큼의 시험을 허락

하신다. 심지어 마귀가 시험한다고 할지라도 하나님은 우리가 감당할 수 없는 수위의 시험이 오는 것을 허락하지 않으신다. 또한 우리가 감당할 수 없을 때는 피할 길을 내시며 도우신다.

나는 시험 가운데에 있을 때 죽을 만큼 힘들다고 생각했었다. 그런데 지나고 보니 능히 감당할 수 있었고, 감당치 못할 즈음에는 하나님께서 많은 피할 길을 내주셨다. 내가 모든 시험 가운데에 있을 때 주께서 함께하셨다. 시험을 당할 때 다른 곳으로 피하지 말라. 능히 우리로 감당케 하시는 선하신 주님의 품으로 가라. 이 풍랑(고난)도 곧 지나가리라!

하나님을 기쁘시게 하는 믿음

믿음이 없이는 하나님을 기쁘시게 하지 못하나니 하나님께 나아가는 자는 반드시 그가 계신 것과 또한 그가 자기를 찾는 자들에게 상 주시는 이심을 믿어야 할지니라 히 11:6

믿음이 하나님을 기쁘시게 한다고 말한다. 어떤 믿음이 하나님을 기쁘시게 하는가?

첫 번째는 그가 계신 것을 믿는 믿음이다. 지금 이곳에 살아 계신 내 하나님을 믿는 믿음을 말한다. 내 모든 고통과 필요와 마음의 근심을 아시고, 내 문제에 개입하시며, 나와 함께하시고, 나를 도와주시는 살아 계신 하나님을 믿는 믿음이다. 그분은 바로, 지금 여기에, 항상 나와 함께 계신다.

두 번째는 자기를 찾는 자들에게 상주시는 것을 믿는 믿음이다. 하나님께 나아가 기도할 때마다 들으시고 응답하시며, 내게 가장 좋은 것을 주시는 그분을 신뢰하는 믿음이다. 하나님은 반드시 내 기도에 응답하신다.

이 두 가지 믿음은 하나님을 기쁘시게 하는 믿음이다. 반대로 하나님께서 미워하시는 것은 '불신앙'이다.

그때에 내가 예루살렘에서 찌꺼기같이 가라앉아서 마음속에 스스로 이르기를 여호와께서는 복도 내리지 아니하시며 화도 내리지 아니하시리라 하는 자를 등불로 두루 찾아 벌하리니 **습 1:12**

마음이 찌꺼기처럼 가라앉았다는 것은 하나님에 대한 모든 소망을 끊어버린 상태를 말한다. 그분에 대한 기대가 없는 마음의 상태이다.

'하나님께서 내 문제에 관심이 있으실까?'

'하나님도 내 문제를 해결할 수 없으실 거야.'

이런 생각으로 우리는 낙심하게 되고 침체에 빠지게 된다. 하나님은 이런 마음의 소유자를 반드시 찾아내서 벌하시겠다고 하신다. 하나님은 복도 주시지만, 벌도 주시는 분이시다. 우리가 믿음을 새롭게 해야 한다. 스바냐서 1장 12절의 불신앙을 버리고, 히브리서 11장 6절의 믿음을 가져라!

우리가 순종하는 믿음의 삶을 살려면 하나님이 누구신지, 어떤 일을 하시는 분이신지를 깊이 이해할 때 가능하다.

여러 해 후에 애굽 왕은 죽었고 이스라엘 자손은 고된 노동으로 말미암아 탄식하며 부르짖으니 그 고된 노동으로 말미암아 부르짖는 소리가 하나님께 상달된지라 하나님이 그들의 고통 소리를 들으시고 하나님이 아브라함과 이삭과 야곱에게 세운 그의 언약을 기억하사 출 2:23,24

하나님은 기억하는 분이시다. 우리에게 하신 약속을 잊는 분이 아니시다. 이스라엘 민족이 애굽의 종으로 사는 게 너무나 고통스러워서 하나님께 부르짖었다.

여호와께서 이르시되 내가 애굽에 있는 내 백성의 고통을 분명히 보고 그들이 그들의 감독자로 말미암아 부르짖음을 듣고 그 근심을 알고 출 3:7

이 구절에는 세 개의 동사가 나온다. '보다', '듣다', '알다'이다.

하나님은 이스라엘의 고통을 보셨다.
하나님은 그들의 부르짖는 소리를 들으셨다.
하나님은 입으로 말도 할 수 없는 그들의 깊은 근심과 고통을 알고 계신다. 그분의 자녀의 고통을 보고 듣고 알고 계신 하나님은 단호한 태도를 보이신다.

내가 내려가서 그들을 애굽인의 손에서 건져내고 그들을 그 땅에서 인도하여 아름답고 광대한 땅, 젖과 꿀이 흐르는 땅 곧 가나안 족속, 헷 족속, 아모리 족속, 브리스 족속, 히위 족속, 여부스 족속의 지방에 데려가려 하노라 출 3:8

이 구절에는 네 개의 동사가 나온다. '내려가다', '건져내다', '인도하다', '데려가다'이다.

내가 네 고통 가운데로 내려가겠다.
내가 너를 그 고통 가운데서 반드시 건져내겠다.
내가 너를 그 땅에서 인도하겠다.
내가 너를 아름답고 광대한 땅, 약속의 땅으로 데려가겠다.

이와 같이 하나님은 신실한 분이시다. 또한 능히 우리를 구원하며 인도하시는 전능하신 분이시다.

일반적으로 사람들은 고통스러울 때 거짓 위로자를 찾아간다. 술과 도박과 마약과 쾌락(성) 등으로 거짓 위로를 받는다. 심지어 예수를 믿는 그리스도인들도 이런 거짓 위로자를 찾아갈 때가 있다. 위로하고 도와줄 사람을 찾는 것이다. 왜 이들이 거짓 위로자인가? 그것은 내 문제를 해결할 능력이 없기 때문이다. 우리에게는 참 위로자가 있다. 우리의 고통과 문제를 해결하시는 능력자 하나님이시다.

귀인들을 의지하지 말며 도울 힘이 없는 인생도 의지하지 말지니 그의 호흡이 끊어지면 흙으로 돌아가서 그날에 그의 생각이 소멸하리로다 야곱의 하나님을 자기의 도움으로 삼으며 여호와 자기 하나님에게 자기의 소망을 두는 자는 복이 있도다 시 146:3-5

여러분의 문제를 가지고 하나님께로 나아가라. 하나님께서 여러분의 고통 가운데로 내려오실 수 있도록 그분께 구하라. 그분은 우리를 우리의 고통과 문제에서 건져내시고 인도하여 약속의 땅으로 반드시 데려가실 것이다.

▌광야학교에서 겸손을 배우다

광야와 사막은 길이 없는 곳이다. 그래서 어디로 가야 할지 방향을 잡지 못한다. 광야와 사막은 물이 없어 목마른 곳이다. 광야는 먹을 것이 없어 굶주림이 있는 곳이다. 광야는 친구도 없어 외롭고 지치고 힘든 곳이다. 여러분 중에 혹시 어디로 가야 할지 모르고, 목마르고 배고프고 친구도 없어 외롭다면 주님의 최고 훈련학교인 광야학교에 입학한 것이다.

내가 부도를 내고 50억 원의 빚을 지게 되자 친구들도 다 떠나갔다. 나는 어떻게 해야 이 터널을 빠져나갈 수 있을지 알 수 없었다. 정말로 먹을 것이 없어 배고팠고, 갈증이 났으며, 외로웠다. 광야학교에 있었던 것이다. 우리가 광야학교에 입학하면 반드시 배우는 과목이 있다.

이 과목을 통과해야 이 학교도 졸업할 수 있다. 신명기 8장에서 이스라엘 민족이 광야학교에서 배운 과목을 소개하고 있다.

첫째, 교만을 꺾고 겸손을 배워야만 했다.
둘째, 그들의 마음이 하나님의 명령을 지키는지 지키지 않는지 시험하셨다.
셋째, 떡이 아니라 하나님의 말씀으로 사는 것을 알게 하신다.

광야학교에서는 반드시 만나를 먹이시는데, 만나를 내려주시는 것은 하나님만 하실 수 있다. 내 만나는 '설화수의 하나님'이었다. 광야학교에서 만나를 통해 우리의 모든 고집과 교만들이 주님 앞에 항복하게 된다. 여러분의 만나는 무엇인가? 이 만나는 하나님을 경험하는 일이다. 광야학교의 졸업장을 받으려면 위의 세 가지를 통과해야 한다. 그 이후에 주께서 복을 주신다고 약속하셨다(신 8장).

내가 광야학교에 있을 때 하나님께 여쭤보았다.
'아버지, 제가 이 학교에서 무엇을 배워야 합니까?'
주님은 대답하셨다.
'내려놓음을 배워라.'
그런데 나는 더 내려놓을 것이 없었다.
'주님, 무엇을 내려놓으라는 것입니까?'
'자존심을 내려놓아라.'
나는 이 음성에 몹시 당황했다. 부도가 나고, 친구들도 떠나고, 먹을 것도 없고, 전기도 수도도 끊긴 상황에서 자존심마저 내려놓으면 더 이상 버틸 힘이 없을 것 같았다.

어느 날 내가 아주 싫어하는 친구가 집으로 찾아왔다. 아주 거만하고 교만하게 보이는 친구였다. 나를 바라볼 때면 곁눈으로 보았다. 이 친구가 나를 비웃는다는 느낌을 받았다. 친구의 손에 검은 비닐봉지가 들려 있었다.

"미진아, 받아."

그러고는 씨~익 웃었다. 나를 비웃는 듯 했다. 순간 나는 기분이 몹시 나빴다. "뭔데?" 하고 비닐을 열어보니 쌀이 한 되쯤 담겨 있었다. 쌀을 보는 순간 정말 자존심이 상했다. 굶으면 굶었지 이 친구의 쌀을 받고 싶지 않았다. 친구는 교만하게 쌀을 주면서 내 마음을 상하게 했다. 나는 쏘아붙이듯 말했다.

"네 눈에는 우리 집에 쌀도 없어 보이냐?"

사실은 집에 쌀이 없었다. 친구는 교만하고 거만한 말투로 말했다.

"쌀이 없어 보이네."

정말이지 한 대 때려주고 싶을 정도로 얄미웠다. 그때 주께서 '네 자존심을 내려놓으라'고 하신 말씀이 생각났다. 죽기보다 싫었지만 자존심을 내려놓는 것은 그 쌀을 받는 것이었다. 나는 주님께 항복하기로 결정하고, 친구에게 태도를 바꾸었다.

"사실은 집에 쌀이 없었는데, 네가 축복의 통로가 되어주어서 고마워."

친구가 말했다

"쌀이 없어 보인다니까. 자존심은… 웃겨."

그 쌀을 보는데 자존심이 상해서 죽을 것만 같았다. 그러면서 '나는 절대로 이 쌀로 밥을 해서 안 먹는다. 절대 먹지 않을 거야!' 하며 대성 통곡을 했다.

유진이에게 밥을 해주며 결국 그 쌀로 지은 밥을 같이 먹으면서 나 자신에게 실망했지만 이상하게 밥을 먹는 순간 서러움이 없어지고 평강이 찾아왔다. 그 밥을 먹었던 것이 주님 앞에 완전히 항복하여 자존심을 내려놓는 순간이었다.

나를 이렇게 혹독하게 광야학교에서 훈련시킨 하나님께서 상황과 환경과 사건만 다를 뿐 여러분들도 그렇게 훈련시키실 것이다. 이는 우리를 정말 사랑하시기 때문이다. 그분이 우리를 쓰시길 원하시기 때문이다.

> 내가 가는 길을 그가 아시나니 그가 나를 단련하신 후에는 내가 순금 같이 되어 나오리라 욥 23:10

광야학교는 하나님을 만나는 장소이다. 떡이 아닌 말씀으로 사는 법을 배우는 곳이다. 또 나를 겸손하게 만드는 장소이다.

▌요단강을 건너 약속의 땅으로

하나님께서 이스라엘 백성들을 약속의 땅으로 인도하시는 것을 보자. 열 가지의 재앙으로 애굽의 신들을 심판하시고, 그의 백성들을 약속의 땅으로 인도하셨다. 약속의 땅으로 가는데 홍해가 가로막고 있었다. 하나님은 먼저 홍해를 가르셨고, 모든 백성들이 능하신 하나님을 환호하며 건너게 하셨다.

그리고 광야에서 그들을 하나님의 백성으로 훈련을 시키셨다. 하나님의 거룩한 백성들로 만들기 위해 40년 동안, 하나님이 누구이신지를 철저하게 가르치신다. 애굽에서 배운 모든 것을 뿌리뽑으셨고, 온 땅의 주인이 누구신지, 그들의 공급자가 누구인지를 만나와 메추라기로 철저히 가르치신다. 그리고 그들은 바뀌었다. 광야생활 40년을 지나면서 하나님을 알게 되었다. 이 혹독한 훈련으로 오늘날까지 이스라엘 백성들은 전 세계에서 가장 영향력을 발휘하는 민족이 되었다.

드디어 약속의 땅으로 들어가야 할 때 문제가 발생한다. 일 년 중에 가장 물이 많아 강이 범람할 때 요단강을 건너라고 하시는 것이다. 하나님께서 여호수아에게 언약궤를 멘 제사장들에게 요단강에 들어가라고 명하신다. 이스라엘 백성들은 당황한다. 왜냐하면 홍해의 경험 때문이었다. 그때는 홍해를 먼저 가르시고 온 백성이 건너가게 하셨는데, 지금은 '너희들이 먼저 요단강으로 들어가면 그 흐르는 물을 멈추겠다'고 하시는 것이다.

'너희가 나를 신뢰하느냐? 그러면 네 믿음을 보이라'는 것이다. 코앞이 약속의 땅이다. 이들은 말씀에 순종하여 범람하는 요단강에 들어가기로 결정한다. 이는 그들이 광야에서 하나님을 알았기 때문에 가능한 결정이었다. 언약궤를 멘 제사장들이 먼저 범람하는 요단강에 들어갔고, 하나님은 약속대로 요단강을 그치게 하여 매우 먼 데까지 쌓이게 하셨다. 온 백성들이 그 강을 건너 약속의 땅으로 들어간다.

지금 우리의 위치가 어디인지를 알아야 한다.

'홍해 앞인가, 요단강 앞인가?'

홍해 앞에 있는 사람은 이제 하나님을 알아가는 사람들이다. 막 교회에 출석하는 새 가족들에게는 하나님께서 먼저 일하시고 따라오게 하신다. 그러나 광야를 통과하여 하나님이 누구인지 알고 경험했다면 요단강 앞에 서게 하신다. 요단강 앞에 있는 사람들이 약속의 땅으로 들어가는 방법은 오직 하나밖에 없다.

'너는 나를 신뢰하느냐? 네 믿음을 보이라.'

요단강을 건너 주께서 약속하신 땅을 내 것을 만드는 자격 조건은 '믿음'이다. 여러분에게 도전한다.

"주께서 약속하신 땅, 풍성한 땅, 결핍이 없는 땅, 생명의 땅으로!"

오늘 누가 약속의 땅을 취하기 위해 범람하는 요단강 속으로 믿음의 발을 내딛을 것인가?

"주님이 말씀하시면 제가 순종하겠습니다. 믿음으로 내 요단강을 건너서 주님이 주신 약속의 땅을 제 것으로 만들어 내겠습니다. 그래서 온 땅에 하나님나라를 세워가겠습니다."

오늘도 하나님은 믿음으로 반응하는 이런 사람을 기다리신다.

기도^{Pray}

하나님, 우리에게 지혜와 계시의 영을 주사 하나님을 깊이 알아가게
하옵소서. 보이지 않는 세계의 영역을 볼 수 있는 눈과 마음을 열어
하나님의 비밀들을 깨달아 알게 하시옵소서. 우리의 마음의 눈을 밝
히시고, 그분의 부르심의 소망이 무엇인지 깨달아, 하나님께서 우리
에게 계획하신 풍성한 것들을 누리길 소원합니다.

그래서 저는 지금 겪고 있는 고난을 바라보는 눈을 바꾸겠습니다.
제게 닥친 이 고난을 통해 하나님이 가르치는 교과과목을 배워 순종
하는 사람이 되기로 결정합니다. 이 시간들을 통과하면서 당신의 부
르심이 무엇인지 깊이 깨닫고, 주께서 주시는 그 기업의 영광의 풍성
함이 무엇인지를 깨닫기를 원합니다. 성령의 역사하심을 따라 우리에
게 베푸신 하나님의 지극히 크신 능력을 알게 하시옵소서.

주님의 이름으로, 성령의 능력으로, 맘몬의 사탄을 대적합니다. 지금
이 순간부터 돈이면 다 해결된다고 생각하는 물질만능주의, 내 가족
만 챙기는 이기주의, 인색함, 두려움, 비교의식, 소유욕, 빚지는 것 등
맘몬으로부터 나온 모든 것들을 예수 그리스도의 이름으로 거절합니
다. 하나님의 것을 선택하여 하나님의 재물을 움직이는 자가 되게 하
옵소서.

모든 것에서 자유로워지며 하나님의 사랑이 저를 통해 흘러가 넉넉
한 성품이 제 안에 풀어지게 하옵소서. 이후의 삶은 하나
님이 주신 기업의 영광과 풍성함을 깨달아 그 길로 가겠
습니다.

예수님의 이름으로 기도합니다. 아멘.

재물을 보물처럼 소유하지 않고 잘 관리하는 삶은
오직 청지기의 삶을 훈련할 때 이루어진다. 홍성건

2강

재물을 보물처럼
소유하지 않고 관리하라

청지기의 삶을 훈련하라

▌하나님의 재물은 어디에, 어떤 형태로, 누구에게 주어지는가?
하나님의 재물은 '보이지 않는 세계'에 있다. 하나님의 재물은 '약속'
이라는 형태로 있다. 하나님의 재물은 '비전 있는 충성된 사람'에게 공
급하신다. 보이지 않는 세계와 보이는 세계를 창조하신 하나님만이
모든 것을 소유하고 계시고, 또한 모든 것의 주인이 되신다.

태초에 하나님이 천지를 창조하시니라 창 1:1

아무것도 없을 때 천지를 창조하신 하나님께서 아브람을 부르시고
'약속'이란 형태로 복을 주셨다.

여호와께서 아브람에게 이르시되 너는 너의 고향과 친척과 아버지의 집
을 떠나 내가 네게 보여줄 땅으로 가라 내가 너로 큰 민족을 이루고 네
게 복을 주어 네 이름을 창대하게 하리니 너는 복이 될지라 너를 축복하
는 자에게는 내가 복을 내리고 너를 저주하는 자에게는 내가 저주하리

니 땅의 모든 족속이 너로 말미암아 복을 얻을 것이라 하신지라 **창 12:1-3**

아브람은 하나님의 약속을 받고 말씀을 따라갔다.

이에 아브람이 여호와의 말씀을 따라갔고 **창 12:4**

이것은 믿음으로 살기로 결정했다는 것이다. 하나님은 약속의 형태로 아브람에게 세 가지 복을 주셨다. 첫째는 자손을 주겠다고 하셨고, 둘째로 땅을 주겠다고 하셨고, 셋째로 복의 근원이 되게 하겠다고 하셨다. 그리고 하나님은 믿음으로 사는 아브람에게 이 약속들을 따라 살 수 있도록 재물을 주셨다.

아브람에게 가축과 은과 금이 풍부하였더라 **창 13:2**

우리는 재물이 보이는 세계에만 있다고 생각한다. 하나님의 재물이 보이지 않는 세계 안에 약속의 형태로 있는 것을 이해한다면 우리는 보이지 않는 세계에 더 관심을 갖고 그 세계를 알려고 할 것이다. 그때 비로소 하나님의 재물을 움직이는 사람이 될 것이다. 하나님의 재물은 주님의 비전을 가진 충성된 사람들에게 온다.

그렇다면 돈에 대한 주님의 생각과 기대는 무엇인가? 주님은 어떤 사람을 쓰시는가? 예수님은 말씀하실 때 많은 경우에 재물로 비유를 드셨다. 다음에 나오는 달란트 비유와 므나 비유를 살펴보자.

달란트 비유 :

또 어떤 사람이 타국에 갈 때 그 종들을 불러 자기 소유를 맡김과 같으니 각각 그 재능대로 한 사람에게는 금 다섯 달란트를, 한 사람에게는 두 달란트를, 한 사람에게는 한 달란트를 주고 떠났더니 다섯 달란트 받은 자는 바로 가서 그것으로 장사하여 또 다섯 달란트를 남기고 두 달란트 받은 자도 그같이 하여 또 두 달란트를 남겼으되 한 달란트 받은 자는 가서 땅을 파고 그 주인의 돈을 감추어두었더니 오랜 후에 그 종들의 주인이 돌아와 그들과 결산할 새 다섯 달란트 받았던 자는 다섯 달란트를 더 가지고 와서 이르되 주인이여 내게 다섯 달란트를 주셨는데 보소서 내가 또 다섯 달란트를 남겼나이다 그 주인이 이르되 잘하였도다 착하고 충성된 종아 네가 적은 일에 충성하였으매 내가 많은 것을 네게 맡기리니 네 주인의 즐거움에 참여할지어다 하고 두 달란트 받았던 자도 와서 이르되 주인이여 내게 두 달란트를 주셨는데 보소서 내가 또 두 달란트를 남겼나이다 그 주인이 이르되 잘하였도다 착하고 충성된 종아 네가 적은 일에 충성하였으매 내가 많은 것을 네게 맡기리니 네 주인의 즐거움에 참여할지어다 하고 한 달란트 받았던 자는 와서 이르되 주인이여 당신은 굳은 사람이라 심지 않은 데서 거두고 헤치지 않은 데서 모으는 줄을 내가 알았으므로 두려워하여 나가서 당신의 달란트를 땅에 감추어 두었었나이다 보소서 당신의 것을 가지셨나이다 그 주인이 대답하여 이르되 악하고 게으른 종아 나는 심지 않은 데서 거두고 헤치지 않은 데서 모으는 줄로 네가 알았느냐 그러면 네가 마땅히 내 돈을 취리하는 자들에게나 맡겼다가 내가 돌아와서 내 원금과 이자를 받게 하였을 것이니라 하고 그에게서 그 한 달란트를 **빼앗아** 열 달란트 가진 자에게 주라 무릇 있는 자는 받아 풍족하게 되고 없는 자는 그 있는 것까지 **빼앗기리라** 이 무익한 종을 바깥 어두운 데로 내쫓으라 거기서 슬피 울며 이를 갈리라 하니라 마 25:14-30

므나 비유 :

이르시되 어떤 귀인이 왕위를 받아가지고 오려고 먼 나라로 갈 때에 그 종 열을 불러 은화 열 므나를 주며 이르되 내가 돌아올 때까지 장사하라 하니라 그런데 그 백성이 그를 미워하여 사자를 뒤로 보내어 이르되 우리는 이 사람이 우리의 왕 됨을 원하지 아니하나이다 하였더라 귀인이 왕위를 받아가지고 돌아와서 은화를 준 종들이 각각 어떻게 장사하였는지를 알고자 하여 그들을 부르니 그 첫째가 나아와 이르되 주인이여 당신의 한 므나로 열 므나를 남겼나이다 주인이 이르되 잘하였다 착한 종이여 네가 지극히 작은 것에 충성하였으니 열 고을 권세를 차지하라 하고 그 둘째가 와서 이르되 주인이여 당신의 한 므나로 다섯 므나를 만들었나이다 주인이 그에게도 이르되 너도 다섯 고을을 차지하라 하고 또 한 사람이 와서 이르되 주인이여 보소서 당신의 한 므나가 여기 있나이다 내가 수건으로 싸 두었었나이다 이는 당신이 엄한 사람인 것을 내가 무서워함이라 당신은 두지 않은 것을 취하고 심지 않은 것을 거두나이다 주인이 이르되 악한 종아 내가 네 말로 너를 심판하노니 너는 내가 두지 않은 것을 취하고 심지 않은 것을 거두는 엄한 사람인 줄로 알았느냐 그러면 어찌하여 내 돈을 은행에 맡기지 아니하였느냐 그리하였으면 내가 와서 그 이자와 함께 그 돈을 찾았으리라 하고 곁에 섰는 자들에게 이르되 그 한 므나를 빼앗아 열 므나 있는 자에게 주라 하니 그들이 이르되 주여 그에게 이미 열 므나가 있나이다 주인이 이르되 내가 너희에게 말하노니 무릇 있는 자는 받겠고 없는 자는 그 있는 것도 빼앗기리라 눅 19:12-26

두 비유에 공통적인 내용이 있다. 달란트와 므나 비유에서 우리가 배워야 할 것은 예수님은 돈을 어떤 관점으로 보시는가 하는 것이다.

첫째, 예수님의 돈에 대한 생각은 '작다'는 것이다.

달란트를 지금의 가치로 따지면 신학자마다 다르지만 한 달란트는 오늘날의 약 20억 원으로 추정한다. 따라서 다섯 달란트면 100억 원 정도이다. 그것을 종에게 맡기셨고, 그는 그 돈으로 장사하여 배가시켜 200억 원을 만들어온 것이다. 그런데 주님께서 이 사람에게 "작은 일에 충성했다"라고 말씀하신다.

주님은 태초부터 모든 것의 주인이시다. 그러니 당연히 돈과 재물은 작은 것이다. 우리는 100억이라고 하면 '와, 크다'라고 생각한다. 그러나 우주를 소유하신 그분께는 1천억도 1조도 작다.

그렇다면 주님께 큰 것은 무엇인가? 주님께 없는 것이 큰 것이다. 빼앗겨버린 것이 큰 것이다. 이것을 찾기 위해 주님께서 목숨 값을 지불하셔야만 했다. 이것은 무엇인가? '잃어버린 영혼'이다. 주님은 우리에게 작은 것(돈)으로 큰 것(잃어버린 영혼)을 사라고 하신다.

둘째, 예수님의 돈에 대한 기대는 '배가'이다.

다섯 달란트를 두 배로, 두 달란트를 두 배로 배가시킨 종들에게 "착하고 충성된 종아, 네가 작은 일에 충성하였으므로 내가 네게 많은 것을 맡기겠다"라고 하시고 한 므나를 열 배로, 다섯 배로 배가시킨 종들에게도 "착하고 충성된 종아, 네가 지극히 작은 것에 충성하였으므로 열 고을의 권세와 다섯 고을의 권세를 맡기겠다"라고 하셨다.

주님은 달란트와 므나 비유를 통해 돈에 대해 배가를 기대하신다. 주님께 배가의 방법이 있다는 것인가? 그렇다. 하나님의 말씀에 있다. 이것을 배우고자 한다(3강에서 그 방법을 자세히 공부하겠다).

눈에 보이는 세계(세상은행)에서는 3.5퍼센트, 4.5퍼센트 등 퍼센트 (%)의 원칙이 적용되어 배가와는 거리가 멀다. 세상에서 배가의 방법으로 내놓는 것이 복권이나 도박이다. 그러나 "처음에 속히 잡은 산업은 마침내 복이 되지 아니하느니라"(잠 20:21)라는 말씀처럼 복권이나 도박으로 얻은 돈은 속히 사라진다.

셋째, 주님께서 찾으시는 사람은 재물에 대해 착하고 충성된 사람이다. 주님은 우리에게 먼저 돈을 맡기시고, 그것을 어떻게 다루는가를 보시면서 더 큰 것을 맡기시고 더 많은 권세를 주신다.

누가복음 19장 12,13절은 "어떤 귀인이 왕위를 받아가지고 오려고 먼 나라로 갈 때에 그 종 열을 불러 은화 열 므나를 주며 이르되 내가 돌아올 때까지 장사하라 하니라"라고 했다. 아주 중요한 말씀이다.

귀인이 왕위(왕권)를 받으면 나라를 함께 다스릴 군수와 도지사와 시장 등이 필요하다. 이때 인재를 뽑는 기준으로 제시한 게 '재물을 얼마나 충성스럽게 다루느냐'이다. 재물을 잘 다룬 종에게는 열 고을과 다섯 고을의 권세를 주었다. 이것은 주님과 함께 그분의 나라를 다스릴 때 사람을 세우는 기준을 비유로 말씀하신 것이다. 돈을 다루는 것으로 '하늘의 것'을 맡을 자격시험을 보는 것이다.

▌작은 것, 재물, 남의 것(충성 훈련)

몇 년 전, 홍성건 목사님이 인천 지역에서 목회를 하시는 목사님들을 모시고 '충성'에 대한 강의를 하셨다. 우리 부부도 그 집회에 참석했다. 당시 나는 재정 강사로 주님께 국내외적으로 활발하게 쓰임 받고 있었다. 홍 목사님의 강의는 내게 큰 충격이었다.

하나님께서 사람을 쓰실 때 충성된 사람인지 '계산'(회계장부)하신다는 것이다. 그 계산에 의해 내가 지금 쓰임을 받고 있다는 것이다. 수입과 지출을 뺀 내 잔액이 너무나 적었기에 주님께 부끄럽고 감사해서 그날 많이 울었던 기억이 난다. 또한 주님께서 간절히 찾으시는 충성된 사람이 적다는 게 아쉬웠다.

다음은 목사님이 그때 강의하신 내용의 요약이다.

사도 바울은 "나를 능하게 하신 그리스도 예수 우리 주께 내가 감사함은 나를 충성되이 여겨 내게 직분을 맡기심이니"(딤전 1:12)라고 말한다. 이 말씀에서 우리는 첫째로 내게 능력을 주시는 예수님, 둘째로 내게 직분을 맡기시는 예수님, 셋째로 내 충성을 요구하시는 예수님을 알 수 있다. 주님께서 바울의 충성됨을 보시고 직분을 맡기셨고, 그것을 감당할 능력을 주셨다.

여기에서 '여겨'라는 단어의 뜻은 '인정하다', '믿는다', '신임한다'는 의미다. 이는 무조건적으로 인정하는 게 아니다. 먼저 '회계장부에 기입하다'고 하듯이 내 삶을 살피신 후에 충성된 사람으로 결론을 내려 인정하는 것이다. 회계장부에는 수입에서 지출을 뺀 잔액도 기입한다. 다시 말하면 바울의 삶을 회계장부에 기록했더니 잔액이 '충성'으로 나왔다는 말이다. 그렇다면 예수님은 바울의 어떤 면을 회계장부에 기록하셨을까?

지극히 작은 것에 충성된 자는 큰 것에도 충성되고 지극히 작은 것에 불의한 자는 큰 것에도 불의하니라 너희가 만일 불의한 재물에도 충성하지 아니하면 누가 참된 것으로 너희에게 맡기겠느냐 너희가 만일 남의 것에 충성하지 아니하면 누가 너희의 것을 너희에게 주겠느냐
눅 16:10-12

예수님은 우리가 세 가지 영역에서 충성되기를 원하신다.

첫째, '지극히 작은 것'에 충성되기를 원하신다. 지극히 작은 것에 충성되면 큰 것에도 충성되기 때문이다. 주님은 우리에게 큰 것을 맡기기를 원하시지만 그 전에 우리가 작은 것에 충성된 사람인지 알고 싶어하신다.

둘째, '재물'에 충성하기를 원하신다. 재물에 충성하면 주께서 참된 것

을 맡기신다.

셋째, '남의 것'에 충성하기를 원하신다. 그리하면 주께서 우리의 것을 주신다. 이 말씀은 약속이 있는 말씀이다.

이 세 가지 영역에서 바울의 행동을 회계장부에 기입했더니 수입에서 지출을 뺀 잔액에 충성이 남았다는 것이다. 그래서 예수께서 바울에게 직분을 맡기시고, 능력을 주셔서 그것을 감당하게 하셨다. 하나님은 아무에게나 하늘의 것을 맡기시지 않으신다.

예레미야서 27장 5절에서 하나님은 "내가 보기에 옳은 사람에게 그것을 주었노라"라고 하셨다. 하나님이 보시기에 옳은 사람은 이같이 세 가지 영역에서 충성하는 사람이다.

그럼 작은 것이란 어떤 것들인가? 예를 들면 휴지를 쓰고 버리는 일이다. 집에서는 아껴쓰면서 교회나 공용으로 쓰는 휴지는 마구 쓰는 것이다. 또 2,3층밖에 되지 않는 건물에서 걸어서 올라갈 수 있음에도 굳이, 그것도 혼자 엘리베이터를 타는 일, 주차를 잘못해서 다른 차까지 주차하지 못하게 하는 일, 또는 교회나 소속된 공동체에서 관심받는 자리가 아닌 말없이 수고해야 하는 일일 수 있다. 이 일들을 작다고 여기지 말라는 것이다.

재물에 충성한 자에게 참된 것을 맡긴다고 하셨는데 참된 것은 하늘에 속한 것, 하나님나라의 일들이다. 남의 것에 충성할 때 너희 것을 주신다는 것은 너희 것(내 것)을 주시기 전에 먼저 남의 것을 맡겨보신다는 것이다.

예를 들면 전셋집에 사는 내 태도일 수도 있다. 비록 전셋집이나 임대한 사무실이라 할지라도 모든 것을 내 소유인 것처럼 아끼는 것이다. 공동으로 사용하는 전기를 아껴쓰는 일, 직원이지만 마치 고용주처럼 헌신하고 열심을 내는 것이다. 이런 삶은 '코람데오', 즉 하나님 앞에서 사는 것처럼 행할 때 가능하다. 하나님을 경외하는 삶에는 약속이 있다. 그것은 '재물'과 '영광'과 '생명'이다.

겸손과 여호와를 경외함의 보상은 재물과 영광과 생명이니라 잠 22:4

작은 것, 재물, 남의 것에 충성해서 대박이 난 다윗을 소개한다. 왜 대박인가? 다윗은 양치기에서 일약 왕으로 선택받았기 때문이다. 그는 작은 것(양치는 일), 재물(양), 남의 것(아버지의 양)에 충성했다.
사무엘상 17장은 블레셋과 이스라엘의 전쟁에 대한 이야기이다. 다윗이 아버지 이새의 심부름으로 전쟁에 참여한 세 명의 형들에게 줄 음식을 가지고 전쟁터로 갔다가 골리앗이 살아 계신 하나님의 군대를 모욕하는 것을 듣게 된다. 모든 이스라엘 군사들이 골리앗 앞에서 떨고 있을 때 다윗이 사울 왕에게 자신이 나가서 싸우겠다고 한다. 그러나 사울왕이 "너는 아직 소년이어서 안 된다"라고 하자 다윗이 왕을 설득한다.

주의 종이 아버지의 양을 지킬 때에 사자나 곰이 와서 양 떼에서 새끼를 물어가면 내가 따라가서 그것을 치고 그 입에서 새끼를 건져내었고 그것이 일어나 나를 해하고자 하면 내가 그 수염을 잡고 그것을 쳐죽였나이다 주의 종이 사자와 곰도 쳤은즉 살아 계시는 하나님의 군대를 모욕

한 이 할례 받지 않은 블레셋 사람이리이까 그가 그 짐승의 하나와 같이 되리이다 삼상 17:34-36

다윗의 고백에서 무엇을 알 수 있을까? 그의 용맹일까, 그의 승리일까, 아니면 그의 능력일까, 하나님의 도우심일까? 그보다 먼저 말하고 싶은 게 있다. 다윗은 아버지의 양을 돌보는 일을 맡았다. 그렇게 양을 지키고 있는데 사자나 곰이 새끼 양들을 물고 갔다. 감사하게도 곰이나 사자가 나타나서 새끼 양 한 마리만 물고 갔다. 어쩌면 "휴~ 다행이다. 새끼 한 마리만 빼앗겼네" 하며 집으로 양들을 데리고 올 수도 있었다. 그러나 다윗은 아버지가 맡겨주신 양 중에 단 한 마리라도 빼앗길 수 없었다. 그는 자기 목숨을 돌보지 않고, 오직 그에게 맡겨진 일에 최선을 다했다. 이것이 충성이다.

어떻게 소년 다윗이 사자나 곰을 죽일 수 있었을까? 나는 상상해본다. 다윗이 큰 나무에 사자와 곰의 얼굴을 그려놓고 날마다 물맷돌로 이마 정중앙을 맞추는 훈련을 하고 또 하고, 또 했을 것이다. 그런데 어느 날 곰이나 사자가 나타나서 다윗의 양 한 마리를 물고 갔다. 다윗은 그동안 훈련한 실력으로 물매를 돌려 곰이나 사자의 이마 정중앙을 맞힌다. 그들이 쓰러지자, 다윗이 그 입을 찢어 양을 건져왔을 것이다.

또한 다윗은 연습(훈련)으로 익숙해진 무기인 물맷돌을 가지고 있었다. 그는 하나님이 누구신줄 잘 알고 있었고, 전쟁은 여호와께 속한다는 것도 알았다. 그가 사울 앞에서 고백하는 말이나 골리앗에게 선포하는 말에서 알 수 있다. 이러한 것들, 즉 연습과 물맷돌과 하나님을 신뢰함이 다윗에게 자신감과 담대함을 준 것이다.

하나님은 그분께서 영광 받으실 타이밍에 다윗을 선택하셨다. 하나님이 누구이신지를 아는 다윗, 이미 적을 물리칠 수 있는 물맷돌로 훈련된 다윗을 통해 그분은 영광을 받으셨다. 하나님의 타이밍에 우리도 쓰임 받고 싶은가? 그렇다면 하나님을 힘써 알자. 잘 훈련된 실력을 겸비하자. 그렇지만 광신자가 되선 안 된다. 광신자란 '바람직한 목적은 있으나 합당한 수단을 사용하지 않는 사람'이다. 정상적인 그리스도인이라면 바람직한 목적으로 반드시 합당한 수단을 사용해야 한다.

다윗은 이같이 그에게 맡겨진 일에 있어서 충성된 사람이었다. 이것이 하나님께서 그를 택하신 중요한 이유다. 이런 다윗에게서 나는 비즈니스의 지혜를 배운다.

실제로 내가 상담했던 한 사람의 이야기이다. 그는 치과기공사였다. 내가 병원컨설팅을 하는 것을 알고, 치과병원과의 연결을 부탁했다. 그는 자신이 신앙의 몇 대이고, 비전은 무엇이며, 어떻게 살아왔으며, 돈을 벌면 어떻게 쓸 거라는 것을 내게 이야기했다. 내가 그를 만나 대화하는 것은 병원 연결을 위한 비즈니스다. 그의 이야기들은 나를 설득시키지 못했다. 그래서 그에게 물었다.

"당신은 지금 어떤 자격증이 있나요? 다른 사람이 없는 특별한 특허 기술은 무엇인가요? 당신이 쓰는 재료는 얼마나 안전하고 견고하며 가격 경쟁력이 있나요? 납기일에 맞춰 납품하는 성실함이 있나요?"

이런 객관적 자료로 나를 설득하라고 주문했다. 그러자 그가 말했다.

"저를 못 믿으시는 것입니까? 저를 믿고 병원을 연결해주시면 반드시 제가 하나님나라에 투자하여 확장하는 곳에 재물을 쓸 것입니다."

그는 이런 식의 말들만 계속했다. 나는 그에게 실망했고, 병원 연결을 해줄 수 없다고 말했다.

사업을 이렇게 하면 안 된다. 다윗을 보라. 사울 왕이 다윗에게 "너는 소년이고 골리앗은 용사라서 전쟁에 나갈 수 없다"라고 했을 때 다윗이 "무조건 저를 믿어주세요. 골리앗을 죽일 수 있습니다. 왕이시여, 일단 저를 믿고 맡겨주십시오"라고 하지 않았다. 그는 차근차근 사울 왕을 설득시킨다. 그가 아버지의 양을 사나운 곰과 사자로부터 어떻게 지켰는지를 말했다. 이 말에 사울 왕이 다윗에게 설득당했다. 우리도 상대를 이렇게 설득하는 법을 배워야 한다.

하나님 앞에서 충성됨이 계산되어 대박이 난 또 한 사람은 아브라함이다. 하나님은 온 땅에서 가장 축복할 사람을 찾고 계셨다.

> 내 눈이 이 땅의 충성된 자를 살펴 나와 함께 살게 하리니 완전한 길에
> 행하는 자가 나를 따르리로다 시 101:6

그리고 아브라함을 찾으셨다. 하나님은 왜 하필이면 우상을 만드는 데라의 자식인 그를 선택하셨을까? 그 기준은 무엇인가?

주는 하나님 여호와시라 옛적에 아브람을 택하시고 갈대아 우르에서 인도하여 내시고 아브라함이라는 이름을 주시고 그의 마음이 주 앞에서 충성됨을 보시고 그와 더불어 언약을 세우사 ㄴ 9:7,8

그랬다. 그의 가정 배경이나 학력을 보고 택한 게 아니다. 온 땅에서 가장 축복을 받게 될 아브라함을 선택하기 전에 먼저 보신 게 있다. 아브라함의 삶이 주 앞에서 충성됨으로 계산됐다. 우리도 하나님께 쓰임받고 싶은가? 그렇다면 지극히 작은 것, 재물, 남의 것에 충성해야 한다.

█ 내 생각이 진짜로 바뀌었다

안경점을 할 때였다. 안경 렌즈는 다이아몬드가 박힌 유리칼로 자른다. 요즘은 렌즈를 다이아몬드힐을 사용하여 자동으로 깎아낸다. 그래서 그 유리칼을 '다이아몬드 칼'이라고도 한다.

부도가 나면서 내가 갖고 있던 모든 귀금속을 팔았다. 그래서 재정이 회복되고 난 후 남편이 내게 최고급 반지를 사준다고 했다. 우리는 백화점에 가서 고급 브랜드 보석점에 갔다.

"최고로 좋은 다이아몬드 반지를 보여주세요."

무척 아름다운 반지였다. 1캐럿이 훨씬 넘어 보였다. 값이 3,800만 원이라고 했다. 나는 손가락에 반지를 끼어보고는 속으로 생각했다.

'이 유리칼에 3,800만 원을 쓰다니⋯ 충성되지 못한 행동이지.'

나는 "멋진 반지네요" 하고 반지를 빼주면서 종업원에게 "18K 반 돈 짜리 링 반지로 주세요"라고 말했다. 종업원이 아주 친절하게 말했다.

"여기는 18K 반 돈짜리 링 반지는 없습니다."

나는 그런 나 자신에게 깜짝 놀랐다.

'그토록 좋아하던 다이아몬드 반지가 그저 유리칼로밖에 보이지 않다니….'

정말로 내 생각이 바뀐 것이다. 이런 충성 훈련을 통해 재물을 보물처럼 소유하지 않고, 잘 관리할 수 있는 청지기가 된 것이다.

어느 날, 영화를 보는데 여주인공인 안젤리나 졸리가 까만 복면을 쓰고 은행을 터는 장면이 나왔다. 손가락에 낀 큰 다이아몬드 반지로 강화유리를 쫙 긋더니 그 안의 것을 몽땅 털어서 가버렸다. 나는 이 장면이 인상 깊게 남았다. 영화 속의 그녀는 유리칼의 용도를 정확하게 알고 있었다. 다이아몬드가 유리칼의 용도라는 것을. 나는 그날 웃었다.

사람들은 금 돼지, 금 두꺼비, 금비녀, 황금열쇠 등을 장롱 깊이 묻어 두고 흐뭇해한다. 금을 모으지 말라는 게 아니다. 금을 모으는 자세가 틀렸다는 것이다. 성부의 자세로 금을 잘 다루어야지 속부의 자세로 모으면 안 된다.

금은 하나님의 것이다. 학개서 말씀에 하나님께서 "은도 내 것이요 금도 내 것이니라"라고 하셨다(2:8). 금은 우리 생활에 꼭 필요하다. 의료장비나 반도체에도 금이 없으면 절대 안 된다. 주께서 우리에게 아름다운 지하자원(광물)을 주신 것은 우리에게 꼭 필요하기 때문에 주신 것이다. 한정되어 있는 지하자원에 욕심내지 말자. 성부로서 금을 잘 다룰 줄 아는 지혜를 구하자.

▌주께서 첫 강의를 맡기시다

부도가 나서 소망이 전혀 안 보이는 상태로 제주도에 있을 때, 많은 기도하는 사람들이 내게 와서 말했다.

"주께서 미진 자매님을 말씀사역자로 쓰신다고 합니다."

"자매님에게 천사들이 하나님의 메시지를 전달하고 계십니다."

"자매님이 큰 여행 가방을 들고 온 세계를 다니면서 복음을 전하는 모습을 보았어요."

"자매님이 산기슭에서 엄청나게 많은 사람들 앞에서 복음을 전하고 계셨어요."

이런 말을 들으면 나는 늘 이렇게 대답했다.

"저는 지금 돈이 급해요. 말씀사역자 말고요."

말씀사역자가 되면 그 많은 빚을 어떻게 갚는단 말인가! 나는 그들이 이런 말을 해주기를 기대했다.

"하나님께서 자매님을 사업으로 다시 축복하신답니다."

한번은 우리 부부가 좋아하고 존경하는 서승동 목사님(인천 섬김의교회 담임목사, 《묵상, 하나님을 알아가는 시작입니다》의 저자)이 열방대학 강사로 오셨다가 우리를 만나주셨다.

"자매님을 주께서 '하나님의 스피커'라고 하셨어요."

나는 심각해졌다. 다른 사람들이 말할 때는 그런대로 넘어갔는데 우리에게 특별한 목사님이 말씀하시니 바짝 긴장이 되었다.

'말씀사역자라니, 50억이나 부도를 낸 사람이….'

도무지 그림이 그려지지 않았다. 서 목사님의 말씀 이후 나는 금식하며 주님 앞에 머물렀다. 내 앞길의 문제였기에 심각하고 간절한 마음으로 기도했지만 어떤 주님의 음성도 들을 수 없었다. 잘 들리던 그분의 음성이 들리지 않았다.

나중에 알게 된 것인데, 내가 듣고 싶은 음성이 커서 주님의 음성이 들리지 않았던 것이다. 당시 내가 듣고 싶은 음성은 50억의 축복이었다. 그러나 나는 목사님을 통해 주신 하나님의 음성에 순종하여 충성 훈련을 하기로 했다. 매일 10시간씩 기도하며 말씀을 준비했다. 아들 유진이가 언제나 내 좋은 학생이었다.

어느 날 주님이 내게 물으셨다.

'네가 나를 사랑하느냐?'

내가 대답했다.

'예!'

주님이 다시 말씀하셨다.

'내 양을 치라. 내 어린 양을 먹이라. 내가 보내는 곳으로 갈 것이며, 내가 인도하는 곳으로 갈 것이며, 네가 만났던 하나님을 증언하는 삶을 살게 될 것이다. 너는 내 증인이라. 너는 오직 말씀을 따라 믿음으로 살라.'

드디어 어느 날, A국에서 강의 요청이 왔다. 제목은 '중보기도와 영
적전쟁'이었다. 약 30시간짜리 강의였다. 나는 신기했다. 한 번도 강
의를 해본 적이 없는 내게 어떻게 강의 요청이 온단 말인가!

나는 하나님의 말씀을 전한다는 두렵고 떨리는 마음으로 강의 준
비를 약 일 년간 더 했다. 드디어 강의 날이 왔다. 그런데 강의실에 도
착하니 단 두 명의 학생이 앉아 있는 게 아닌가! 나는 마음이 매우 상
했다.

'아니, 이 년이나 준비했는데 단 두 명이라니….'

이때 주께서 내 마음 깊은 곳에서 말씀으로 깨우쳐주셨다.

'지극히 작은 일에 충성할 때 내가 네게 큰 것을 맡기리라.'

정신이 번쩍 나서 최선을 다해 강의했다. 그 이후 어느 곳에서도 요
청이 오지 않은 채 일 년이 더 지났다. 그렇지만 강의 준비를 안 할 수
없었다. 하나님께서 말씀하신 것이기 때문이다.

일 년 후 또 다른 곳에서 강의 요청이 왔다. 이번에는 학생이 네 명
이었다. 일 년 후 또 다른 곳에서 요청이 왔는데 가보니 여덟 명이 있었
다. 그렇게 사 년간 일 년에 한 번씩 강의를 했지만 주님이 말씀하셨기
에 강의 준비를 하지 않을 수 없었다. 나는 더 충성되게 준비했다.

어느 날 또 강의 요청이 왔다. 나는 속으로 생각했다.

'열댓 명쯤 있으려나?'

그런데 가보니 강의실에 수백 명이 빽빽이 들어차 있었다. 그 다음
번은 수천 명, 그 다음은 만 명 이상이 있었다. 시간이 지나면서 재물
도, 강의도, 점점 회복되고 많아지더니, 빚도 다 갚게 되었다. 그리고

강의 요청이 국내는 물론 전 세계에서 일 년에 천 건 이상 들어오고 있다. 요즘은 성도 수가 수십 명에서 수만 명까지 되는 여러 교회에서 강의 요청이 들어온다.

주님은 내게 작은 것을 맡기시고, 내 태도를 회계장부에 기입하셨다. 지금은 아무리 작은 교회라도 상관없다. '두 명보다는 많겠지' 하는 생각으로….

▌재물에 대한 올바른 세 가지 태도

다음에 나오는 재물에 대한 원칙은 매우 중요하다. 반드시 외우기를 권면한다. 성경에 나오는 재물에 대한 말씀은 재정에 대한 올바른 세 가지 태도를 말한다.

첫째, 재물에 노예 되지 말고 재물을 노예로 다스리라.
둘째, 재물을 보물처럼 소유하지 않고 잘 관리하라.
셋째, 재물을 다루면서도 장막생활을 하라.

그런데 이런 삶은 자동으로 되는 게 아니다. 결심한다고 바로 이루어지는 것도 아니다. 밤새 기도하고 안수기도를 받는다고 되는 게 아니다. 시간을 두고 실수를 반복하면서 이루어질 때까지 연습하는 훈련이 있어야 한다. 어떤 훈련을 해야 할까? 재물에 노예가 되지 않고 재물을 노예로 다스리는 삶은 '믿음으로 사는 삶의 훈련'을 통해 가능하다. 재물을 보물처럼 소유하지 않고 재물을 잘 관리하려면 '청지기 삶의 훈련'으로 가능하다. 재물을 다루면서도 장막생활을 하는 것은 '단순한 삶의 훈련'을 통해 가능하다.

이 모든 훈련의 기반이 되는 것이 충성 훈련이다. 작은 것, 재물, 남의 것에 대한 충성 훈련을 통해 삶의 자세가 바뀌게 된다. 이 훈련은 하나님이 살아 계심을 인정하고, 그분의 얼굴 앞에서 삶을 살아갈 때 이루어진다.

▌돈에 대해 말하는 네 가지 유형(성부, 성빈, 속부, 속빈)

성경은 돈에 대해서 네 가지 유형의 사람들이 있다고 말한다. 성부 (聖富), 성빈(聖貧), 속부(俗富), 속빈(俗貧)이다. 성부는 하나님께서 만들어가시는 거룩한 부자다. 성경의 인물로는 아브라함, 솔로몬, 히스기야, 욥 등이 있다.

성빈은 하나님나라를 위해서 스스로 가난한 삶을 선택한 사람들이다. 성경의 인물로는 예수님과 열두 제자들, 그리고 사도 바울 등을 들 수 있다. 그리고 오늘날에는 목회자와 선교사와 선교단체 전임간사 등 전임사역자들이 이에 해당된다.

성부가 수익을 창출하는 일에 수고하는 사람들이라면, 성빈은 수익 구조에는 참여하지 않고 오직 지출 구조에 참여하여 수고하는 사람들이다.

반면에 속부는 세상에 속해 있는 부자들이다. 이들은 세상(맘몬)이 돈을 주어서 만들어가는 부자다. 에스겔서 28장에 나오는 두로 왕이 대표적이다. 그는 교만했다. 자기의 능력으로 재물을 얻었다고 생각했다. 그는 불의한 방법으로도 무역을 했다. 또한 마음에 돈의 욕심이 들어온 가룟 유다, 아나니아와 삽비라도 속부라고 할 수 있다. 속빈은 세상에 속해 있고, 가난하게 사는 사람들이다.

성부는 돈이 많다는 개념이 아니다. 재정의 형태를 말하는 게 아니다. 돈이 많다고 다 성부가 되는 게 아니다. 속부와 반대로 사는 사람을 성부라고 한다. 성부는 돈이 많을 수도 적을 수도 있다. 주님은 우리가 돈을 잘 다룰 수 있는 훈련이 되었을 때 가장 알맞은 재물을 맡기신다. 재물을 가진 형태로 부자다, 가난하다고 성경은 말하지 않는다. '마음의 중심이 부자인가, 가난한 자인가' 하는 게 중요하다.

우리가 재물을 다루는 데는 성부와 성빈, 이 두 가지 삶으로 살아야 한다. 먼저 성부가 되기 위해 두 가지를 없앨 것을 강력하게 주문하신다. 첫째는 '맘몬을 제거하라'이고, 둘째는 '속부를 제거하라'이다.

▌맘몬을 제거하라

하나님을 대적하여 하나님과 경쟁하려는 교만한 영인 맘몬의 영향력을 보겠다. 맘몬의 다섯 가지 영향력을 살펴보려고 한다. 자신에게 질문해보기를 바란다.

'나는 과연 몇 퍼센트나 맘몬의 영향력을 받고 있는가?'

첫째, 맘몬은 우리의 생각에 '돈이면 모든 것을 해결할 수 있다'는 메시지를 넣으려고 한다. 맘몬은 우리의 생각을 속인다. 가룟 유다의 생각 속에 은 삼십에 예수를 팔 생각을 집어넣었다.

마귀가 벌써 시몬의 아들 가룟 유다의 마음에 예수를 팔려는 생각을 넣었더라 요 13:2

열둘 중의 하나인 가룟인이라 부르는 유다에게 사탄이 들어가니 이에 유다가 대제사장들과 성전 경비대장들에게 가서 예수를 넘겨줄 방도를 의논하매 그들이 기뻐하여 돈을 주기로 언약하는지라 유다가 허락하고 예수를 무리가 없을 때에 넘겨줄 기회를 찾더라 눅 22:3-6

몇 년 전만 하더라도 교통 위반을 해서 경찰에 걸리면 종종 돈으로 해결이 되었다. 또한 건물을 짓거나 고칠 때 건축 기준 미달로 허가가 나지 않는 상황에서도 담당공무원들을 매수하여 허가를 받는다. 이렇듯 돈이면 모든 것이 해결된다는 생각은 대형사고로 이어지고, 온 나라를 부정부패한 국가로 만들어버린다.

둘째, 돈이 나를 행복하게 해준다고 속인다. 그래서 우리는 비교의식에 빠져 살게 된다.
'내가 지금의 월급보다 100만 원을 더 받으면 행복할 거야.'
이것은 맘몬의 속임이다. 돈이 나를 행복하게 해준다는 생각을 할 때 비교의식에 빠지게 되고, 사람을 평가하는 모든 기준이 돈으로 바뀐다. 돈이 모든 것을 결정한다. 재산이 많아 자식에게 물려줄 수 있는 부모는 좋은 부모이고, 돈을 많이 벌어오는 남편은 좋은 남편이 된다. 사촌이 땅을 사면 배가 아프다.

돈이 나를 행복하게 해준다는 생각은 끊임없는 비교의식에 빠져서 살게 한다. '김중배의 다이아몬드가 그렇게도 좋았단 말이냐'라는 극중 대사처럼 사랑도 돈에 의해서 움직인다. 그러나 행복은 돈에 있지 않다.

기억하라! 시편 139편은 하나님께서 우리를 모태에 짓기 전부터 알았다고 하신다. 처음부터 하나님이 우리를 만드실 때 우리 속에 큰 공간을 만드셨다. 이 공간은 돈과 명예와 권력 같은 것들로는 절대 채워지지 않는다. 오직 하나님과의 친밀감으로 채워질 때 비로소 만족한다.

셋째, 맘몬은 두려움을 주어 우리를 인색하게 만든다. 미래에 대한 두려움, 늘 모자라고 부족할 것에 대한 두려움에 사로잡히게 만든다.

여호와의 말씀이니라 너희를 향한 나의 생각을 내가 아나니 평안이요 재앙이 아니라 너희에게 미래와 희망을 주는 것이니라 렘 29:11

하나님께서 말씀하시길 우리의 미래는 형통함과 희망만 있다고 하신다. 사탄은 우리의 미래에 접근할 권한이 없다. 우리의 미래는 오직 선하신 하나님의 손에 있다. 어떤 권사님은 이 두려움으로 보험을 서른 개나 들었다고 고백했다. 보험이 나쁘다는 게 아니다. 나도 보험을 들었다. 보험은 지혜로운 저축 방법일 수도 있다. 우리가 두려움에 잡혀서 보험을 들고 그것에 안정감을 두는 게 위험하다는 것이다.

두려움은 그 뿌리가 불신앙에 있기 때문이다. 미래에 대한 두려움 때문에 불안해서 돈이 있어도 절대 다른 사람에게 기부하지 못하고 자기를 위해 쌓고 또 쌓아두고, 집을 사고 또 사고, 땅을 사고 또 산다. 그래서 맘몬은 우리를 아주 인색한 사람으로 만들어버린다. 하나님께서 누구에게 무엇을 주라고 해도 순종하지 못하고 아까운 마음이 든다. 인색한 영은 맘몬의 가장 강력한 영이다.

우리는 처음부터 하나님의 형상으로 지어졌다. 하나님의 아들과 딸로 아주 넉넉한 사람으로 만들어졌다. 하나님의 성품을 그대로 받은 우리는 남에게 주기를 좋아하고, 남을 돕기를 기뻐하며, 남에게 뭔가를 나누어줄 때 더 큰 기쁨을 느끼도록 되어 있다. 그러나 맘몬은 우리를 인색하게 만든다.

넷째, 맘몬은 '내가 지금 소유한 모든 것은 전부 내 것이다'라고 하여, 마치 내가 재물의 주인인 것처럼 속인다. 여러분의 이름으로 된 집 등기부등본에 분명히 여러분의 이름 석 자가 소유주로 되어 있을 것이다. 차량등록증도 마찬가지다. 맘몬은 여러분이 그것의 주인이라고 말하지만 하나님께서 여러분에게 관리자(청지기)로서 맡기신 것이다. 하나님은 이 부분을 명확하게 말씀하신다.

네 하나님 여호와를 기억하라 그가 네게 재물 얻을 능력을 주셨음이라
신 8:18

직장이나 사업을 통해서 재물을 얻는 능력을 주신 분은 하나님이시다. 직장도, 건강도, 사업을 통해 재물 얻을 능력도 주님이 주셔서 그 재물을 얻는 것이다. 예를 들어 내 돈을 주고 구입한 금반지를 내 것이라고 주장할 수 있으나 하나님의 계산법은 다르다.

천지창조 때 광물로 금을 만드셨기 때문에 원재료는 그분의 것이라고 주장하신다. 내 돈을 주고 산 책을 내 것이라고 주장할 수 있겠으나 그분의 계산법은 다르다. 하나님은 천지창조 때 원재료인 나무를 당신이 만들었다고 주장하신다. 공기는 어떠한가? 우리의 생명까지도 하나님이 주셨다. 혹시 여러분이 갖고 있는 것 중에 하나님께서 만드신 원재료에서 빌린 게 아니고, 여러분이 창조한 것이 있는가!

우리가 세상에 아무것도 가지고 온 것이 없으매 또한 아무것도 가지고 가지 못하리니 딤전 6:7

우리를 부르시는 그날에 우리는 아무것도 가져갈 수 없다. 처음부터 이 땅에 빈손으로 왔기 때문에 갈 때도 아무것도 가져갈 수 없다. 이렇게 계산하시는 하나님을 이해하고, 그분을 모든 것의 주인으로 인정할 때 우리는 재물의 청지기가 될 것이다.

다섯째, 맘몬은 우리가 감당할 수 없는 빚을 지게 만든다. 그래서 하나님이 아닌 맘몬으로 우리의 주인을 바꾸어버린다.

부자는 가난한 자를 주관하고 빚진 자는 채주의 종이 되느니라 잠 22:7

빚진 자는 하나님의 종이 아니라 채주의 종이 된다. 빚을 지면 하나님의 뜻을 따라 온전히 살아가지 못한다.

사랑하는 두 후배의 이야기다. 한 후배는 헌신되어 있었고, 오직 주님만을 뜨겁게 사랑하는 신실한 그리스도인이었다. 좋은 대학을 나왔고, 대학시절에 선교사로 부르심을 받았다. 그런데 집이 가난해서 대학 학자금과 마이너스 통장 등으로 5천만 원의 빚을 지게 되었다.

후배는 취업해서 빨리 빚을 갚고, 선교사로 가는 게 꿈이었다. 그래서 열심히 일했고, 몇 년에 걸쳐 천만 원을 모아 빚을 갚으려고 했으나, 집주인이 전셋값을 올려달라고 해서 그동안 모은 돈으로 지불했다. 또 열심히 일해서 천만 원을 마련했으나 여동생이 시집을 간다고 했다. 다시 천만 원이 마련되었을 때는 부모님이 수술을 하시게 되었다. 그러면서 십 년이 지났고, 어느 날 나를 찾아와 울면서 말했다. 이제야 하나님의 말씀을 이해했다는 것이다. 후배는 하나님의 종이 아니라 맘몬의 종으로 십 년을 살았다고 고백했다.

너희 자신을 종으로 내주어 누구에게 순종하든지 그 순종함을 받는 자의 종이 되는 줄을 너희가 알지 못하느냐 롬 6:16

맘몬이 후배에게 말했다.

'5천만 원 갚기 전에 넌 절대 스리랑카로 못 가, 빚을 다 갚을 때까지!'

하나님께서도 후배에게 말씀하셨다.

'내게로 오라, 내가 너를 선교사로 불렀다.'

후배는 결국 맘몬의 덫에 걸려 십 년을 지냈고, 맘몬에게 순종할 수밖에 없었던 자신을 보며 하염없이 울었다.

또 다른 후배는 빚이 없었다. 이 후배 역시 주께 헌신되어 있었고, 사업을 통한 하나님나라 확장이 그의 비전이었다. 자기와 비전이 맞는 직장을 골랐다. 그 회사 대표의 비전이 아프리카에 우물을 파주며, 재정으로 가난한 자를 먹이는 것이었다. 그는 정말 이 사역들을 잘 감당했다.

그런데 문제는 후배였다. 부모의 사업이 부도가 나서 돈이 더 필요하게 되었을 때, 다른 곳에서 스카우트 제의가 들어왔다. 예수를 믿지 않는 회사였지만 당장 돈이 더 필요했던 후배는 월급을 많이 주는 쪽을 선택했다. 여러분은 어떤가? 우리의 믿음은 풍랑(고난)을 만났을 때 드러난다. 이 후배는 돈에 의해서, 돈을 위해서, 돈을 따라서 직장을 선택했다. 이것이 맘몬이다. 맘몬은 우리에게 감당하지 못할 만큼의 빚을 져서 결국 우리를 통한 하나님의 계획(온 땅의 축복의 근원)이 이루어지지 못하게 만든다.

우리가 심각하게 많은 빚을 지게 되면 마음은 교회도 짓고, 헌금도 많이 해서 선교지에 흘려보내고 싶지만, 실질적으로는 그것을 성취할 수 없게 된다. 그래서 맘몬의 가장 강력한 무기 중 하나가 빚으로 우리를 옭아매는 것이다.

빚을 갚는 것은 단순하게 빚을 청산하는 차원이 아니다. 그 이상이다. 주인을 바꾸는 프로젝트이다. 빚을 갚겠다고 결정하는 것은 주인을 바꾸겠다고 결정하는 것이다. 주인을 바꾸겠다고 결정하면 반드시 주께서 도우실 것이다. 직접 경험해보라! 굉장히 빠른 속도로 빚이 갚아진다(《왕의 재정학교 워크북》에는 '주인 바꾸기 프로젝트'가 6개월 훈련 코스로 강력하게 들어 있다).

우리가 주인을 바꾸기로 결정하지 않는다면 하나님의 부(富)는 우리의 것이 되지 못한다. 반대로 우리가 주인을 바꾸기로 결정한다면 다음의 공식이 풀어진다.

1×1억=1억

0×1억=0

최선을 다하는 '우리의 1' 가운데 '하나님의 1억'의 능력으로 우리를 도우실 것이다. 우리가 아무것도 하지 않는다면 하나님의 능력은 우리를 기다릴 것이다.

스스로 자신의 삶에 맘몬이 어느 정도 영향을 주는지를 체크해보기 바란다.

첫째, 돈이면 모든 것을 해결할 수 있다는 생각

둘째, 돈이 나를 행복하게 해준다는 비교의식

셋째, 두려움으로 인한 인색함

넷째, 내가 가지고 있는 것은 다 내 것이라고 주장하는 것

다섯째, 감당할 수 없는 빚을 지고 있는 것

여러분은 맘몬의 영향을 몇 퍼센트나 받고 있는가? 100퍼센트 아니면 80퍼센트, 대부분 사람들의 대답이다. 그러나 여러분에게 내 고백이 '굿 뉴스'(Good News)가 될 것이다. 이전에 나는 100퍼센트 맘몬의 영향을 받았다. 나를 깊이 직면하는 시간들을 통과하면서 맘몬의 정체를 알게 되었고, 그것들을 거절하며, 맘몬으로부터 뒤돌아섰다. 그리고 맘몬을 내 삶에서 완전히 제거했다. 맘몬은 호시탐탐 나를 노렸지만 별 소득이 없었다.

맘몬의 영향력은 다음의 두 가지로 끊으면 된다. '반대 영'과 '반대 정신'이다. 맘몬은 영(교만의 영, 거짓의 영, 인색의 영 등)이다. 영은 오직 하나님의 능력으로만 끊어진다.

첫째, 맘몬의 영을 이미 승리하신 반대 영인 예수의 이름으로 대적한다. 예수 그리스도의 이름은 강력한 능력이다. 영적전쟁에서 최고로 강력한 무기다. 예수의 이름으로 집행되는 곳에는 언제나 승리를 주신다.

믿는 자들에게는 이런 표적이 따르리니 곧 그들이 내 이름으로 귀신을 쫓아내며 **막 16:17**

모든 통치와 권세와 능력과 주권과 이 세상뿐 아니라 오는 세상에 일컫는 모든 이름 위에 뛰어나게 하시고 또 만물을 그의 발 아래에 복종하게 하시고 엡 1:21,22

내가 천국 열쇠를 네게 주리니 네가 땅에서 무엇이든지 매면 하늘에서도 매일 것이요 네가 땅에서 무엇이든지 풀면 하늘에서도 풀리리라 마 16:19

그럼 무엇을 묶고 무엇을 푸는 것인가? 맘몬의 인색함과 교만함과 거짓의 영을 예수의 이름으로 묶고, 하나님의 성품인 넉넉함과 부요함을 풀어준다.

예를 들어 묶는 기도는 이렇다.

"내가 예수의 이름으로 명한다. 나를 묶고 있는 인색의 영과 교만의 영과 거짓의 영 맘몬아, 예수의 이름으로 내가 너를 결박한다. 모든 활동을 중지하고 떠나라!"

반대로 푸는 기도는 이렇다.

"주 예수의 이름으로 요청합니다. 아버지여, 주님께 속한 정직함과 부요함과 넉넉함과 큰 사랑을 예수의 이름으로 구합니다. 제게 충만하게 풀어주소서."

묶는 기도와 푸는 기도가 다 끝났다면 감사기도를 하라.

"아버지, 인색한 영을 결박하시고 저를 관대하고 정직한 사람으로 만드시니 감사합니다."

우리가 이렇게 기도하면 이미 맘몬은 예수 이름의 능력 때문에 견디지 못하고 우리를 떠나간다.

둘째, 반대 정신으로 행한다. 즉 넉넉하게 주는 것(행동)으로 맘몬의 인색한 영을 깨뜨린다. 정직히 행함으로 맘몬의 거짓의 영을 깨뜨린다. 이는 마치 어두움을 물리치려면 빛을 비추면 되는 것과 같다. 돈이 없을 때는 그나마 가진 돈을 전부 십 원짜리로 바꾸어서 한 주먹씩 주는 훈련을 했다.

셋째, 입술을 통해 믿음으로 선포할 때 승리한다.

또 우리 형제들이 어린양의 피와 자기들이 증언하는 말씀으로써 그를 이겼으니 계 12:11

우리는 다음과 같이 선포한다.
"하나님만이 모든 것의 주인이시고 나의 공급자이십니다."

한 사람이 두 주인을 섬기지 못할 것이니 혹 이를 미워하고 저를 사랑하거나 혹 이를 중히 여기고 저를 경히 여김이라 너희가 하나님과 재물을 겸하여 섬기지 못하느니라 마 6:24

돈을 사랑함이 일만 악(모든 종류의 악)의 뿌리가 되나니 이것을 탐내는 자들은 미혹을 받아 믿음에서 떠나 많은 근심으로써 자기를 찔렀도다
딤전 6:10

우리가 돈을 사랑한다면 맘몬이 우리의 삶에 영향을 주도록 문을 열어주는 것이나 마찬가지다. 맘몬의 영향을 받으면 다음의 생각과 현상들이 나타난다.

〈맘몬의 영향력 체크리스트〉

1. 통장에 돈이 많으면 마음이 든든하다. ( )
2. 무엇이든지 돈으로 해결할 수 있다고 생각한다. ( )
3. 만일 돈이 없다면 하고 싶은 것을 할 수 없다고 생각한다. ( )
4. 돈이 더 많으면 더 행복해질 거라고 생각한다. ( )
5. 돈이 많은 사람을 보면 더 가치 있는 사람으로 생각된다. ( )
6. 미래에 돈이 모자랄 수 있다는 걱정과 근심과 두려움이 있다. ( )
7. 나눔에 있어서 인색하다. ( )
8. 내 이름으로 된 것(집, 땅, 자동차, 보석 등)은 내 소유라고 생각한다. ( )
9. 백화점 등에서 충동구매를 잘한다. ( )
10. 현재 가진 것에 불만족하며 더 갖고 싶은 생각이 있다. ( )
11. 빚진 삶(대출, 카드 할부, 카드 현금서비스 등)을 살고 있다. ( )

위의 리스트에서 내 삶에 맘몬의 영향을 받은 영역이 있는가? 있다면 어느 영역인가?

속부를 제거하라

한 부자가 그 밭에 소출이 풍성하매 심중에 생각하여 이르되 내가 곡식 쌓아둘 곳이 없으니 어찌할까 하고 또 이르되 내가 이렇게 하리라 내 곳간을 헐고 더 크게 짓고 내 모든 곡식과 물건을 거기 쌓아두리라 또 내가 내 영혼에게 이르되 영혼아 여러 해 쓸 물건을 많이 쌓아두었으니 평안히 쉬고 먹고 마시고 즐거워하자 하리라 하되 하나님은 이르시되 어리석은 자여 오늘 밤에 네 영혼을 도로 찾으리니 그러면 네 준비한 것이 누구의 것이 되겠느냐 하셨으니 자기를 위하여 재물을 쌓아두고 하나님께 대하여 부요하지 못한 자가 이와 같으니라 눅 12:16-21

이 말씀에서 속부의 정의를 찾을 수 있다.

첫째 '자기를 위해 재물을 쌓아두고 하나님께 부요하지 못한 자'이다. 한 부자 농부가 있었다. 그는 열심히 일했고, 하나님께서 큰 수확을 하게 하셨다. 농부의 노력에 주께서 엄청나게 복을 주셨지만 그의 창고는 너무 작았다. 그래서 그는 창고를 부수고 아주 큰 창고를 지어서 자기가 수확한 것을 전부 넣어두고 흐뭇해했다. 우리는 신명기 8장 18절 말씀을 기억해야 한다.

네 하나님 여호와를 기억하라 그가 네게 재물 얻을 능력을 주셨음이라

이 말씀을 오늘날의 버전으로 바꾸어보겠다. 하나님께서 재물을 얻

을 능력을 주셔서 5억 원을 벌어 아파트를 샀다. 나도 하나님도 무척 기뻤다. 주께서 계속 재물 얻을 능력을 주셔서 5억 원이 또 생겼다. 이번에는 아들을 주려고 아파트를 샀다. 주께서 계속 재물 얻을 능력을 주셔서 또 5억 원이 생겼다. 이번에는 딸에게 주려고 아파트를 샀다. 성경의 한 부자 농부 이야기는 이 아파트의 이야기와 같다.

이 부자를 주께서 말씀하시길 '어리석다'고 하셨다. 왜 어리석다고 하시는가? 두 가지 이유 때문이다.

첫 번째 이유는 다음 해에 농사를 지을 때도 큰 수확을 주실 것이기 때문이다. 아들과 딸은 하나님이 축복하셔서 아파트를 주실 것이기 때문이다.

두 번째 이유는 '오늘밤에 죽으면 그 큰 창고는 누구의 것이 되겠느냐'라는 하나님의 질문에 있다. 오늘밤에 죽으면 세 채의 아파트는 누구의 것이 되겠느냐고 질문하신다. 이 어리석은 속부는 "아들과 딸의 것이 됩니다"라고 대답할 것이다. 그렇게 된다면 얼마나 좋겠는가! 그러나 성경은 그 아파트 세 채를 아들과 딸에게 절대 주지 않겠다고 하신다. 성경은 속부의 재산에 대해 이렇게 말씀하신다.

악인(속부)이 하나님께 얻을 분깃 … 그의 자손은 번성하여도 칼을 위함이요 그의 후손은 음식물로 배부르지 못할 것이며 … 그(악인, 속부)가 비록 은(보석)을 티끌같이 쌓고 의복(재물)을 진흙같이 준비할지라도 그(속부)가 준비한 것을 의인이 입을 것이요 그(속부)의 은은 죄 없는 자가 차지할 것이며 그가 지은 집은 좀의 집 같고 파수꾼의 초막 같을

것이며 부자로 누우려니와 다시는 그렇지 못할 것이요 눈을 뜬즉 아무 것도 없으리라 욥 27:13-19

자기에게는 부요하고 하나님께 인색한 자를 속부라고 하시고, 이렇게 모은 재물은 반드시 의인에게 옮기겠다고 하신다.
둘째, 속부란 '부정한 방법으로 돈을 모아 부자가 된 사람'이다.

악인(속부)의 집에 아직도 불의한 재물이 있느냐 축소시킨 가증한 에바가 있느냐 내가 만일 부정한 저울을 썼거나 주머니에 거짓 저울추를 두었으면 깨끗하겠느냐 그 부자들(속부)은 강포가 가득하였고 그 주민들은 거짓을 말하니 그 혀가 입에서 거짓되도다 미 6:10-12

이 말씀은 속부들에게 경고하시는 강력한 하나님의 메시지다.

그러므로 나도 너를 쳐서 병들게 하였으며 네 죄로 말미암아 너를 황폐하게 하였나니 네가 먹어도 배부르지 못하고 항상 속이 빌 것이며 네가 감추어도 보존되지 못하겠고 보존된 것은 내가 칼에 붙일 것이며 네가 씨를 뿌려도 추수하지 못할 것이며 감람 열매를 밟아도 기름을 네 몸에 바르지 못할 것이며 포도를 밟아도 술을 마시지 못하리라 미 6:13-15

하나님의 경고다. 몸에 병이 들 수도 있다. 속부가 아무리 수고해서 재물을 쌓아놓는다고 해도 그들의 것이 안 된다. 배부르지 못하고, 그 재물이 보존되지 못한다. 꼭꼭 숨겨서 보존된 것 같아 보이나 칼에 붙여서 반드시 추수하지 못하게 하시겠다는 것이다. 왜 이렇게까지 속부를 엄하고 강하게 다루시는가? 이유는 다음과 같다.

> 너희가 오므리의 율례와 아합 집의 모든 예법을 지키고 그들의 전통을 따르니 내가 너희를 황폐하게 하며 미 6:16

속부의 삶은 '오므리의 율례와 아합의 예법과 전통을 따르는 삶'이라고 말씀하신다. 다시 말하면 하나님께 인색한 부자나 부정한 방법으로 돈을 모아서 부자가 된 속부는 이세벨이 섬긴 바알신을 섬기는 예법을 따르는 거라고 말한다. 바알신은 맘몬신이다. 우리가 속부로 사는 것은 결국 맘몬을 따라가는 삶이다. 교회에 출석해 예배하더라도 그 마음은 맘몬을 섬기는 삶을 살고 있을 수 있다.

> 오므리는 자신의 아들 아합을 시돈 왕 엣바알의 딸 이세벨과 결혼시켰다. 그는 사마리아를 건축하고, 그 도시에 바알 신전을 세웠다. 바알은 가나안 땅에 존재하던 대표적인 우상이다. 재물과 연관된 풍요의 신이다. 바알은 당시에 가나안에 존재하던 땅의 재물을 다스리는 맘몬과 밀접한 연관이 있다.
> 오므리 왕조 때 바알 숭배는 북이스라엘의 국가적인 종교행사였다. 그는 여로보암의 모든 길로 행했다. 이로 인해 온 이스라엘을 죄 중에 행하게 하며, 더 나아가 바알을 섬기게 하여 하나님을 노하시게 했다.

아합은 아버지인 오므리가 제정한 바알 숭배를 더욱 공고히 했다. 그는 여로보암의 죄를 따라 행하는 것을 오히려 가볍게 여기며, 더 나아가 그의 아내인 이세벨의 영향을 받아 바알과 아세라 숭배를 활성화했다. 그는 바알 신전 안에 바알 제단을 쌓고, 아세라 상을 만들어 이스라엘의 가장 악한 왕으로 하나님을 노하시게 했다(왕상 16:21-33).

이같이 하나님이 보시기에 가장 악한 일을 행한 오므리와 아합이 세운 악한 율례와 예법은 여러 세대를 흘러가며 영향을 주어 전통적으로 온 이스라엘이 따라 행했다. 그들은 축소시킨 가증한 에바(됫박)를 가지고 사업을 하며, 부정한 저울과 거짓 저울추를 사용해 돈을 벌어 부자가 되었다. 주민들까지도 거짓을 말했다.

하나님은 이러한 속부들의 재물을 흩어버리시고, 경제를 마비시키셨다. 나라 안에는 각종 심각한 일들이 일어났다. 가뭄과 질병과 전쟁이 일어났다. 죄는 나라 전체를 황폐하게 한다(미 6:9-16). 홍성건

이제 알겠는가? 하나님이 왜 속부를 심판하고 대적하시는지를. 그러면 하나님의 재물에 대한 계획은 무엇인가?

선인(성부)은 그 산업을 자자손손에게 끼쳐도 죄인(속부)의 재물은 의인을 위하여 쌓이느니라 잠 13:22

속이는 말로 재물을 모으는 것은 죽음을 구하는 것이라 곧 불려다니는 안개니라 잠 21:6

하나님의 계획은 성부의 산업은 자자손손에게 흘러가게 하시고, 속부의 산업은 의인에게 옮기시는 것이다. 다시 말하면 "네가 속부의 근성으로 아파트 세 채를 준비하였느냐? 내가 의인에게 옮기겠다"라고 하신다. 이렇듯 하나님은 속부의 재물들을 흔들어서 의인들에게 옮기신다. 재물의 이동이 일어나는 것이다. 이 속부에 대한 말씀은 정말로 듣고 싶지 않겠지만 사실이고, 이 예언은 반드시 이루어질 것이다.

하나님은 사람이 아니시니 거짓말을 하지 않으시고 인생이 아니시니 후회가 없으시도다 어찌 그 말씀하신 바를 행하지 않으시며 하신 말씀을 실행하지 않으시랴 민 23:19

하나님은 사람이 아니시다. 사람처럼 거짓말을 하지 않으신다. 그분이 말씀하신 것은 반드시 실행하신다. 우리에게 맡기신 재물을 주님 앞에서 두려움과 거룩함으로 관리해야 한다.

나 여호와는 심장을 살피며 폐부를 시험하고 각각 그의 행위와 그의 행실대로 보응하나니 불의로 치부하는 자는 자고새가 낳지 아니한 알을 품음 같아서 그의 중년에 그것이 떠나겠고 마침내 어리석은 자가 되리라 렘 17:10,11

심장은 몸의 중심에 위치하여 온몸의 중심 역할을 한다. 여기서 말하는 폐부(Kilyah, 킬야)는 콩팥을 말한다. 허리 아래에 위치한 한 쌍의 기관이다. 혈액에서 불순물을 걸러내는 역할을 한다. 그러므로 하나님이 우꿩과에 속하는 산메추라기의 일종인 '자고새'라는 새가 있는데 참 흥미롭다. 자고새는 자기가 낳지 않은 알을 품어서 새끼들을 부화시킨다. 그러면 태어난 새끼들은 엄마가 아닌 것을 알고 자고새를 떠난다.

부정한 방법으로 돈을 모아 부자가 된 사람은 자기가 낳지 않은 알을 품고 있는 자고새와 같아서 언젠가는 그것이 자고새를 버리고 날아가 버리듯 그의 부도 조만간에 그를 떠날 것이니 결국 그는 어리석은 자가 되고 말 것이다 렘 17:11, 현대인의성경

여기서도 속부를 '부정한 방법으로 돈을 모아 부자가 된 사람'이라고 말씀하고 있다. '개처럼 벌어서 정승처럼 쓰면 된다'고 세상은 말한다. 그러나 하나님나라에서는 정직하게 벌어 하나님의 뜻에 맞게 써야 한다.

중한 변리로 자기 재산을 늘이는 것은 가난한 사람을 불쌍히 여기는 자를 위해 그 재산을 저축하는 것이니라 잠 28:8

이 말씀은 아주 높은 이자를 받지 말라는 것이다. 높은 이자를 받

으면 당장 자기 재산을 늘리는 것 같지만 결국 의인(가난한 자에게 주는 자)을 위해 대신 재산을 저축하는 것이 된다. 하나님께서 그 재물을 의인에게 옮기시기 때문이다.

> 변리를 위하여 꾸어주거나 이자를 받거나 할진대 그가 살겠느냐 결코 살지 못하리니 이 모든 가증한 일을 행하였은즉 반드시 죽을지라 자기의 피가 자기에게로 돌아가리라 겔 18:13

얼마나 엄격한 말씀인가! 높은 이자를 받는 것은 피 흘리는 죄, 곧 살인죄와 같다는 것이다. 나는 앞서 '꽁지 돈까지 쓰다'라는 제목으로 글을 썼다. 아무리 빚을 갚고 갚아도, 이자가 높은 개인 돈과 금융권의 높은 이자와 사채는 나로 극단적인 선택을 하게끔 몰고 갔다.

교회에서 성도들끼리 높은 이자를 받으면서 돈 거래를 하는 경우가 있다면 즉시 멈추어야 한다. 높은 이자는 탕감해주고 원금만 회수하라. 도저히 원금도 줄 형편이 되지 않은 아주 가난한 사람이라면 원금도 탕감해주라. 하나님이 기뻐하실 것이다. 그러나 남의 돈을 빌린 사람들은 최선을 다해 갚아야 한다. 시편 37편 21절에 '악인은 꾸고 갚지 아니한다'고 말한다. 악인이 되어서는 안 된다.

> 사람을 학대하지 아니하며 빚진 자의 저당물을 돌려주며 강탈하지 아니하며 주린 자에게 음식물을 주며 벗은 자에게 옷을 입히며 변리를 위하여 꾸어주지 아니하며 이자를 받지 아니하며 스스로 손을 금하여 죄

를 짓지 아니하며 사람과 사람 사이에 진실하게 판단하며 내 율례를 따르며 내 규례를 지켜 진실하게 행할진대 그는 의인이니 반드시 살리라 주 여호와의 말씀이니라 겔 18:7-9

우리가 어떻게 번 돈인가? 안 먹고 안 쓰고 허리띠를 졸라매고 번 돈이 아닌가! 그런데 과거에 속부로 벌어 모았다면 지금은 성부로서 그 재산을 나누고 지킬 수 있는 기회를 주께서 주시고 계신다. 이 글을 읽는 것이 당신에게 큰 축복이다.

속부를 당장 청산하고 오늘부터 성부로 살기로 결정한다면 우리의 재물을 주께서 보호하시고, 오히려 우리에게 하나님의 재물을 더 주셔서 우리를 성부로 하나님나라 확장에 귀하게 쓰실 것이다.

그러면 여러분 안에 이런 질문이 생길 것이다.

'그런데 왜 아직도 속부들이 판치고 있나요? 왜 여전히 속부들이 잘 먹고 잘살고 있나요? 왜 그들은 더 부자가 되어가고 있나요?'

이런 질문이 생긴다면 여러분들이 성경 말씀을 안 읽는다는 증거다. 시편 73편은 왜 속부가 형통한 것처럼 보이는지에 대해 답을 주고 있다.

이는 내가 악인의 형통함을 보고 오만한 자를 질투하였음이로다 그들은 죽을 때에도 고통이 없고 그 힘이 강건하며 … 악인들이라도 항상 평안하고 재물은 더욱 불어나도다 … 하나님의 성소에 들어갈 때에야 그들의 종말을 내가 깨달았나이다 주께서 참으로 그들을 미끄러운 곳에 두시며 파멸에 던지시니 그들이 어찌하여 그리 갑자기 황폐되었는가 놀랄 정도로 그들은 전멸하였나이다 시 73:3,4,12,17-19

이 시편의 기자도 똑같은 의문이 있었다. 악인이 잘살고, 형통한 것처럼 보이는 것에 대한 궁금증이다. 시편의 기자는 깨달았다. 성소에 들어갈 때 그들의 종말은 파멸이고, 황폐이며, 전멸이라는 것을.

우리가 이 세상을 살아갈 때 많은 질문들이 생긴다. 하나님의 말씀인 성경은 모든 질문에 답을 준다. 질문에 대한 답은 말씀에서 찾아야만 가장 확실하다. 그래야 우리가 흔들리지 않는다. 질문이 생길 때 사람을 찾아가지 말고, 성경 말씀을 찾아가라.

█ 속부의 삶을 청산하다

나는 속부의 삶을 청산하기로 결정했다. 부정한 방법으로 더 이상 돈을 벌지 않기로 한 것이다. 그렇다고 오해하지 말라. 필요없는 상상을 하지 않기를 바란다. 내가 잘못된 방법으로 돈을 벌었다는 게 아니다.

세상 사람들은 사업하면서 세금을 정직하게 다 내면서 할 수 있느냐고 한다. 나는 현재의 세법이 다 옳다고 생각하지 않는다. 세법은 동서고금을 막론하고 끊임없는 논쟁거리다. 그러나 국가에서 정한 세법에 순종해야 한다. 나는 세금을 정직하게 내기로 결정했고, 지금도 그렇게 살고 있다. 우리 회사를 전문적으로 관리하는 세무법인이 증인이다. 담당 세무사는 우리를 보면서 그리스도인에 대해 새롭게 이해하고 있다. 나는 정말 성부로, 성빈으로 살기를 결정했다. 내게는 절제하고, 하나님께는 부요한 삶을 살기를 결정했다. 또한 하나님의 재물을 받는 훈련을 하기로 마음먹었다.

충성된 청지기가 되기 위해서 작은 것, 재물, 남의 것에 먼저 충성하는 삶의 훈련을 했다. 서두르지 않고 하나하나 배운 대로 삶에 적용하기로 결정하고, 적용하는 훈련 중에 놀랍게 하나님의 공급하심과 약속에 신실하신 하나님을 경험하며 감격하고 있다.

하나님, 제가 그동안 두 주인을 섬겼음을 인정합니다.
이제는 오직 한 분 하나님만 섬기기로 결정합니다.
맘몬을 거절하고, 속부를 거절하겠습니다.
하나님께 인색했고, 내게만 부요했던 것들을 회개합니다.
주여, 저를 불쌍히 여기소서.
저는 이제부터 나 자신을 절제하고
하나님께 부요한 삶을 살겠습니다.
주여, 저를 새롭게 하시니 감사합니다.
주님 안에서 소망이 충만케 하시니 감사합니다.

▌노예로 파송한 4대의 자동차

나는 믿음으로 사는 삶을 훈련하고 있었다. 마지막 빚을 다 갚은 날이었다(이 이야기는 3강에서 하겠다). 통장에 빚을 다 갚고 1억2천만 원의 돈이 남았다. 빚을 다 갚았다는 기쁨도 컸지만 진정으로 하나님의 종이 될 수 있다는 게 정말 기뻤다.

남편의 고생과 유진이의 희생이 컸다. 그래서 감사의 마음으로 남편에게 1억2천만 원짜리 자동차를 사주고 싶었다.

"오늘부터 우리는 빚으로부터 자유에요! 당신에게 1억2천만 원짜리 자동차를 사주고 싶어요."

"오, 정말?"

"응."

다음날부터 남편은 각 자동차 회사의 팸플릿을 가지고 와서 조사하기 시작했다. 오늘은 그랜저, 내일은 벤츠, 다음 주는 삼성차, 그 다음 주는 BMW…. 그렇게 3주가 흘러갔다.

"아직도 못 정했어요?"

"1억2천만 원짜리 차인데 심사숙고해야지요."

그러던 어느 날, 새벽에 눈을 떴다. 습관적으로 먼저 기도방에 가서 주님 앞에 엎드렸다.

'주님! 말씀하시면 종이 듣고 그대로 순종하겠나이다.'

늘 새벽마다 하던 기도였다. 그때 부드러운 주님의 음성이 들렸다.

'미진아~ 네게 맡겨둔 1억2천만 원 있지?'

'헉, 1억2천…요?'

'그것으로 네 대의 차를 구입하여 내가 말하는 선교사들에게 보내어서 그들의 발이 되게 하라.'

나는 차를 구입할 마음에 기쁨으로 들떠 있는 남편에게 주님께 들

은 음성을 나누어야 했다. 쉬운 일이 아니었다. 하나님께 부요한 사람
이 되기로 결정했는데 결코 저절로 되는 게 아니었다. 들은 음성에 따
라 내가 결정하고, 결단해서, 집행해야만 가능했다.

기도 방에서 나오면서 남편에게 물었다.

"구입할 자동차를 정했어요?"

"아니, 오늘 내일쯤 최종으로 몇 가지 더 알아보고 정할 거야."

"그런데 … 주님은 당신이 10억도 넘는 차를 타고 다니길 원하시는
것 같아."

"우와! 그런 자동차도 있어?"

"응, 이제까지 타고 다니던 전철…."

남편이 바로 눈치를 챘다. 내가 기도방에서 나오자마자 말을 꺼냈
기 때문이다.

"혹시 하나님께서 뭐라고 말씀하셨어?"

남편에게 미안한 마음이 가득했다. 하지만 내가 들은 하나님의 음
성을 이야기했다. 남편은 가족예배를 드리면서 함께 검증하자고 제안
했다. 우리는 즉시 유진이를 불렀고, 하나님의 음성을 검증하기 위해
예배를 드리기로 했다.

"유진아, 엄마가 1억2천만 원에 대해 하나님의 음성을 들었는데 우
리가 예배를 드리면서 검증해야 해. 함께 이 부분에 대해 검증하자."

"엄마, 들으신 음성이 뭐예요?"

내가 새벽에 들은 음성을 차근차근 나누었다. 내 말을 다 들은 유
진이가 말했다.

"그건 예배드릴 것도 없어요. 하나님의 음성이 맞아요. 엄마가 나누시는데 제게 큰 기쁨의 영이 임했어요. 엄마가 나누시는 것을 하나님께서 무척 기뻐하세요."

다음은 남편이 나눌 차례였다.

"응, 나도 유진아… 엄마가 나눌 때 아주 기뻤어."

그렇게 가족 안에서 합의가 됐다. 저녁에 노예 파송식을 하기로 했다. 노예란 주인이 그 값을 치렀기 때문에 산으로, 밭으로, 들로, 바다로 나가서 일하는 자다. 그러면 그 수확은 누구의 것이 되는가? 당연히 그 노예의 값을 치르고 산 주인의 몫이 된다. 재물을 노예로 다스리는 믿음의 삶도 동일하다. 재물을 가지고 하나님나라에 일을 시키는 것이다. 사람이 할 수 없는 일을 재물이 대신 하는 것이다.

하나님께서 그날 새벽에 네 명의 선교사님을 말씀하셨다. 우리 가족은 네 개의 봉투에 3천만 원씩 따로 담았다. 봉투마다 주께서 말씀하신 나라와 선교사님들의 이름을 적었다. 네 분의 선교사에게 가서 일하라는 파송장을 적고, 우리는 노예파송 예배를 드렸다. 그리고 노예에게 명령했다.

"너는 가라! 아프리카 탄자니아로, 인시환 선교사님의 발이 되어서 탄자니아의 온 땅을 다니며 하나님의 사람들을 섬기거라!"

그리고 노예들을 말씀하신 곳으로 보냈다. 그 후 몇 년이 지났다. 탄자니아 인시환 선교사님께서 우리 부부를 청년들을 위한 강의에 초청했다. 동부 아프리카에 위치한 탄자니아는 세계에서 두 번째로 못사는 척박한 땅이다. 몇 달 동안 비가 오지 않다가 한 번 비가 오면 엄청나게 많이 오는 것이 반복되다 보니 땅이 차가 다니기 어려울 정도로 움푹 패여 있다. 비포장 도로를 힘겹게 달려서 베이스에 도착했는데 멀리 듬직하게 세워진 차가 눈에 띄었다. 인 선교사님이 말했다.

"저 녀석이 간사님께서 보내신 녀석입니다."

정말 그랬다! 얼마나 많은 수고로 척박한 땅을 섬겼는지 눈탱이가 밤탱이가 되어 있었다. 헤드라이트는 다 깨지고, 범퍼도 너덜너덜하게 붙어 있었다. 수고한 흔적이 곳곳에서 보였다. 옥수수 가루를 싣고 가난한 자들에게 가고, 말라리아 환자를 병원으로 후송해주고, 낙심한 사람들을 찾아 심방하느라 얼마나 많은 수고를 했겠는가!

현지의 무더운 날씨에 옥수수를 한 자루만 지고, 100미터만 걸어가라고 해도 죽을 것 같았다. 당시 차 안은 영상 50도를 웃돌았다. 맨몸으로 걸어다니는 것조차 힘들었다. 사람이 할 수 없는 일을 내가 파송한 녀석(차)이 무지 잘해주었다.

자동차에게 고맙고 감사하고 대견해서 기도해주고 싶은 마음으로 차 앞으로 걸어갔다. 그리고 차에 손을 얹고 기도하려는 순간, 놀라운 일이 벌어졌다! 이상한 체험이었다. 내 머리 위에 큰 링 같은 것이 나타났고, 그것이 곧 회오리바람처럼 바뀌더니 머리에서 발끝까지 오르내리기를 반복하는 게 아닌가! 한참을 그러더니 바람 안에서 한 목소리가 들렸다.

'미진아, 네가 파송한 이 노예의 모든 수고는 그날에 네 상급으로 기록될 것이다. 또한 함께 수고한 인시환 선교사의 상급으로 기록될 것이다.'

신비한 경험도 놀랍지만, 하나님의 계산법이 더 충격이었다. 헌금한 3천만 원이 상급으로 계산되는 걸 알았는데, 노예의 수고로 구원된 영혼의 상급까지 전부 내 상급으로 계산하신다는 게 놀라웠다. 30배, 60배, 100배로 계산해주신다는 것이었다. 할렐루야!

자존심을 버리게 한 십 원짜리 등록금

우리가 재물을 노예로 다루지 않으면 재물이 나를 노예로 삼는다. 재물의 노예가 되는 삶이란 재물(돈)이 내게 명령하는 삶이다. 돈이 있으면 할 수 있고, 돈이 없으면 할 수 없다고 하는 것은 우리가 돈의 노예가 되는 것이다. 무엇을 결정할 때 돈이 결정하는 것이다.

그러나 믿음으로 사는 삶의 중심은 돈이 아니라 하나님의 말씀(음성)이다. 주님께서 지금 이것을 하라고 하시는가, 아니면 하지 말라고 하시는가? 만일 하라고 하신다면 우리는 "예" 하고 기도해야 한다.

"주님, 재정(돈)을 공급해주시옵소서."

주께서 말씀하셨다면 반드시 감당할 수 있는 재정도 보내실 줄 믿는 것이다.

제주 열방대학 중보기도학교에서 훈련받을 때의 일이다. 당시 이 학교의 등록금은 230만 원이었다. 나는 등록금을 한 푼도 내지 못해서 학교장실로 불려갔다.

"미진 자매님, 등록금은 어떻게 하실 건가요?"

"예, 제가 기도하고 있습니다."

"자매님, 여기는 DTS(예수제자훈련학교)처럼 은혜의 학교가 아닙니다. 세컨드 스쿨(second school)로서 진리의 학교입니다. 자매님이 선택한 것에 대해 책임지는 자세를 배우셔야 합니다."

"예….."

힘없이 대답하고 집으로 왔다. 다음날도, 그 다음날도, 등록금을 한 푼도 내지 못했다. 학교장이 나를 또 부르더니 학교에 나오지 말라고 했다. 그리고 내 이름이 붙어 있던 책상을 아예 치워버렸다. 그날만 수업을 받게 해달라고 사정했으나 거절했다. 그리고 내게 책임감 있는 행동을 주문했다.

"미진 자매님이 정말 책임감을 가진다면 자매님이 가진 물건들을 팔아서라도 재정을 마련하려는 태도가 중요합니다."

"학교장님, 저는 정말 가진 게 아무것도 없어요."

"저는 미진 자매님의 태도를 말하는 겁니다. 지금 매고 있는 허리띠를 팔아서라도 등록금을 마련하는 자세가 있어야 된다는 겁니다."

나는 몹시 부끄러웠고, 자존심도 무척 상했다. 집에 와서 두 다리를 뻗고 앉아 서럽게 울고 있는데 아들이 왔다.

"엄마, 왜 울어요?"

내가 학교에서 있었던 일과 수업을 하지 못하고 쫓겨난 이야기를 아들에게 해주었다. 아들이 자기가 소중하게 여기던 돼지 저금통의 배를 갈라서 까만 비닐봉지에 돈을 담아서 내게 내밀며 말했다.

"엄마, 이것은 등록금 지정 플로잉입니다."

'지정 플로잉'은 오직 지정된 목적(등록금)에 맞게만 그 돈을 써야 하는 것이다. 돈을 세어 보니 12,800원, 그것도 전부 십 원짜리였다!

다음 날 아침에 까만 비닐을 들고 대학 행정실에 등록금을 납부하러 가는데 민망하고 부끄러워서 안으로 도저히 들어갈 수가 없었다. 어떻게 230만 원 중에 12,800원만 낼 수 있단 말인가! 그것도 몽땅 십 원짜리로. 나는 행정실에 들어가지 못하고 구석에서 서럽게 울고 있었다. 그때 마침 설화수의 현미 언니가 지나가면서 나를 발견했다.

"미진아, 여기서 뭐하니? 왜 울고 있니?"

"언니, 내가 등록금을 내야 하는데….."

그러면서 까만 비닐봉지를 보여주었다. 언니는 비닐을 들고 흔들어 보더니 말했다.

"괜찮다! 같이 가자, 내가 등록금 내줄게."

천사를 만난 것 같았다. 나는 언니와 함께 행정실로 들어갔다. 행정실 입구에 회계담당 간사 책상이 있었고, 그 뒤에 8인용 테이블이 길게 놓여 있었다. 현미 언니는 등록금이 든 까만 비닐을 회계담당 간사의 책상에 올려놓고 말했다.

"등록금 납부하러 왔어요. 중보기도학교, 김미진입니다."

나는 잠시 후에 어떤 일이 벌어질 것인지 뻔히 알기에 재빨리 길게 놓여진 책상 끝으로 갔다. 등록금을 받는 행정 간사와 가장 멀리 떨어진 다른 행정 간사들의 근처에 가서 앉았다. 회계담당 간사는 까만 비닐을 유리가 깔린 책상 위에 쏟았다. 십 원짜리가 책상 위에 쏟아졌다. 내 옆의 간사가 내게 물었다.

"자매님은 어느 학교에 다니나요?"

"예, 저도 중보기도학교에 다녀요."

"자매님은 등록금을 다 내셨나 봐요?"

내가 말했다.

"아~ 예, 저는 등록금 걱정은 없어요."

책상 위에 동전을 쏟을 때 떨어진 동전 하나가 굴러서 우리 쪽으로 왔다. 함께 있던 간사가 동전을 주워서 회계담당 행정간사에게 갖다 주고, 자리에 돌아와서 웃으며 옆 자리의 간사에게 말했다.

"오랫동안 열방대학에서 간사를 하면서 이런 등록금 납부는 처음 봐."

"왜?"

"한번 직접 가서 봐."

다른 간사도 행정 간사에게 갔다 오더니 서로 보면서 웃었다. 나는 가만히 있을 수가 없어서 한마디 했다.

"왜요? 무슨 일이 있나요?"

"예, 저 자매님이 등록금을 몽땅 십 원짜리로 가지고 와서 재미나서 웃었어요."

도둑이 제 발 저린다고 내가 말했다.

"그럴 리가 있나요? 백 원짜리나 천 원짜리도 있겠지요."

간사가 나를 보며 "아니에요, 정말 몽땅 십 원짜리인데요"라고 했다. 나는 다시 "간사님이 잘못 보셨겠지요"라고 말했다.

이런 말을 주고받는 동안 나는 속으로 이 일이 빨리 끝나길 바랐다. 드디어 행정 간사가 돈을 다 세고는 현미 언니를 보며 말한다.

"미진 자매님, 십 원짜리로 12,800원을 가져오신 것 맞나요?"

나는 속으로 '아뿔사…'를 외쳤으나 이미 늦었다. 현미 언니가 나를 쳐다보고 말했다.

"미진아~ 이리 와 봐. 너 몽땅 십 원짜리로만 12,800원을 가져온 것 맞니?"

다른 간사들은 일제히 나를 쳐다보았고, 나는 수치심과 부끄러움으로 입술을 깨물었다. 깨문 입술에서는 피가 터졌고, 나는 도망갈 수도 없는 상황에서 피를 삼키며 말했다.

"예, 제가 중보기도학교 김미진이고, 몽땅 십 원짜리로 12,800원 가지고 온 거 맞아요."

내 이런 이중 행동을 본 모든 간사들은 아무 말도 하지 못하고 고개를 숙였다. 나는 등록금 납입영수증을 받았다.

'총 등록금 230만 원, 입금 12,800원, 잔액 228만 7,200원'(현미 언니가 만 원 정도 더 보태주었다).

그것을 들고 학교장에게 갔다.

"학교장님, 저 등록금을 내고 왔어요."

"미진 자매님, 수고했어요. 많이 내셨네요. 128만 원 … 아니, 12만 8천 원인가? 아니 12,800원을 냈단 말인가요?"

나는 말없이 고개만 끄덕였다. 학교장은 나를 꼭 안아주면서 말했다.

"미진 자매님은 오늘 이 일로 반드시 믿음으로 살아내게 될 거예요. 참 잘 해냈어요."

당시에는 학교장님의 말이 무슨 뜻인지 알지 못했다. 그러나 나중에야 그 뜻을 알게 되었다. 믿음으로 사는 삶에 가장 방해가 되는 자존심을 그날 완전히 버렸다는 것을….

몇 주 후 내 미납된 등록금이 완납되었다는 통보를 받았다. 나는 지금도 누가 납부해주었는지를 모른다. 그분만 아신다. 선하신 하나님을 찬양합니다!

280만 원의 노예가 되다

중보기도학교의 모든 수업이 끝났다. DTS는 아웃리치가 의무사항이고, 세컨드 스쿨은 하나님의 음성을 듣고 개인이 결정하는 선택사항이었다. 학교장은 하나님의 음성을 듣고 아웃리치 갈 사람은 신청하라고 했다. 전도여행 3개월 비용은 280만 원이었다.

나는 등록금 230만 원 때문에 심한 고생을 했던 터라 '나는 갈 수 없어' 하고 주님께 묻지도 않고 안 간다고 말했다. 그리고 집에 돌아와서 저녁에 자기 전에 주 앞에서 내면 정리의 시간을 가졌다. 이 시간에는 하나님의 음성에 순종한 것과 불순종한 것 등을 정리하는 시간이다. 주님께서 내게 질문하셨다.

'네 주인이 누구냐?'

'주님 당신이십니다.'

주님이 또 다시 물으셨다.

'네 주인이 누구냐?'

'주님이십니다.'

그런데 또 물으셨다.

'네 주인이 누구냐?'

순간 나는 무언가 잘못되었다는 걸 알았다.

'주님, 제가 무엇을 잘못했나요?'

'오늘 네 주인은 280만 원이었다. 그 돈이 네게 전도여행을 갈 수 없다고 말했고, 너는 내게 묻지 않고 즉시 순복했다. 로마서 6장 16절 말씀을 알지 못하느냐? 너희가 누구의 말을 듣고 그 말에 순종하면 그 순종하는 자의 종이 되는 걸 알지 못하느냐? 오늘 너는 맘몬을 네 주인으로 삼았다!'

순간 정신이 번쩍 들었다.

'아니요, 주님. 저는 주님만 주인으로 모시길 원합니다. 저는 주님 말씀에만 순종하기 원합니다.'

'그렇다면 전도여행을 가라.'

다음날 바로 학교장에게 가서 전도여행을 가겠다고 신청했다.

"280만 원입니다."

학교장이 한 번 더 말했다.

"이 재정은 자매님이 책임지시는 것입니다."

선교여행을 떠나는 당일까지 180만 원이 채워졌다. 오후 5시에 인천 연안부두에서 배를 타고 A국으로 출국한다. 그런데 100만 원이 채워지지 않았다. 학교장님이 전화를 하셨다.

"미진 자매님, 재정이 다 채워졌나요?"

"아니요. 아직 100만 원이 채워지지 않았어요."

"다 채워지면 부두로 나오세요. 5시까지 안 채워지면 함께 못 가는 겁니다."

낮 12시가 넘었다. 여전히 100만 원이 채워지지 않았다. 그렇게 한 시간, 두 시간, 세 시간이 넘었다. 돈은 여전히 채워지지 않았다. 마음이 심란했다. 왜냐하면 내가 가고 싶어 신청한 전도여행이 아니었다. 주님께서 가라고 하셨다. 그렇게 4시가 넘어가고 있었다. 그때 주님께서 말씀하셨다.

'너는 일어나 전도여행을 가라.'

여전히 100만 원이 부족했고, 학교장님이 재정이 다 채워지지 않으면 부두로 오지 말라고 하셨던 터라 마음이 몹시 어려웠다. 그런데 주님의 말씀에 불순종하는 것은 마음이 더 어려웠다. 우리 집에서 연안 부두까지 자동차로 15분이면 가는 거리에 있었다. 내가 출석하던 교회의 수석 부목사님 부부에게 전화해서 연안부두까지만 태워달라고 부탁했다. 나는 부두로 가는 내내 마음이 어려웠고 힘들었다. 학교장님을 만날 자신이 없었다.

부두에 도착할 즈음에 전화 한 통이 왔다. 부산에 계신, 예배를 아주 좋아하시던 김성훈 목사님이었다. 내 상황을 전혀 모르시는 분이다.

"며칠 전부터 계속 주님께서 미진 자매님께 100만 원을 헌금하라고 하셨어요. 그래서 제게 가장 귀한 보물 같은 기타와 다른 것들을 팔아서 마련하여 방금 보냈습니다."

나는 펑펑 울었다. 벼랑 끝까지 밀어붙이시는 하나님의 훈련학교에서 믿음으로 사는 삶과 말씀에 순종하는 삶을 배우고 있었다.

왕의 재정학교를 개설하라

예수전도단 독수리예수제자훈련학교의 학교장으로 활발하게 학교를 섬길 때였다. 주로 중보기도와 영적전쟁과 하나님의 음성 듣는 삶 등을 강의했다. 어느 날 새벽에 주께서 말씀하셨다.

'너는 예수전도단 간사를 사임하고, 왕의 재정학교를 세워라.'

나는 깜짝 놀랐다. 전혀 상상도 못했던 말이었다.

'주님, 그게 뭔데요?'

'왕의 재정학교를 개설해서 한국교회 전체 안에 주인을 바꾸어라. 개인과 기업과 교회의 주인을 바꾸어라.'

나는 두렵고 떨렸다.

'그게 무슨 말씀입니까?'

'많은 교회 안에 주님이 주인이 아니다. 맘몬이 그 자리를 차지하고 있다. 너는 이 일을 하게 될 것이다.'

그날 새벽에 나는 거룩한 두려움에 휩싸였다. 나중에야 알게 되었다. 한국교회 안에 하나님이 주인이 아닌 맘몬이 그 자리를 차지하고 있다는 것을.

하나님께서 교회의 담임목사님을 세우시고, 그 교회의 비전을 말씀하신다. 목사님께서 기도하며 교회를 향한 하나님의 비전을 듣고 온 성도들과 당회에 나눈다. 예를 들어 믿음의 바통을 잘 넘겨야 한다는 주님의 음성과 함께 '다음 세대를 일으키기 위해 비전센터를 건립하라' 라는 마음을 하나님께 받았다면 어떻게 하겠는가? 교회가 돈이 없다면, 이렇게 말하는 사람들이 반드시 있다.

"목사님, 돈이 있어야 비전센터를 건립하지요, 돈도 없는데 어떻게 합니까?"

이들을 통해 맘몬신이 교회로 들어온다. 돈이 없다면 이렇게 반응하는 게 맞다.

"목사님, 하나님께서 그렇게 말씀하셨다면 우리 교회를 통해 하나님의 뜻이 이루어지고, 우리가 그것을 감당하기 위해 먼저 기도부터 시작하십시다."

이런 반응을 하나님께서 기뻐하신다. 하나님께서 비전센터의 건립을 명하셨다면 그에 필요한 재물도 보내실 것이다(3강 하늘은행 저축하기 3 - 하늘나라 프로젝트 참고).

하나님께서 사람을 만드신 근본적인 목적

하나님께서 세상을 만드셨고, 사람을 창조하셨다.

하나님이 이르시되 우리의 형상을 따라 우리의 모양대로 우리가 사람을 만들고 그들로 바다의 물고기와 하늘의 새와 가축과 온 땅과 땅에 기는 모든 것을 다스리게 하자 하시고 하나님이 자기 형상 곧 하나님의 형상대로 사람을 창조하시되 남자와 여자를 창조하시고 하나님이 그들에게 복을 주시며 하나님이 그들에게 이르시되 생육하고 번성하여 땅에 충만하라, 땅을 정복하라, 바다의 물고기와 하늘의 새와 땅에 움직이는 모든 생물을 다스리라 하시니라 창 1:26-28

하나님께서 세상을 만드시고, 사람에게 복을 주시며 명령하신 것은 첫째로 땅을 정복하고, 둘째는 모든 생물을 다스리라는 것이다. 이것은 하나님의 사람을 향한 계획이다. 그분이 창조하신 세상을 다스리는 존재로 사람을 창조하셨다. 세상을 다스릴 수 있는 모든 지혜와 힘과 재물과 능력은 하나님께서 주신다.

한번은 일본에 강의하러 가서 후지산을 보았다. 눈으로 덮여 있는 겨울 후지산은 신비스럽고 아름다웠다. 그 산에서 사람들이 두 손을 모아 기도하고 소원을 빌며 절하는 모습을 볼 수 있었다. 그들은 후지산의 다스림을 받는 사람들이다. 사람을 만드신 하나님의 목적에 벗어나는 행동이다. 후지산이 아무리 신령해보인다 하더라도 하나님께서 만드신 산이고, 그분은 우리에게 그 산을 다스리는 권세를 주셨다.

우리는 산을 보호하고, 아름답게 유지시키는 게 성경 말씀에 맞는 그림이다. 하나님께서 만드신 피조물에게 다스림을 받을 것인가, 아니면 하나님의 형상대로 지음 받은 우리에게 주신 권세로 다스리는 사람으로 살 것인가? 하나님은 우리에게 다스리는 권세와 하나님의 재물을 주시며 온 땅을 축복하라고 명령을 하셨다. 나는 이 명령에 순종하기로 결정했다.

어떤 사람들은 하나님이 주신 축복으로 세상에 영향을 주는 게 아니라 오히려 세상으로부터 영향을 받아 결국 교만하여 타락하게 된다. 물질만능주의와 황금만능주의, 돈이 나를 행복하게 해준다는 생각에 사로잡혀서 하나님의 축복을 세상의 부를 쌓는 데 써버린다. 결국 더 좋은 집과 차, 오로지 자식의 성공을 위해 몽땅 저축하고 소비한다. 오직 나만을 위해 다 써버리고, 주변에는 관심이 없어지는 속부로 전락한다.

하나님께서 우리를 축복하시는 이유는 우리를 통해 온 땅으로 하나님의 사랑이 흘러가도록 하기 위해서다. 하나님은 우리를 통해 온 땅을 축복하시고, 다스리시고, 경작하셔서, 하나님의 나라를 확장해가신다(하나님께서 사람을 만드신 근본적 목적과 어떻게 살아야 하나님의 마음에 합한 삶을 살 수 있는가에 대해 더 알기를 원한다면 홍성건 목사님이 쓰신 《섬기며 다스리는 사람》을 읽어보기를 바란다. 내가 카세트테이프로 백 번 이상 들었던 바로 그 강의의 내용이 담긴 책이다. 물론 나는 그 책도 여러 번 읽었고, 지금도 읽고 있다).

속부의 근성으로 재물을 아무리 쌓아도 하나님께서 옮기시면 우리는 그것을 지킬 수 없다. 하나님이 지켜주실 때 재물도 지켜진다.

맘몬(세상)이 만들어가는 부자, 속부

우리는 '속부를 제거하라'에서 속부의 정의를 보았다. 첫째, 내게 부유하고 하나님께 인색한 사람, 설령 돈을 올바르게 벌었다 하더라도 오직 자기만을 위해 사용하는 사람은 속부다. 둘째, 부정한 방법으로 돈을 버는 사람이다. 이러한 사람들은 맘몬의 영향을 받는 사람들이다. 하나님은 속부의 재물을 의인에게 옮기신다는 것을 성경의 여러 곳에서 말씀하셨다.

내가 인천 독수리예수제자훈련학교를 섬기고 있을 때의 일이다. 나이가 쉰을 훌쩍 넘긴 한 형제가 학생으로 들어왔다. 학교로 어떤 사람이 찾아와서 그에게 인사하며 말했다.

"아이고… 사장님, 그동안 어떻게 지내셨어요?"

나는 깜짝 놀랐다.

'아니, 사장이라니?'

나는 그에게 도대체 무슨 일이 있었는지 물었다. 그는 과테말라에서 8천~1만 명의 직원을 둔 기업의 후계자였다고 한다. 그는 이 기업을 물려받기 위해 차근차근 후계자 수업을 받고 있었다. 집안이 얼마나 부자였는지 한국에도 엄청난 땅을 가지고 있었다고 한다. 절대 망하려고 해도 망할 수 없는 재산을 가지고 있었다고 했다. 그런데 그의 아버지인 기업의 회장님이 속부의 삶을 사셨다. 결국 모든 재산이 자기에게 하나도 돌아오지 않고 다 사라졌다고 했다.

재정 강의를 듣기 전까지는 왜 그렇게 갑자기 자기 집안이 망했는지 알 수 없었다고 한다. 그런데 강의를 들으면서 '하나님의 말씀이 내 집안에 그대로 이루어졌구나' 하는 생각이 들었다고 했다. 그리고 '진작 이 재정의 원칙을 알았으면 좋았을 걸' 하는 후회가 많이 남는다고 했다. 후에 이 분은 정말 훌륭한 선교사가 되었고, 지금은 A국에서 아름다운 성빈으로 살고 있다.

우리도 지금 당장 속부의 삶을 청산해야 한다. 이는 하나님을 위해서가 아니라 나와 우리 가족을 위해서다. 이 삶을 계속 붙잡고 있으면 성부의 축복은 흘러가질 못하게 되고, 결국 우리가 안 먹고 안 쓰고 모은 재물은 몽땅 사라지게 될 것이다.

한번은 '왕의 재정학교' 학생이 상담을 해왔다. 남편은 외과의사이고, 시부모님은 돌아가실 때 그에게 수십억의 재물을 물려주셨다고 했다. 시댁은 속부였고, 남편은 그 돈으로 투자를 시작했다. 손실이 발생하자 살고 있던 집까지 담보로 해서 투자했는데 결국 모든 것이 사라지고 집도 경매로 넘어가 월세방도 못갈 처지가 되었다고 한다.

이런 과정에서 남편이 신경을 많이 쓰고 스트레스를 받아서 중풍으로 몸 반쪽에 마비가 왔고, 혼자서는 걷지도 못하게 되자 의사로 일할 수도 없게 되었다. 자매는 앞으로 어떻게 살아야 할지 모르겠다며 하염없이 울었다. 나도 마음이 아팠다. 하나님의 말씀을 두려워해야 한다.

네가 씨를 뿌려도 추수하지 못할 것이며 감람 열매를 밟아도 기름을 네 몸에 바르지 못할 것이며 포도를 밟아도 술을 마시지 못하리라 너희가 오므리의 율례와 아합 집의 모든 예법을 지키고 그들의 전통을 따르니 내가 너희를 황폐하게 하며 미 6:15,16

이는 속부의 삶의 결과에 대해 말씀하시는 것이다. 하나님이 속부를 대적하는 이유를 설명하신다. 속부로 사는 것은 바알, 즉 맘몬을 섬기는 삶이다. 그러나 하나님께서는 우리를 사랑하시기 때문에 우리를 맘몬에게서 건지시고자 하신다. 우리가 하나님의 재정 원칙을 아는 것은 가계의 큰 축복이다. 하나님은 말씀하신다.

"걱정하지 말라. 먹을 것과 입을 것과 마실 것은 내가 줄게. 너희는 먼저 그의 나라와 그의 의를 구하라.”

하나님은 우리를 성부로 축복하시길 원하신다. 성부는 하나님이 주신 재물들을 성빈들에게 주어서 하나님나라 확장하는 데 함께하는 것이다. 하나님은 하나님나라의 프로젝트에 성부와 성빈을 함께 쓰시길 원하신다.

하나님께서 만들어가시는 거룩한 부자, 성부

하나님께서 만들어가시는 거룩한 부자가 되려면 반드시 '맘몬의 영향과 속부의 삶'을 청산해야 한다. 하나님께서는 모든 것을 소유하고 계시고, 또한 당신이 보시기에 옳다고 인정하는 사람에게 그것을 주시겠다고 말씀하셨다. 솔로몬과 히스기야 왕이 대표적인 예이다.

> 히스기야가 부와 영광이 지극한지라 이에 은금과 보석과 향품과 방패와 온갖 보배로운 그릇들을 위하여 창고를 세우며 … 이는 하나님이 그에게 재산을 심히 많이 주셨음이며 대하 32:27,29

> 하나님이 솔로몬에게 이르시되 이런 마음이 네게 있어서 부나 재물이나 영광이나 원수의 생명 멸하기를 구하지 아니하며 장수도 구하지 아니하고 오직 내가 네게 다스리게 한 내 백성을 재판하기 위하여 지혜와 지식을 구하였으니 그러므로 내가 네게 지혜와 지식을 주고 부와 재물과 영광도 주리니 대하 1:11,12

하나님은 그분이 원하는 자를 축복하신다. 하나님이 원하시는 사람은 어떤 사람인가?

네가 이 세대에서 부한 자들을 명하여 마음을 높이지 말고 정함이 없는 재물에 소망을 두지 말고 오직 우리에게 모든 것을 후히 주사 누리게 하시는 하나님께 두며 선을 행하고 선한 사업을 많이 하고 나누어주기를 좋아하며 너그러운 자가 되게 하라 **딤전 6:17,18**

이 말씀은 하나님께서 부자(성부)들에게 명령하시는 것이다.

첫째, 마음을 높이지 말라, 교만하지 말라.
둘째, 소망을 오직 하나님께 두라.
셋째, 선을 행하고 선한 사업을 많이 하라.
넷째, 나누어주기를 좋아하며 너그러운 자가 되라.

"정함이 없는 재물에 소망을 두지 말라"라는 말씀은 재물이 지금 내게 있다고 해서 그것이 계속 내게 있도록 정해져 있지 않다는 것이다. 재물은 움직인다. 또한 하나님은 성부에게 모든 것을 후히 주사 누리게 하시겠다고 말씀하신다. 성부는 다른 사람들보다 재정적인 결핍이 없게 된다. 주님으로부터 많이 받고, 또한 그 재물을 누릴 수 있는 특권도 주신다는 것이다.

선인(성부)은 그 산업을 자자손손에게 끼쳐도 죄인(속부)의 재물은 의인을 위하여 쌓이느니라 잠 13:22

시편 112편은 성부에 대해 말씀하고 있다.

1. 할렐루야, 여호와를 경외하며 그의 계명을 크게 즐거워하는 자는 복이 있도다 - 하나님과 그의 말씀에 대한 성부의 자세이다.

2. 그의 후손이 땅에서 강성함이여 정직한 자들의 후손에게 복이 있으리로다 - 성부의 후손을 축복하신다.

3. 부와 재물이 그의 집에 있음이여 그의 공의가 영구히 서 있으리로다 - 하나님이 성부의 재물을 보호하신다.

4. 정직한 자들에게는 흑암 중에 빛이 일어나나니 그는 자비롭고 긍휼이 많으며 의로운 이로다 - 성부의 삶의 원칙을 보여준다.

5. 은혜를 베풀며 꾸어주는 자는 잘되나니 그 일이 정의로 행하리로다 - 성부의 재정 사용을 볼 수 있다.

6. 그는 영원히 흔들리지 아니함이여 의인은 영원히 기억되리로다 - 하나님이 성부를 붙드신다.

7. 그는 흉한 소문을 두려워 아니함이여 여호와를 의뢰하고 그의 마음을 굳게 정하였도다 - 성부의 삶

8. 그의 마음이 견고하여 두려워하지 아니할 것이라 그의 대적들이 받는 보응을 마침내 보리로다 - 성부의 삶

9. 그가 재물을 흩어 빈궁한 자들에게 주었으니 그의 의가 영구히 있고

그의 뿔이 영광 중에 들리리로다 – 성부의 재정 사용

10. 악인(속부)은 이를 보고 한탄하여 이를 갈면서 소멸되리니 악인들의 욕망은 사라지리로다 – 속부의 최후는 멸망이다.

우리가 성부 되기를 결정해야 하는 이유가 있다. 하나님은 성빈을 부르시고 온 땅으로 그들을 파송하신다. 이때 성빈들에게 "먹을 것, 입을 것, 마실 것을 염려하지 말라 먼저 그의 나라와 그의 의를 구하라 이 모든 것을 너희에게 더해주시리라"라고 약속하신다.

성빈 한 가족이 선교지에 나가면 국내에서보다 훨씬 많은 돈이 필요하다(집, 차, 교육, 의료, 구제 사역, 우물 파는 것, 교회 건축 등). 성빈들의 생활비와 사역비는 하나님께서 어떤 방법으로 그들에게 주시는가? 하늘에서 뚝 떨어지게 하지 않으신다. 성빈을 부르실 때 성부도 함께 부르신다. 누가 나(하나님)의 재물을 받아 성빈들에게 주겠는가? 이는 성부의 부르심, 성부 선교사의 부르심이다.

여러분이 꼭 기억할 게 있다. 성빈만 선교사가 아니다. 성부도 선교사다. 성부들이 재물을 성빈들에게 주어서 하나님나라를 확장하는 데 연합하도록 부르신 것이다. 성부들의 재정 형태는 부가 많을 수 있으나 삶의 형태는 성빈으로 살아야 한다. 스스로 가난하게 살기를 결정해야 한다. 그렇지 않으면 돈이 많기 때문에 맘몬의 영향을 쉽게 받는다. 맘몬은 호시탐탐 성부를 노린다. 성부 한 사람이 세워지면 온 땅에 하나님나라가 힘 있게 확장되기 때문이다. 누가 이 부르심, 성부의 삶으로 헌신하겠는가!

지출의 한계를 정하라

우리 집에는 '보스'(Bose)라는 좋은 브랜드의 오디오가 있다. 그런데 한번은 백화점에 갔다가 명품 오디오인 '뱅앤올룹슨'(Bang & Olufsen) 세트를 보았다. 음질이 정말 좋았다. 점원에게 가격을 물어보았다.

"3억 원, 2억 원, 1억 원 등 몇 천만 원에서 억대에 이르기까지 다양합니다."

내가 그것을 사려고 마음먹은 순간 주께서 '안 돼!'라고 하셨고, 나는 서운한 마음이 들었다. 집에 와서도 그 마음이 풀리지 않았다. 그런데 주께서 뜬금없이 물으셨다.

'미진아, 한 달에 네가 쓸 용돈은 얼마면 되겠니?'

나는 퉁명스럽게 답했다.

'5백만 원이요.'

'네 남편의 용돈은 얼마면 되니?'

또 나는 퉁명스럽게 대답했다.

'5백만 원이요.'

'그럼 한 달에 얼마를 저축하고 싶니?'

여전히 퉁명스럽게 답했다.

'천만 원이요.'

'내가 그것을 허락한다.'

주께서 재정을 사용할 수 있는 내 한계선을 그어주셨다. 한 달에 2천만 원만 쓰라는 것이다. 보통의 용돈으로는 큰돈이지만 우리가 운영하는 세 개의 기업에서 2천만 원만 쓰라는 것은 겸손한 삶을 주문하시는 것이다. 주께서 그날 내게 이해시켜주신 것은 재정 사용에 한계선을 가지고 살아야 된다는 것이다. 수입이 많다고 많이 쓰지 말라는 것이다. 왜냐하면 맘몬으로부터 보호가 되지 않기 때문이다. 성부가 되어 재물이 많아지면 맘몬이 우리를 부추긴다.

'더 좋은 차, 더 좋은 집, 더 좋은 오디오… 더, 더, 더….'

그날 이후 나는 한 달에 2천만 원 이상은 절대 쓰지 않는다. 맘몬의 무서운 영향력을 경험했기 때문이다.

미래의 성부 여러분들도 꼭 기억하라. 재정에 한계선을 가지고 살아야 한다. 아니면 맘몬이 성부를 타락시킬 것이다. 성부들은 꼭 성빈의 삶을 살라. 스스로 한계선을 가지고 살라.

나는 한 달에 2천만 원으로 성빈의 삶을 살기로 주님 앞에 결정했다. 이것이 많다는 사람들도 있겠지만, 수입에 대비해서 성빈의 삶을 결정해야만 가능한 금액이다. 물론 그것도 대부분 성빈을 위해 주고 있지만….

성부가 되기 위한 성품 훈련1 – 겸손

겸손과 여호와를 경외함의 보상은 재물과 영광과 생명이니라 잠 22:4

사람의 마음의 교만은 멸망의 선봉이요 겸손은 존귀의 길잡이니라 잠 18:12

교만은 패망의 선봉이요 거만한 마음은 넘어짐의 앞잡이니라 잠 16:18

하나님은 교만한 자를 대적하시되 겸손한 자들에게는 은혜를 주시느니라 벧전 5:5

하나님의 재물은 보이지 않는 곳에 '약속'이라는 형태로 있다. 그분이 약속하시길 겸손한 자에게 보상하겠다고 하신다. 그것은 재물이고, 영광이고, 생명이다. '여호와를 경외함의 보상'을 하시겠다는 것이다. 재물과 영광과 생명이라는 것이다. 그리고 이 약속은 하나님이 정하신 파이프라인을 통해 공급하신다.

'겸손'이라는 파이프라인은 무엇인가? 대부분의 사람들은 겸손한 사람이라고 하면 '착한 사람', '티내지 않는 사람', '나를 낮추는 사람', '하나님을 인정하는 사람'이라고 생각한다. 그러나 여기에서 말하는 겸손한 사람은 '내가 가지고 있는 것만큼 행동하는 사람'이다.

겸손이란 자기 자신을 제대로 아는 사람이다. 자기의 능력과 위치를 아는 사람이다. 겸손은 자기 분수를 아는 것이라고 할 수 있다. 겸손한 사람은 자기의 분수를 안다. 교만은 이와 반대로 자기 자신을 모르는 사람이다. 자기의 위치를 모르는 사람이다. 자기가 있어야 할 자리를 떠나는 것이 교만이다. 사탄은 자기의 자리를 떠났다. 그는 피조물로서 하나님의 영광을 찬양하는 것이 그의 위치요 본분이었다. 그러나 감히 자신을 하나님과 비기려 했다. 홍성건 겸손한 사람은 자기의 한계선을 넘지 않는다. 예를 들면 식사를 대접할 때 체면 때문에 돈이 없는데도 호텔 식당에서 대접한다면 이는 겸손한 행동이 아니다. 내가 가진 것보다 더 크게 행동하는 것이다.

한번은 어떤 성빈 선교사님이 밥을 사겠다고 하셔서 함께 식당으로 갔다. 천 원짜리 김밥집이었다. 대접받는 사람은 좀 민망할 수 있겠지만, 대접하는 사람에게는 겸손한 행동이다. 자기가 가진 것만큼 행동한 것이다. 그런데 성부인 내가 식사 대접을 김밥집에서 한다면 이것은 아주 인색한 행동이다. 가진 것보다 작게 행동하는 것이다.

가진 것보다 많이 행동하는 것은 '교만'이고, 적게 행동하는 것이 '인색함'이다. 둘 다 맘몬의 영향이다. 가진 것만큼 행동하는 게 겸손이다. 남을 의식하지 않고 있는 그대로 사는 것을 연습하고 훈련해야 한다.

어떤 가정에 남편의 급여가 300만 원이라고 하자. 식구 모두 그 300만 원 범위 내에서 생활해야 한다. 그런데 아내가 비싼 명품 가방이나 시계, 보석과 옷 등을 카드 할부로 구입한다면 이는 가진 것보다 크게 행동한 것이다. 아무리 좋은 가방이라도 내게 교만한 물건이 되는 것이다. 명품 가방을 구입한 게 아니라 가난을 구입한 것이다.

맘몬은 우리가 가진 것을 다 소비시켜버린다. 그리고 카드 할부와 마이너스 통장 등으로 우리를 빚으로 묶는다. 비교의식과 충동구매로 결국 가난한 삶과 카드 돌려막기의 삶으로 이끌어간다.

수입이 300만 원이라면 자녀 교육도 그 범위 안에서 해야 한다. 이를 위해 빚을 지면서까지 비싼 개인과외를 하는 것도 가진 것보다 크게 행동하는 것이다. 자칫 잘못하면 가진 것보다 적게 행동해서 인색해지고, 가진 것보다 크게 행동해서 교만에 빠지게 된다. 우리가 가진 것만큼 행동하게 될 때 하나님이 주신 것이 축복이 된다. 재물에 겸손한 삶의 훈련들을 통해 우리는 주님이 맡기시는 재물을 잘 관리하는 충성된 삶을 살 수 있다.

300만 원에 잘 훈련될 때 3천만 원, 3억 원에도 훈련될 것이다. 작은 것을 먼저 맡겨보시고 큰 것을 맡기시는 하나님의 방법을 알아야 한다. 하나님께서 재물을 공급하실 때 '훈련된 겸손'이라는 파이프라인을 사용하신다.

성부가 되기 위한 성품 훈련2 – 온유한 자

온유한 자는 복이 있나니 그들이 땅을 기업으로 받을 것임이요 마 5:5

여호와께서 온전한 자의 날을 아시나니 그들의 기업은 영원하리로다
시 37:18

야생마의 고삐는 잡기가 힘들다. 이리저리 제멋대로 날뛰기 때문이다. 이런 야생마를 어떻게 길들이는가?

야생마를 데리고 아주 거친 계곡의 상류로 올라가서 계곡에 집어넣는다. 야생마는 물길을 따라 내려가는 동안에 몸부림치며 거친 물길과 싸운다. 그러면서 계곡 하류에 도착하면 아주 잘 길들여진 말이 되어 있다. 이때 고삐를 잡으면 순하게 잘 잡는다.

송아지에게 멍에를 씌워서 밭을 갈게 하면 온 밭을 엉망진창으로 만든다. 잘 길들여지지 않았기 때문이다. 이런 송아지를 데려다가 어미 소와 함께 멍에를 메게 하면, 송아지는 어미 소의 힘에 끌려 밭가는 법을 배우게 된다. 이러는 동안 송아지는 길들여져서 밭을 잘 갈게 된다. 온유한 자는 '말씀에 길들여진 사람'이다. 홍성건

이것이 왜 하나님의 축복을 받는 데 중요할까? 하나님은 왜 온유한 자에게 땅을 기업으로 주신다고 하시는 것일까? 하나님은 아브라함을 축복하시고, 그 자녀들을 통해 그 축복을 계속 이어가게 하신다. 그런데 그 자녀 중에는 선택받는 자녀도, 탈락하는 자녀들도 있다. 아브라함에게 하신 하나님의 약속은 이스마엘이 아닌 이삭에게, 에서가 아닌 야곱에게, 르우벤이 아닌 유다에게로 흘러간다.

이스마엘과 이삭 중에 이삭이 선택된다. 이유는 약속에 따라 낳았기 때문이다. 하나님의 축복의 출발은 약속이다. 육체에 따라 낳았다는 것은 내 힘과 지혜와 능력으로 낳았다는 것이다.

아브라함에게 두 아들이 있으니 하나는 여종에게서, 하나는 자유 있는 여자에게서 났다 하였으며 여종에게서는 육체를 따라 났고 자유 있는

여자에게서는 약속으로 말미암았느니라 갈 4:22,23

하나님이 아브라함에게 이르시되 … 이삭에게서 나는 자라야 네 씨라 부를 것임이니라 창 21:12

하나님이 이르시되 아니라 네 아내 사라가 네게 아들을 낳으리니 너는 그 이름을 이삭이라 하라 내가 그와 내 언약을 세우리니 그의 후손에게 영원한 언약이 되리라 … 내 언약은 내가 내년 이 시기에 사라가 네게 낳을 이삭과 세우리라 창 17:19,21

이삭에게로 이어져온 축복은 어디로 흘러가는가? 이삭에게는 두 아들이 있는데 장자는 에서이고, 차자는 야곱이다. 그런데 왜 야곱이 선택을 받는가?

야곱이 이르되 형의 장자의 명분을 오늘 내게 팔라 에서가 이르되 내가 죽게 되었으니 이 장자의 명분이 내게 무엇이 유익하리요 야곱이 이르되 오늘 내게 맹세하라 에서가 맹세하고 장자의 명분을 야곱에게 판지라 야곱이 떡과 팥죽을 에서에게 주매 에서가 먹으며 마시고 일어나 갔으니 에서가 장자의 명분을 가볍게 여김이었더라 창 25:31-34

야곱은 눈에 보이지 않는 세계를 보는 자이고, 에서는 눈에 보이는 세계만 보는 자이다. 하나님은 보이지 않는 세계에 계시고, 그분의 축복도 보이지 않는 세계에 약속이라는 형태로 있다. 야곱을 통해 이어져온 축복은 어디로 흘러가는가? 야곱의 장자인 르우벤이 아니다. 시므온과 레위도 아니다. 넷째인 유다에게로 흘러갔다.

> 르우벤아 너는 내 장자요 내 능력이요 내 기력의 시작이라 … 네가 아버지의 침상에 올라 더럽혔음이로다 창 49:3,4

장자 르우벤이 탈락하는 장면이다. 왜 그런가? 자신의 정욕을 말씀으로 통제하지 못했기 때문이다. 그는 온유한 자가 아니었다.

> 시므온과 레위는 형제요 … 그 노여움이 혹독하니 … 분기가 맹렬하니 창 49:5-7

시므온과 레위가 탈락하는 장면이다. 분노를 말씀으로 통제하지 못했기 때문이다. 그들도 온유한 자가 아니었다. 결국 하나님의 선택은 넷째 유다를 통해서 아브라함의 복이 흘러가게 하신다.

> 유다야 너는 네 형제의 찬송이 될지라 … 규가 유다를 떠나지 아니하며 통치자의 지팡이가 그 발 사이에서 떠나지 아니하기를 실로가 오시기까지 이르리니 그에게 모든 백성이 복종하리로다 창 49:8-10

말씀에 길들여진 자(온유한 자)가 약속의 땅을 기업으로 상속받는

다. 우리가 정말로 복 받기를 원한다면 하나님의 말씀으로 길들여져서 스스로 제어할 줄 아는 온유한 자가 되어야 한다. 르우벤, 시므온, 레위는 회개하고 돌이키지 않았다.

자기의 마음을 제어하지 아니하는 자는 성읍이 무너지고 성벽이 없는 것과 같으니라 잠 25:28

맘몬은 충동구매를 통해 우리를 노예로 삼으려고 한다. 예산을 세우지 않고 돈을 집행하려고 한다. 하나님의 말씀을 따라 살지 않고 내 생각나는 대로, 감정에 따라, 상황에 따라 돈을 사용하려고 한다.

재물을 사용함에 있어서 하나님의 말씀으로 길들여질 때 하나님은 비로소 안심하고 우리에게 재물을 맡기실 것이다. 하나님께서 재물을 공급하실 때 '훈련된 온유한 자'라는 파이프라인을 사용하신다.

성부가 되기 위한 성품 훈련3 – 의인

선인(성부)은 그 산업을 자자손손에게 끼쳐도 죄인(속부)의 재물은 의인을 위하여 쌓이느니라 잠 13:22

오직 의인은 믿음으로 말미암아 살리라 롬 1:17

그러므로 믿음은 들음에서 나며 들음은 그리스도의 말씀으로 말미암았
느니라 **롬** 10:17

악인은 꾸고 갚지 아니하나 의인은 은혜를 베풀고 주는도다 주의 복을
받은 자들은 땅을 차지하고 주의 저주를 받은 자들은 끊어지리로다
시 37:21,22

하나님은 속부의 재물을 취해 의인에게 옮기시겠다고 하셨다. 우리
가 의인이 되기 시작하면 주께서 재물을 주겠다고 하신다. 의인은 오
직 믿음의 삶을 살기 때문에 하나님만 의지하는 삶이고, 하나님만 주
인으로 섬기는 삶이다. 믿음은 하나님의 말씀을 듣는다. 그러므로 의
인은 자기의 생각이나 느낌과 환경을 따라 행동하지 않고 오직 하나
님의 말씀을 따라 행동한다.

의인은 또 은혜를 베풀고 주는 삶을 사는 사람이다. '주는 삶'이란
주께서 우리에게 주셔서 우리를 넘치게 하시고, 모든 것이 넉넉해서 능
히 우리에게 모든 착한 일을 하게 하신다.

하나님이 능히 모든 은혜를 너희에게 넘치게 하시나니 이는 너희로 모
든 일에 항상 모든 것이 넉넉하여 모든 착한 일을 넘치게 하게 하려 하
심이라 **고후** 9:8

'모든'이라는 단어가 네 번 나온다. 모든 은혜를 넘치게 하고, 모든

일에 항상, 모든 것을 넉넉하게 하셔서, 모든 착한 일에 넘치게 하시는 게 하나님나라의 원칙이다. 하나님께서 재물을 공급하실 때 '훈련된 의인'이라는 파이프라인을 사용하신다.

성부가 되기 위한 성품 훈련4 - 부지런함

손을 게으르게 놀리는 자는 가난하게 되고 손이 부지런한 자는 부하게 되느니라 잠 10:4

네 양 떼의 형편을 부지런히 살피며 네 소 떼에게 마음을 두라 잠 27:23

게으른 자는 가을에 밭 갈지 아니하나니 그러므로 거둘 때에는 구걸할지라도 얻지 못하리라 잠 20:4

부지런한 자의 손은 사람을 다스리게 되어도 게으른 자는 부림을 받느니라 잠 12:24

게으른 자는 가난하게 되고, 부지런한 자는 부하게 된다고 하신다. 아무리 탁월한 사람이라도 게으르게 행한다면 가난해질 뿐이다. 자기의 머리만 믿고 게으르고 부지런하지 않으면 아무 소용이 없다.

하나님은 오직 부지런한 자에게 그분의 재물을 맡기신다. 자기에게 맡겨진 일을 게을리하면 하나님은 그런 사람에게 재물을 맡기지 않으신다. 농부는 추수할 때까지 부지런히 밭에 나가서 일한다. 하나님께서 재물을 공급하실 때 파이프라인을 통해 하시는데 훈련된 '부지런함'이라는 파이프라인을 사용하신다.

▌성부가 되기 위한 성품 훈련5 – 하나님을 사랑하라

나를 사랑하는 자가 재물을 얻어서 그 곳간에 채우게 하려 함이니라
잠 8:21

나를 사랑하는 자들에게 엄청난 재물을 주어 그들의 금고를 가득 채워
준다 잠 8:21, 쉬운성경

나를 사랑하는 자들이 나의 사랑을 입으며 나를 간절히 찾는 자가 나
를 만날 것이니라 부귀가 내게 있고 장구한 재물과 공의도 그러하니라
잠 8:17,18

부귀와 영예, 수많은 재물과 형통함도 내게 있다 잠 8:18, 쉬운성경

하나님은 왜 그분을 사랑하는 자에게 엄청난 재물을 주어서 그들의 금고를 가득 채워준다고 약속하시는가? 우리가 무엇인가를 깊이 사

랑하게 되면 그곳에 돈을 쓰게 되고, 돈이 그곳에 더 필요하게 된다.

'하나님을 사랑하는가, 사랑하지 않는가' 하는 것은 두 가지를 보면 알 수 있다.

첫째, 하나님을 사랑하는 자는 말씀대로 삶을 산다. 내 뜻대로 살지 않는다. 그것이 하나님을 사랑하는 최고의 증거다. 정말로 하나님을 사랑한다면 내 뜻보다 말씀대로 사는 것을 더 즐거워하게 된다. 하나님의 뜻이 나를 통해 이루어지도록 모든 시간과 열정과 재물을 드려서 하나님을 사랑하게 된다.

둘째, "네 보물이 있는 그곳에는 네 마음도 있느니라"(마 6:21)라는 말씀에 비추어서 알 수 있다. 우리가 하나님을 뜨겁게 사랑한다면 하나님의 마음이 있는 곳에 당연히 내 재물을 사용하게 되어 있다. 아프리카를 사랑한다고 말하면서 아프리카에는 헌금하지 않고, 천만 원짜리 모피 코트를 사 입는다면 아프리카보다 모피 코트를 더 사랑하는 것이다. 예수님의 몸 된 교회를 사랑한다고 하면서 교회에 헌금하지 않는다면 교회를 사랑하는 게 아니다. 하나님은 우리의 말을 듣고 계산하시는 게 아니라 우리의 행동을 보고 계산하신다.

아브라함이 이삭을 바치기 위해 모리아 산에 올랐을 때, 그리고 이삭을 제단 위에 올려놓았을 때 "네가 네 아들 네 독자까지도 내게 아끼지 아니하였으니 내가 이제야 네가 하나님을 경외하는 줄을 아노라" 하고 하나님이 아브라함에게 말씀하셨다(창 22:12). 그때서야 "네가 자식보다도 나를 더 사랑하는구나" 하고 여기셨다.

여러분들이 교회를 정말로 사랑한다면 교회에 내 재물과 시간과 에너지와 열정을 쓰게 될 것이다. 교회가 정말로 하나님을 사랑한다면 하나님의 눈물이 있는 곳으로 교회의 재물과 시간과 에너지와 열정을 쏟아붓게 될 것이다. 선교하고, 구제하고, 영혼을 구원하는 교회가 될 것이다.

아름다운 성빈

성빈은 하나님나라를 위해 스스로 가난하게 살기로 결정한 사람들이다. 예수님과 열두 제자, 사도 바울과 엘리야와 엘리사 등이 그렇다.

예수님은 베드로에게 "이제는 사람을 낚는 어부가 되어라"라고 하셨고, 엘리야가 엘리사를 부를 때 엘리사는 소 열두 겨리로 밭을 갈만한 부자였지만 성빈의 부르심에 순종했다. 이렇듯 성빈은 하나님께서 부르신다. 오늘날의 목회자, 선교사, 선교단체 전임간사들은 세상에서 돈을 벌지 않고 오직 하나님나라를 위해 자신의 모든 시간을 헌신한다. 이들을 부르신 분은 하나님이시다.

이들을 부르실 때 먹을 것과 마실 것과 입을 것을 염려하지 말라고 하시고, 네가 먼저 그의 나라와 그의 의를 구할 때 이 모든 것을 더해 주겠다고 약속하셨다. 하나님께서 성부를 부르셔서 하나님의 재물을 주시고, 성부들이 성빈들에게 주게 하는 방법으로 성빈들에게 공급하신다.

그러나 성빈은 꼭 말씀사역자들(목회자)만 말하는 것은 아니다. 내가 잘 아는 한 권사님은 전도하는 데 시간을 내기 위해 매일 오후 2시까지만 식당에서 일하시고, 이후의 시간은 전도하는 데 몽땅 쓰셨다. 현재 여든이 훨씬 넘으신 그 분은 평생을 전도하는 데 바치셨다. 내가 증인이다. 나는 권사님을 18년 전에 처음 만났다. 그때도 그 분은 오후 내내 인천 연안부두에서 전도하고 계셨다.

나는 A국에 성경을 보급하기 위해 권사님께 성경을 매일 수십 권씩 보내드렸다. 당시 A국에서 성경책을 구입하려면 그 나라의 노동자들이 3개월의 급여를 모두 모아야 가능했다. 권사님은 A국으로 출발하는 배에서 성경을 나누어주고 그 나라에 성경이 들어갈 수 있도록 힘쓰셨다.

또 당시 A국에서는 돋보기를 구입하려면 노동자의 급여 몇 달을 모아야 가능했다. 그래서 나는 성경책과 함께 돋보기를 그들에게 주면서 "돋보기는 당신들이 가지고, 성경책은 꼭 예수 믿는 분들께 전해주세요"라고 부탁했다. 그들은 고맙게 받았고, 성경이 아주 비싼 책이라는 것을 알고는 남에게 주기 아까워서 자기들이 읽기 시작하면서 예수를 영접하는 일들이 일어났다. 그들이 다시 한국에 나오면서 이것을 간증했고, 성경책을 더 달라고 했다. 할렐루야!

권사님은 하나님나라를 위해 더 많은 시간을 내기 위해 돈 버는 시간을 줄이고 전도하는 데 더 많은 시간을 쓰셨다. 이 분은 목회자, 선교사, 간사는 아니지만 아름다운 성빈에 속한다.

성경 말씀에는 성빈들에게 줄 아름다운 상이 지극히 크다고 말한다. 성빈! 이들은 아름다운 사람들이다. 잃어버린 영혼들을 찾아오고, 하나님의 나라를 확장하며, 하나님만 온 땅에서 영광 받으시도록 하는 데 전 생애를 헌신하는 사람들이다.

성빈의 삶

우리가 먹고 마실 권리가 없겠느냐 … 누가 자기 비용으로 군 복무를 하
겠느냐 누가 포도를 심고 그 열매를 먹지 않겠느냐 누가 양 떼를 기르고
그 양 떼의 젖을 먹지 않겠느냐 … 밭 가는 자는 소망을 가지고 갈며 곡
식 떠는 자는 함께 얻을 소망을 가지고 떠는 것이라 … 성전의 일을 하는
이들은 성전에서 나는 것을 먹으며 제단에서 섬기는 이들은 제단과 함께
나누는 것을 너희가 알지 못하느냐 이와 같이 주께서도 복음 전하는 자
들이 복음으로 말미암아 살리라 명하셨느니라 **고전 9:4,7,10,13,14**

성빈의 삶을 구약의 레위인의 삶과 비교하고 있다. 레위인들은 분깃
이 없이 오직 성전의 일을 했다. 다른 지파들이 이들의 쓸 것을 공급했
다. 마찬가지로 신약의 성빈들도 성부들에 의해 공급받는 것이 마땅
하다고 했다. 우리는 성빈들이 주께서 맡기신 일에 전념하도록, 그들
로 생활의 쓸 것에 부족함이 없도록 돌봐야 한다. 초대교회의 사도들
은 말하기를 "우리는 오로지 기도하는 일과 말씀 사역에 힘쓰리라"(행
6:4)라고 했다. 성부들이 성빈들을 공급하는 게 주의 명령이라고 했다.

성빈의 독특한 모델 - 사도 바울

사도 바울은 아름다운 성빈 중에서도 독특한 모델이다. 그의 아름다운 간증을 들어보자.

그들이 그리스도의 일꾼이냐 정신 없는 말을 하거니와 나는 더욱 그러하도다 내가 수고를 넘치도록 하고 옥에 갇히기도 더 많이 하고 매도 수없이 맞고 여러 번 죽을 뻔하였으니 유대인들에게 사십에서 하나 감한 매를 다섯 번 맞았으며 세 번 태장으로 맞고 한 번 돌로 맞고 세 번 파선하고 일 주야를 깊은 바다에서 지냈으며 여러 번 여행하면서 강의 위험과 강도의 위험과 동족의 위험과 이방인의 위험과 시내의 위험과 광야의 위험과 바다의 위험과 거짓 형제 중의 위험을 당하고 또 수고하며 애쓰고 여러 번 자지 못하고 주리며 목마르고 여러 번 굶고 춥고 헐벗었노라 **고후 11:23-27**

재물에 있어서 바울의 삶은 누구보다도 독특했다. 그는 여러 번 주리며 목마르고 굶주리고 춥고 헐벗었다. 그는 성빈으로서 성부의 도움을 충분히 받을 수 있는 권리가 있었지만 그것을 사용하지 않았다.

우리가 먹고 마실 권리가 없겠느냐 … 그러나 우리가 이 권리를 쓰지 아니하고 범사에 참는 것은 그리스도의 복음에 아무 장애가 없게 하려 함이로라 **고전 9:4,12**

바울은 당시 교회들의 잘못된 사고방식을 교정해주고자 했다.

우리 주 예수 그리스도의 이름으로 너희를 명하노니 게으르게 행하고 우리에게서 받은 전통대로 행하지 아니하는 모든 형제에게서 떠나라 … 누구에게서든지 음식을 값없이 먹지 않고 오직 수고하여 애써 주야로 일함은 너희 아무에게도 폐를 끼치지 아니하려 함이니 우리에게 권리가 없는 것이 아니요 오직 스스로 너희에게 본을 보여 우리를 본받게 하려 함이니라 우리가 너희와 함께 있을 때에도 너희에게 명하기를 누구든지 일하기 싫어하거든 먹지도 말게 하라 하였더니 우리가 들은즉 너희 가운데 게으르게 행하여 도무지 일하지 아니하고 일을 만들기만 하는 자들이 있다 하니 이런 자들에게 우리가 명하고 주 예수 그리스도 안에서 권하기를 조용히 일하여 자기 양식을 먹으라 하노라 살후 3:6-12

내가 아무의 은이나 금이나 의복을 탐하지 아니하였고 여러분이 아는 바와 같이 이 손으로 나와 내 동행들이 쓰는 것을 충당하여 범사에 여러분에게 모본을 보여준 바와 같이 수고하여 약한 사람들을 돕고 또 주 예수께서 친히 말씀하신 바 주는 것이 받는 것보다 복이 있다 하심을 기억하여야 할지니라 행 20:33-35

그는 당시의 그리스도인들이 게으르고 일을 하지 않는 것에 대해 '일을 하지 않으려면 먹지도 말라'라고 엄격하게 말했다. 바울은 직접 손으로 수고하여 일하면서 복음을 전했다. 그 이유는 당시 그리스도인들에게 그리스도인으로서의 재물에 관한 올바른 모델을 두 가지 면에서 제시하고자 함이었다.

첫째는 부지런히 일하여 자기의 쓸 것을 스스로 공급하는 삶이다. 둘째는 또한 열심히 수고하여 재물을 모으는 것은 자기의 쓸 것을 넘어서서 더 나아가 약한 사람들을 돕는 삶이다. 이것이 그리스도인의 올바른 삶이다. 그는 '주는 것이 받는 것보다 복이 있다' 함을 보여주고자 했다. 중국내지선교회(지금의 OMF) 선교사 오스왈드 샌더스는 이것을 '제9복'이라고 했다. 물론 바울은 그리스도인 형제들에게서 재물을 공급받는 것을 거절하지 않고 기쁘게 받았다.

> 데살로니가에 있을 때에도 너희가 한 번뿐 아니라 두 번이나 나의 쓸 것을 보내었도다 … 에바브로디도 편에 너희가 준 것을 받으므로 내가 풍족하니 빌 4:16,18

> 내가 궁핍하므로 말하는 것이 아니니라 어떠한 형편에든지 나는 자족하기를 배웠노니 나는 비천에 처할 줄도 알고 풍부에 처할 줄도 알아 모든 일 곧 배부름과 배고픔과 풍부와 궁핍에도 처할 줄 아는 일체의 비결을 배웠노라 빌 4:11,12

그는 '내게는 모든 것이 있고 또 풍부하다 풍족하다'라고 말했다. 그는 어떠한 형편에 있든지 자족하기를 배웠다고 한다. 성빈으로서 살면서도 성부의 삶을 살았던 것이다.

사업할 때 거래했던 사장을 만나다

2014년 3월, 물댄동산 수림교회 집회에 갔을 때의 일이다. 집회를 시작하기 전에 어느 분이 오셔서 자기를 알겠느냐고 물었다. 나는 알 듯 모를 듯 했다. 그가 자신을 소개했다. 내 소유의 빌딩에 병원들을 임대하려 할 때 기존의 정화조 용량이 부족해서 다시 만들어야 했는데 그때 시공해주신 사장이라고 했다.

당시 빌딩 주변의 땅은 내 땅이었는데, 거기서 여러 사람들이 불법으로 점유해서 장사를 하고 있었다. 정화조를 만들려면 그들이 만든 가건물들을 다 철거하고, 그 땅에 용량이 큰 정화조를 묻어야 했다. 그러면 그들이 생활의 터를 잃는다. 이것을 고민하는 내게 사람들은 당연히 그들을 다 내보내고 그 땅에 정화조를 묻어야 한다고 조언했다.

나는 고민이 되어 주님께 나아갔다. 이미 재정적으로 많이 무너진 상태로 아주 어려움을 겪고 있을 때였다. 그러나 나는 '그리스도인으로서 어떻게 살아야 하는가'를 고민하고 가급적 주님의 방법을 따르려 힘쓰고 애썼다. 건물의 지하는 카페를 영업할 수 있는 곳이었다. 당시는 지하가 비어 있었기에 임대하기로 했는데 나는 그 임대수익을 포기하고, 그곳에 정화조를 만들기로 결심했다.

정화조 공사를 하기로 한 사장에게 그렇게 말하자 그는 어떻게 그런 선한 결정을 했냐면서 땅에 묻는 정화조가 아니라 지하 공간에 설치하는 정화조를 창조적인 방법으로 만들어주었다. 그때 놀라운 방법으로 정화조를 만들어준 그 사장을 교회 집회에서 만난 것이었다.

그는 굉장히 성실했고 정직했다. 나중에 알았지만 그는 비즈니스 선교사로 사업을 하시는 분이었다(공신이앤씨 한천희 대표). 내가 강의했던 교회의 파송선교사라고 했다.

세상은 넓고도 좁다. 나는 강의 중에 그 사장님을 앞으로 모셨다. 그는 그때 있었던 일들을 교회 성도들에게 상세하게 간증해주셨다. 건물에 딸린 공터가 있었지만 그곳에서 임시 건물을 짓고 어렵게 장사하며 사는 사람들을 내쫓지 않고 오히려 손해를 보면서 지하층의 임대수익을 포기하고, 정화조를 설치한 게 매우 인상 깊었다고 했다. 그러면서 당시 내가 재정적으로 어려움을 겪고 있었지만 공사비를 깨끗하게 결제해주었다고 간증했다.

우리는 주님 앞에서 잘 살아야 한다. 어디서 누구를 만날지 아무도 모른다. 만일 내가 그때 공사 대금을 미수금으로 두었다면 사람들 앞에서 당당하게 말씀을 선포할 수도 없었을 것이다.

기도Pray

주님! 착하고 충성된 청지기가 되기를 원합니다. 작은 것, 재물, 남의 것에 대한 충성된 훈련을 하기로 결정합니다. 살아 계신 하나님 앞에서 코람데오의 삶, 하나님을 경외하는 삶을 훈련하며 살겠습니다.

주님, 이제까지 맘몬과 속부의 삶을 살았던 것을 회개합니다. 저를 속여서 하나님의 원칙으로부터 떠나게 만들었던 맘몬, 하나님만큼 높아지려는 교만한 사탄인 맘몬의 영을 거절합니다. 세상의 가치관을 따르는 속부의 삶을 청산하고 아름다운 성빈, 성부의 삶을 살겠습니다. 아버지, 제게 다시 한 번 기회를 주심에 감사드립니다.

아름다운 하나님의 성품을 훈련하길 원합니다. 자신의 분수를 아는 겸손한 자, 하나님의 말씀에 길들여진 온유한 자, 손이 게으르지 아니하며 부지런한 자가 되길 원합니다. 그리고 제 모든 생각과 가치관과 원칙과 목적의식에 오직 하나님만 사랑하는 삶으로 훈련되길 원합니다. 오직 믿음으로 살고, 은혜를 베풀고 나누어줄 수 있는 의인의 삶을 훈련하여 주님의 사랑이 저를 통해 아름답게 흘러가길 소원합니다. 그리하여 하나님나라가 온 땅으로 확장되는데 저를 축복하시고 사용하실 것을 믿습니다.

예수님의 이름으로 기도합니다. 아멘.

재물을 다루면서도 장막생활을 하는 삶은
오직 단순한 삶을 사는 훈련을 통해 이루어진다. 홍성건

3강

재물을 다루면서도
장막생활을 하라

단순한 삶을 훈련하라

▎단순한 삶

재물에 관한 우리의 태도와 삶의 방식이 단순해지면 우리의 삶이 환해진다. 나눠지지 않는 마음, 한 가지 목적을 가지고 사는 삶이다. 복잡하지 않은 삶이다. 아브라함의 삶은 우리의 모델이 된다. 아브라함의 삶에는 두 가지 특징이 있다.

첫째는 '제단생활'이다. 그는 가는 곳마다 제단을 쌓았다. 이것은 하나님을 향한 그의 마음이다. 하나님을 인정하고 예배드리는 삶이다. 제단생활은 하나님의 말씀 중심의 삶, 날마다 기도에 힘쓰는 삶이다.

둘째는 '장막생활'이다. 아브라함은 집을 짓지 않고 평생 텐트생활을 했다. 장막생활은 단순하게 살아야 가능하다. 가구, 냉장고, 책상, 의자, TV, 침대 등이 필요하지만 장막생활에서는 가능하지 않다. 장막생활을 하려면 이동이 쉬워야 하므로 복잡하게 살지 않아야 한다.

제단생활이 하나님과의 관계를 보여준다면, 장막생활은 재물과 세상과의 관계를 보여준다. 단순한 삶의 표현이 장막생활이다.

그러면 장막생활은 구체적으로 어떤 삶을 말하는가? 이는 각종 생활에 필요한 것들을 갖지 말라는 의미가 아니다. 장막생활이 단순한 삶을 보여주듯 우리는 살아가면서 재물에 대해 단순한 삶을 살 필요가 있다. 그래야 우리의 삶이 힘이 있다. 눈의 초점이 하나로 되어 단순해질 때 온몸이 밝아지듯이 재물에 대해 단순하게 살아야 한다.

프랑스의 테제공동체는 일 년에 한 번씩 모든 소유를 다 내놓아 꼭 필요한 것만으로 소유물을 축소한다. 우리의 소유가 불필요하게 많지 않은 게 단순한 삶이다. 옷장에 있는 옷 중 일부는 일 년 내내 거의 입지 않는 경우도 있다. 집의 규모나 소유물들을 단순하게 할 필요가 있다.

장막생활은 청빈한 삶을 말한다. 꼭 필요한 것만을 소유하는 게 필요하다. 제자훈련을 받고 현장 실습을 떠날 때 복장이나 짐은 단순할수록 좋다. 나는 현장 실습을 떠나는 학생들에게 막 출발하려는 기차에 들고 탈 수 있을 정도의 짐만 가져가라고 요구한다. 큰 가방을 끌면서 손가방과 컴퓨터 등이 들어 있는 작은 가방까지 가지고 오는 학생들을 보면 아찔해질 때가 있다. 아예 이사를 하려는 것인가 하는 생각이 든다.

이 세상에 살면서 단순하게 살 때 우리의 삶은 건강하다. 자신을 위한 지출을 대폭 줄이고, 하나님나라의 프로젝트와 하나님나라의 일꾼에게 나눠주는 풍성하고도 관대한 삶을 살아야 한다.

나는 내 어머니처럼 단순한 분을 본 적이 없다. 어머니는 성경을 100독도 더 하셨다. 내가 어머니에게 "성경에 무슨 말이 있나요?" 하고 물으면 어머니는 "성경에 별말 없다. 오직 하나님 사랑, 이웃 사랑이다"라고 말씀하셨다. 어머니는 자신의 시간과 에너지와 재물을 사용하실 때 기준이 딱 두 가지였다.

'내가 이것을 하나님을 사랑하고 이웃을 사랑하는 데 쓰는가?'

어머니는 그거면 충분하다고 늘 말씀하셨다.

▌자족하는 삶
▌단순한 삶을 살기 위해서는 먼저 자족하는 삶을 배워야 한다.

내가 궁핍하므로 말하는 것이 아니니라 어떠한 형편에든지 나는 자족
하기를 배웠노니 나는 비천에 처할 줄도 알고 풍부에 처할 줄도 알아
모든 일 곧 배부름과 배고픔과 풍부와 궁핍에도 처할 줄 아는 일체의
비결을 배웠노라 빌 4:11,12

사도 바울은 자족하는 것을 배웠다고 말한다. 배고픔과 풍부와 궁
핍에도 처할 줄 아는 일체의 비결을 배웠다고 한다. 기독교는 엄격한
율법주의가 아니다. 금식과 굶주림을 기반으로 하는 삶도 아니다. 그
렇다고 호의호식하며 사치와 쾌락을 일삼는 것은 더더욱 아니다. 풍
부함의 환경이 주어질 때 정죄감이나 죄책감을 가지는 게 아니다. 배
고픔이나 궁핍이 주어질 때 자기 연민에 빠지는 것도 아니다. 기독교
는 이 모든 것을 초월한다.

하나님은 우리에게 후히 주사 그것들을 누리게 하신다. 풍부한 환
경에 처할 때 그것을 선물로 주신 하나님의 사랑을 받아서 누려라. 그

러나 궁핍과 배고픔이 올 때도 그분의 사랑으로 받아서 누려라. '이것이 옳다, 저것이 틀리다'는 식으로 정죄하거나 판단하지 말라.

다만 중요한 것은 장막생활을 통해 단순하게 사는 법을 배우는 게 필요하다. 어떠한 형편에 처하든지 자족하는 법을 배워야 한다. '항상 기뻐하고 범사에 감사하라'는 것은 이러한 것을 두고 하는 말씀이다. 풍성해도 궁핍해도 감사하고, 어떤 상황에도 기뻐하는 삶을 살아야 한다. 우리의 만족은 풍부한 환경이나 조건에 있는 게 아니다. 그 반대로 인해 불만족한 삶을 사는 것도 아니다. 바울은 "우리의 만족은 오직 하나님으로부터 나느니라"(고후 3:5)라고 고백했다.

자족하는 삶은 그냥 되는 게 아니다. 배워야 한다. 우리가 자족하는 삶을 배우지 않으면 남들과 비교해서 생활의 규모를 가진 것보다 크게 하게 된다. 충동구매를 하게 되고, 카드 할부를 해서라도 꼭 사고 싶은 것을 구입하여 가정경제를 빚지는 구조로 만들어버린다.

그러면 자족하는 삶은 어떻게 배울 수 있는가? 앞에서 보았듯이 가진 것만큼으로 사는 겸손한 재정 훈련과 믿음의 예산안을 세워서 그대로 실천하는 지속적인 훈련을 통해 자족하는 삶이 내 삶이 되게 할 수 있다. 주고받는 삶의 훈련을 해야 한다. 주는 삶을 훈련하고, 받는 삶도 훈련해야 한다.

이 재정 훈련으로 정확한 내 경제의 현주소를 알 수 있다. 그 흐름을 정확하게 알면 많은 부분의 거품이 빠지고, 겸손한 삶을 살게 된다. 지금 가지고 있는 것에 만족하는 삶을 배우게 될 것이다.

나 역시 혹독한 가난 속에서 재정 훈련을 했다. 그때 자족하는 삶을 배웠다. 내 경제의 현주소를 보니 겸손할 수밖에 없었다. 나는 세상의 성공을 향해 달려가던 모든 것을 내려놓았다. 내가 이루고 싶은 꿈도 내려놓았다. 나는 주께서 주시는 꿈을 따라가는 삶을 살기로 결정했다. 주님께서 일하시는 것만큼 보고 따라가며 주님보다 앞서지 않기로 결정했다. 주께서 내 형편을 아시기에 주시는 딱 그만큼으로 생활하는 법을 배웠다. 그리고 주시지 않을 때는 그것이 당장 내게 꼭 필요하지 않기 때문이라는 결론을 내렸다.

자족하는 삶을 배우며 그렇게 살면 선한 청지기(성부)가 될 수 있다. 하나님께서 우리에게 당신의 재물을 믿고 맡기실 것이다.

51 대 49

재정 강의로 활발하게 섬기고 있던 어느 날, 주께서 물으셨다.

'네 주인이 누구냐?'

당연히 나는 '주님이십니다'라고 했다. 그리고 잠시 침묵의 시간, 0.1초 만에 주께서 무슨 말씀을 하시는지 바로 알 수 있었다. 이것은 어떻게 설명할 길이 없다. 그냥 위로부터 부어졌다고 해야 할까? 먼저 말씀으로 이해가 되었다.

우리가 세상에 아무것도 가지고 온 것이 없으매 또한 아무것도 가지고 가지 못하리니 **딤전 6:7**

주식회사의 주인은 주식 지분의 51퍼센트를 가진 사람이다. 49퍼센트의 지분을 가진 사람은 주인이 아니다. 이렇듯 주님께서 그날 말씀하신 것은 삶의 마지막 부르심 앞에 주님의 것을 그분께 돌려드리는 게 마땅하다고 하셨다. 나는 그 말씀이 이해가 되었다. 그래서 유진이를 불러 말했다.

"아빠와 엄마의 전 재산의 51퍼센트는 주인이신 주님께 돌려드리는 게 마땅하다."

그리고 유언장에 '전 재산의 51퍼센트는 사회에 환원하라'(교회, 하나님나라의 프로젝트, 사회의 필요한 곳에 기부)라고 썼다. 유진이가 말했다.

"지금까지 저를 키워주시고, 교육시켜주신 것만으로도 감사해요. 사회에 전부 환원하셔도 좋아요."

나는 아들에게 말했다.

"하나님의 재정 원칙으로 볼 때 재산의 49퍼센트의 상속이 100퍼센트 상속보다 더 많은 부를 자자손손에게 주실 것이다."

선인은 그 산업을 자자손손에게 끼쳐도 죄인의 재물은 의인을 위하여 쌓이느니라 잠 13:22

▌좋은 땅! 30배, 60배, 100배

30배, 60배, 100배로 열매 맺는 좋은 땅이란 무엇인가? 먼저는 '사람'을 말씀하신다.

> 좋은 땅에 있다는 것은 착하고 좋은 마음으로 말씀을 듣고 지키어 인내로 결실하는 자니라 눅 8:15

하나님의 말씀에 대해 착하고 좋은 마음이 있는 사람을 '좋은 땅'이라고 하신다. 좋은 땅은 말씀을 심장으로 듣고, 그 말씀을 지키는 삶까지 살아낸다. 그러면 결실을 하게 되는데 열매는 주님께서 주신다. 먼저 내가 열매 맺는 좋은 땅이 되기로 결정하자.

주님이 우리에게 땅 이야기를 하셨다.

> 들으라 씨를 뿌리는 자가 뿌리러 나가서 뿌릴새 더러는 길가에 떨어지매 새들이 와서 먹어버렸고 더러는 흙이 얇은 돌밭에 떨어지매 흙이 깊지 아니하므로 곧 싹이 나오나 해가 돋은 후에 타서 뿌리가 없으므로 말랐고 더러는 가시떨기에 떨어지매 가시가 자라 기운을 막으므로 결실하지 못하였고 더러는 좋은 땅에 떨어지매 자라 무성하여 결실하였으니 삼십 배나 육십 배나 백 배가 되었느니라 하시고 막 4:3-8

> 좋은 땅에 뿌려졌다는 것은 곧 말씀을 듣고 받아 삼십 배나 육십 배나 백 배의 결실을 하는 자니라 막 4:20

예수님은 우리에게 네 가지 땅을 소개하신다. 길가, 돌밭, 가시떨기, 좋은 땅, 이 땅 중에 30배, 60배, 100배로 열매 맺는 땅을 좋은 땅이라고 하신다.

- 길가-세상으로 가득 찬 마음, 딱딱하고 냉랭한 마음이다.
- 흙이 얕은 돌밭-말씀의 기반이 없어 감정과 환경에 좌우되는 마음이다.
- 가시떨기- 이 세상의 염려로 재물의 유혹과 향락의 기운에 막혀 온전히 결실하지 못하는 마음이다.
- 좋은 땅- 말씀을 듣고 지키어 인내로 결실하는 착하고 좋은 마음이다.

주님은 좋은 땅에 뭔가를 뿌려야 열매가 있다고 말씀하시고는 잠시 휴식을 취하셨는데, 이 말씀을 이해하지 못한 사람들이 제자들과 함께 예수께 가서 땅 이야기에 대해 다시 묻는다.

예수께서 홀로 계실 때에 함께한 사람들이 열두 제자와 더불어 그 비유들에 대하여 물으니 막 4:10

예수께서 이에 대해 대답하셨다.

하나님나라의 비밀을 너희에게는 주었으나 외인에게는 모든 것을 비유로 하나니 이는 그들로 보기는 보아도 알지 못하며 듣기는 들어도 깨닫지 못하게 하여 막 4:11,12

이르시되 들을 귀 있는 자는 들으라 막 4:9

땅 이야기는 첫째, 하늘나라의 비밀이다. 둘째, 듣기는 듣고 보기는 보아도 깨닫지 못하는 이야기다. 셋째, 들을 귀 있는 자만 들을 수 있는 비밀이다. 비밀의 정의는 무엇인가? 첫째, 모든 사람이 모른다. 둘째, 모든 사람들이 다 안다. 셋째, 아는 사람은 알고, 모르는 사람은 모른다. 정답은 세 번째이다. 하나님나라는 비밀이다. 교회 밖의 사람들에게 "예수 믿으면 천국에 갑니다"라고 말해보라. 그들은 귀가 있어 듣기는 들어도 깨닫지 못한다. 왜냐하면 여전히 그들에게는 비밀이기 때문이다.

땅 이야기가 왜 비밀인가? 주님께서 좋은 땅에 주시는 믿기지 않는 이자율 때문이다. 이자율이 자그마치 30배, 60배, 100배이다. 그래서 말씀에 대해 마음이 굳은 사람과 들을 귀가 없는 사람들은 좋은 땅의 이자율을 깨닫지 못한다. 이것을 이해하기 위해서는 14절 말씀을 이해해야 한다.

뿌리는 자는 말씀을 뿌리는 것이라 막 4:14

3절에 "들으라 씨를 뿌리는 자가 뿌리러 나간다"라고 말한다. 무슨 말인가? 14절에는 "뿌리는 자가 말씀을 뿌리는 것이라"라고 말한다. 다시 말하면 우리가 뿌려야 하는 씨는 '말씀'이다.

좋은 땅이 되기로 결정한 한 부부가 있다고 가정해보자. 이들이 30배,

60배, 100배로 열매 맺는 삶을 살려면 어떻게 해야 할까? 이 부부는 정말로 좋은 땅이 되기로 결정했다. 그렇다면 먼저 말씀을 그들의 마음에 뿌려야 한다. 부인이 말씀을 읽다가 문득 깨달았다.

"아내들이여 자기 남편에게 복종하기를 주께 하듯 하라 이는 남편이 아내의 머리 됨이 그리스도께서 교회의 머리 됨과 같음이니"(엡 5:22,23).

좋은 땅, 열매 맺는 땅이 되기로 결정한 아내는 이 말씀을 좋은 땅이 된 마음에 뿌린다. 그날부터 남편을 귀하게 여기고, 말을 함부로 하지 않으며, 집안의 권위를 바로 세우는 행동을 할 때 비로소 아내가 좋은 땅이 된 게 증명된다. 남편도 말씀을 읽다가 깨달았다.

> 남편들아 아내 사랑하기를 그리스도께서 교회를 사랑하시고 그 교회를 위하여 자신을 주심같이 하라 … 이와 같이 남편들도 자기 아내 사랑하기를 자기 자신과 같이 할지니 자기 아내를 사랑하는 자는 자기를 사랑하는 것이라 엡 5:25-28

좋은 땅, 열매 맺는 땅이 되기로 결정한 남편도 이 말씀에 순종한다. 아내에게 자상하고, 친절하며, 깊이 배려하며, 귀하고 소중하게 여기는 말과 행동을 할 때 비로소 그가 좋은 땅이 된 게 증명된다. 믿음으로 산다는 것은 말씀을 따라 산다는 것이다. 하나님의 말씀에 따라 행동하는 것이다. 이렇게 되면 부부의 사랑의 열매는 30배, 60배, 100배가 된다. 주께서 풍성하고 넘치도록 부어주신다.

하나님의 나라는 풍성한 열매를 맺는 나라이다. 하나님께서 만드신 모든 것은 배가된다. 이것이 하나님나라의 원칙이다. 하나님은 우리도 배가되는 삶을 살기를 원하신다. 그러면 어떻게 그런 삶을 살 것인가? 그것은 하나님의 말씀을 좋은 땅이 되기로 결정한 내게 뿌리면 된다. 그러면 그 말씀이 내 안에서 자라 30배, 60배, 100배로 열매를 맺게 된다.

재물에 대한 주님의 말씀에도 배가시킨 종을 '착하고 충성된 종'이라고 하셨다. 우리가 앞에서 보았듯이 달란트와 므나 비유에서 주인의 재물을 배가시킨 종들에게 더 큰 것을 맡기시고, 열 고을과 다섯 고을의 권세를 맡기시는 하나님나라의 원칙을 이해할 필요가 있다.

> 내 눈이 이 땅의 충성된 자를 살펴 나와 함께 살게 하리니 완전한 길에 행하는 자가 나를 따르리로다 시 101:6

하나님의 눈이 온 땅을 살피신다. 이유는 충성된 자를 찾기 위함이다. 오늘도 하나님의 눈은 나를 살펴보신다. 내 충성을 보시고 뭔가를 맡기시기를 원하신다. 주님은 우리에게 네 가지 땅 중에 좋은 땅에 말씀을 뿌리라고 하셨다. 세상에 사는 사람들에게도 네 가지 땅이 있다.

길가, 돌밭, 가시떨기, 좋은 땅! 이 중에 하나님이 찾으시고 열매 맺는 땅이 좋은 땅이다. 좋은 땅에 하나님은 하나님의 것들을 투자해주신다. 하나님의 지혜와 힘, 능력과 재물 등을 투자해주셔서 좋은 땅에서 30배, 60배, 100배의 열매를 맺기를 원하신다. 또한 하나님의 것을 투자받은 우리는 책임감을 갖고 좋은 땅을 찾아 투자해야 한다. 재물에 대해 충성된 마음으로 좋은 땅에 심어야 한다.

우리에게 맡겨주신 재물을 어떻게 관리해야 착하고 충성된 자라는 말을 들을 것인가? 어떻게 더 큰 것과 더 큰 권세를 주께로부터 받아온 땅에 하나님나라를 확장할 것인가? 우리가 하늘나라의 재정 원칙으로 살 때 배가의 삶이 가능하다. 성경 말씀에는 재물을 배가시키는 좋은 땅(하늘은행)을 소개하고 있다.

하나님나라 배가의 원칙 – 하늘은행이 있다

너희를 위하여 보물을 땅에 쌓아두지 말라 거기는 좀과 동록이 해하며 도둑이 구멍을 뚫고 도둑질하느니라 오직 너희를 위하여 보물을 하늘에 쌓아두라 거기는 좀이나 동록이 해하지 못하며 도둑이 구멍을 뚫지도 못하고 도둑질도 못하느니라 네 보물 있는 그곳에는 네 마음도 있느니라 마 6:19-21

이 말씀은 하늘에 보물을 쌓을 곳이 있다고 말한다. 그런데 '너희를 위해서'라고 말한다. 또 말씀하시길 "오직 너희를 위하여 보물을 하늘에 쌓아두라"라고 하신다. 보물을 하늘에 쌓는다고 한다면 우리가 가진 것 중에 뭔가를 누구에게 주는 것일 텐데 이것이 어찌 하나님을 위한 것이 아니고, 우리를 위한 것이라고 말씀하시는 것일까? 이는 하나님나라의 원칙을 알아야만 이해가 되는 말씀이다.

하나님께서 만드신 모든 것은 '배가의 원칙'이 적용된다. 옥수수

한 개에는 250개 정도의 낱알이 있고, 각 낱알을 심으면 옥수수대가 나오고, 한 대에서 두세 개의 옥수수가 열린다. 옥수수 한 개를 심으면 500~750개의 옥수수를 수확한다. 옥수수 두 개를 심으면 1,000~1,500개를 수확하고, 세 개를 심으면 1,500~2,250개를 수확한다. 또 감나무 한 그루를 심으면 수백 개의 감이 열린다. 바다의 광어는 수백만 개의 알을 낳는다.

성경에서 말하는 30배, 60배, 100배는 기본적인 숫자다. 조 한 개를 심어서 한 줄기를 얻어 세어 보면 약 2만4천 개 정도의 좁쌀이 나온다. 하나님은 배가의 원칙으로 우리에게 먹을 것을 풍성하게 넘치게 주신다. 하나님께서 재물에 관해 우리에게 말씀하실 때 농사의 비유로 말씀하신다.

이것이 곧 적게 심는 자는 적게 거두고 많이 심는 자는 많이 거둔다 하는 말이로다 각각 그 마음에 정한 대로 할 것이요 인색함으로나 억지로 하지 말지니 하나님은 즐겨 내는 자를 사랑하시느니라 고후 9:6,7

하나님은 헌금을 말씀하실 때 농사짓는 비유로 '심고 거둔다'라고 말씀하신다. 성경에서 재물에 대해 우리에게 가르치실 때 이렇듯 심고 거두는 농사의 비유로 가르치시는 이유가 있다. 재물을 심고 재물로 거두는 삶이 있다는 것이다. 성경에서 소개하는 하늘은행이 있다.

하늘은행에 저축하기1 - 가난한 자

앞에서 '빚쟁이 하나님'을 우리가 보았다. 가난한 자를 돕는 자는 넘치도록 축복을 받는다는 하나님의 약속을 보았다.

어느 날, 아들과 지하철을 탔는데 마침 남루한 옷을 입은 가난한 사람이 들어왔다. 나는 이들에게 줄 수 있도록 항상 지갑에 백 원, 오백 원, 천 원, 오천 원, 만 원을 준비해둔다. 내가 지갑을 열려고 하는 순간, 아들이 나를 막아서며 말했다.

"어머니, 저 하늘은행 통장은 제가 먼저 발견했어요. 어머니는 다음 통장을 이용하세요."

아들이 천 원을 꺼내서 그에게 주었다. 나는 참으로 흐뭇했다. 하나님의 재정 원칙이 대를 이어 흘러가는 것을 보았다. 어떻게 아들이 그런 생각을 했을까? 아들은 내가 완전히 망하는 것을 보았고, 함께 눈물의 간장밥을 먹었으며, 다시 성경적 재정 원칙으로 성공하는 것을 옆에서 다 보았다. 아들은 가난한 자들에게 심으면 배가되어 거두게 된다는 말씀을 믿었다.

우리 집에서 가장 부자는 아들이다. 주머니와 통장에 늘 돈이 있다. '왕의 재정학교'를 개강했을 때 등록금을 내지 못한 학생이 있었다. 그런데 아들이 모아둔 용돈으로 이들을 섬기는 모습에 모두가 감동했다.

어느 날, 유진이가 말했다.

"어머니, 보통 대학생들이 졸업할 때 학자금 대출 등으로 3~5천만 원씩 빚을 지고 졸업하잖아요. 저는 졸업할 때 아파트 한 채를 살 거예요."

나는 깜짝 놀라서 물었다.

"어떻게 그럴 수 있는데?"

아들은 몇 개의 통장을 들고 왔다. 주택청약통장, 대학입학금통장, 자유적금통장, 자유입출금통장이었다.

"어머니가 강의해주신 대로 용돈을 봉투로 다 분류해 저축했지요. 30퍼센트는 기부금, 20퍼센트는 무조건 저축, 나머지 50퍼센트는 제 용돈으로 쓰는데, 그것도 많아서 가난한 사람이나 절대 필요가 있는 곳에 또 흘려보내고 있어요. 점점 용돈이 많아지니깐 저축도 많아져요. 우리 집에서 제가 최고로 부자예요."

그렇게 말하며 씩 웃었다. 이렇게 되기까지 남편과 나는 재정 원칙대로 사는 모습을 아이에게 보여주었고, 어떤 상황들이 생길 때마다 아들을 가르쳤다.

한번은 아들이 일명 '등골 브랜드'라는 고급 브랜드의 겨울 점퍼를 사달라고 했다. 아이들이 이 브랜드 옷을 좋아해서 부모들이 등골이 빠진다고 해서 붙은 별명이다.

"제가 25만 원을 저축했으니 나머지는 엄마가 보태서 사주세요."

큰맘 먹고 보태서 점퍼를 사주었는데, 아들이 얼마 지나지 않아 색상이 다른 점퍼를 하나 더 사달라고 했다. 이전에 그런 적이 없었기에 아빠가 점퍼 한 개를 더 사주었다. 그런데 점퍼를 살 때 나는 큰 사이즈로 사야 한다고 했고, 아들은 멋이 안 난다며 몸에 딱 맞는 옷을 산다고 옥신각신 하다가 아빠가 아들의 편을 들어주면서 딱 맞고 폼 나는 것으로 사게 됐다.

나는 비싸게 산 옷을 쑥쑥 크는 아들이 다음 해에는 못 입을 것을 생각하니 기분이 상했다. 그래서 아들에게 말했다.

"겨울 점퍼를 몸에 딱 맞게 샀기 때문에 내년에 못 입으면 다시 안 사줄 거야."

아들도 동의했다. 이듬해가 되니 역시 점퍼를 못 입게 되었다. 아들은 비싼 옷을 한 해밖에 못 입게 된 게 미안했는지 인터넷 장터에 두 개를 판 돈으로 넉넉한 사이즈의 점퍼를 산다고 했다. 나는 이때가 아들에게 재정 원칙을 가르칠 때라고 생각했다.

"와~ 좋은 아이디어구나! 그런데 엄마에게 더 좋은 아이디어가 있는데…."

"그게 뭔데요?"

"엄마가 키르기스스탄에 강의를 다녀왔잖아. 그때 체감온도가 영하 50도 정도쯤 되더라. 그곳 선교사의 자녀들에게 그 옷을 보내면 어떨까?"

아들이 흔쾌히 좋다고 할 줄 알았는데 머뭇거렸다.

"엄마가 올해는 점퍼를 안 사주신다고 하셨잖아요. 저는 입던 점퍼 두 개를 팔아서 새 점퍼를 사고 싶어요."

아들은 나와는 이야기가 안 된다고 하면서 자기를 잘 이해해주는 아빠와 이야기를 한다고 했다. 그런데 아빠가 더 좋은 아이디어를 말했다.

"아들아, 그 옷을 버리지 않고 팔아서 다시 새 옷을 산다는 것은 아주 좋은 생각이다. 그런데 더 좋은 투자처인 하늘은행에 투자하거라.

지금 밖에서 노숙자들이 추위에 떨고 있단다. 그 옷을 가지고 나가서 그들에게 입혀주자."

아들은 아빠의 말에 동의를 하며 내게 말했다.

"엄마, 제 점퍼 내주세요. 지금 아빠랑 노숙자 사역에 나가야 해요."

나는 이런 아들이 내심 흐뭇했다. 이 일이 있고 일주일이 지났을 때 할머니에게서 전화가 왔다. 할아버지가 손자에게 좋은 옷을 사주라고 하셨다며 100만 원을 보내주신다는 것이다. 유진이가 기뻐하며 선포했다.

"할렐루야~ 하나님은 선하십니다!"

소돔의 멸망 이유

네 아우 소돔의 죄악은 이러하니 그와 그의 딸들에게 교만함과 음식물의 풍족함과 태평함이 있음이며 또 그가 가난하고 궁핍한 자를 도와주지 아니하며 거만하여 가증한 일을 내 앞에서 행하였음이라 그러므로 내가 보고 곧 그들을 없이 하였느니라 겔 16:49,50

하나님은 고대 도시 소돔을 그들의 죄로 인해 유황과 불로 멸하셨다. 베드로후서 2장 6,7절, 유다서 1장 7절은 그들의 멸망 이유가 무법한 자들의 음란한 행실이었다고 한다. 그러나 하나님께서는 에스겔을 통해 또 다른 이유를 말씀하셨다.

네 아우 소돔의 죄는 다음과 같다. 소돔과 그의 딸들은 거만하였다. 많이 먹어서 살찌고 평안했지만 다른 사람들에 대해선 무관심했다. 가난하고 어려운 사람들을 돕지 않았다. 소돔과 그의 딸들은 교만했고 내 앞에서 혐오스러운 짓들을 저질렀다. 그래서 너희가 아는 것처럼 내가 그들을 쫓아냈다. 겔 16:49,50, 쉬운성경

하나님이 소돔을 멸하신 이유가 그들이 가난한 사람들에 대해 무관심하고, 어려운 사람들을 돕지 않은 것에 있다. 그들이 이같이 행동했던 가장 근본적인 이유는 '교만'이었다. 그들은 자기의 능력과 노력으로 돈을 벌어 재물을 모았다고 생각했다. 그리하여 그들의 재물을 자기의 것이라 생각하여 오직 자기들의 필요를 위해서만 사용했다. 그들은 음식물이 풍족함에도 오직 자기들만 먹었기에 비만증에 걸릴 정도였다. 다른 사람들의 필요에는 무관심했으며, 가난한 사람들 앞에서 거만한 태도를 취하며 그들을 무시했다. 물론 그들을 도와줄 마음조차 갖지 않았다.

놀랍게도 하나님은 소돔 멸망의 이유가 여기에 있다고 하신다. 가난하고 궁핍한 사람들을 돕지 않는 것이 단순히 안타까운 일이 아니라 멸망의 원인이 된다고 말씀하시는 것이다.

하나님이 '내가 보고 곧 그들을 없이 하였느니라'라고 하신다. 얼마나 엄격한 말씀인가!

하늘은행에 저축하기2 - 하나님의 사람(성빈)

빌립보 사람들아 너희도 알거니와 복음의 시초에 내가 마게도냐를 떠
날 때에 주고받는 내 일에 참여한 교회가 너희 외에 아무도 없었느니라
데살로니가에 있을 때에도 너희가 한 번뿐 아니라 두 번이나 나의 쓸 것
을 보내었도다 **빌 4:15,16**

빌립보 사람이란 마게도냐 지방의 빌립보 도시에 사는 그리스도인
들을 말한다. 이들이 성빈인 사도 바울에게 헌금을 보냈다.
"사도 바울 선생님, 당신의 사역에 이 헌금을 보냅니다."
한 번도 아니고 두 번씩이나 헌금을 보냈다. 사도 바울은 이들의 섬
김에 대해 이렇게 말한다.

내가 선물을 구함이 아니요 오직 너희에게 유익하도록 풍성한 열매를
구함이라 내게는 모든 것이 있고 또 풍부한지라 … 이는 받으실 만한
향기로운 제물이요 하나님을 기쁘시게 한 것이라 **빌 4:17,18**

빌립보 사람들이 사도 바울에게 보낸 헌금을 하나님께서 어떻게 계
산하시는가? 그것을 하나님이 받으시는 '제물'이라고 하신다. 제물은
하나님을 예배할 때 쓰는 단어다. 빌립보의 그리스도인들이 바울에게
보낸 헌금을 하나님의 계산법으로 말하면 이렇다.
"너희들이 보낸 헌금을 내가 향기로운 제물(예배)로 받았다. 너희들

의 헌금이 나를 기쁘게 했다."

성빈에게 헌금하는 것은 하나님을 예배하는 행위이기 때문에 하나님을 기쁘시게 한다는 것이다. 하나님께서 하나님의 사람(성빈)을 부르실 때 먹을 것과 입을 것과 마실 것을 약속하시고, 하나님의 일을 시키신다. 성빈을 공급하시는 방법을 하나님께서 성부를 축복하시고, 그들이 성빈들을 섬겨서 함께 하나님나라를 확장하게 하신다.

가르침을 받는 자는 말씀을 가르치는 자와 모든 좋은 것을 함께하라
갈 6:6

말씀을 배우는 자들(교인들)은 말씀을 가르치는 자(성빈)에게 재정을 나누라는 것이다.

곡식을 밟아 떠는 소에게 망을 씌우지 말라 기록하였으니 하나님께서 어찌 소들을 위하여 염려하심이냐 오로지 우리를 위하여 말씀하심이 아니냐 과연 우리를 위하여 기록된 것이니 밭 가는 자는 소망을 가지고 갈며 곡식 떠는 자는 함께 얻을 소망을 가지고 떠는 것이라 우리가 너희에게 신령한 것을 뿌렸은즉 너희의 육적인 것을 거두기로 과하다 하겠느냐 **고전 9:9-11**

이는 신명기 말씀을 인용하여 바울이 말하는 것이다.

곡식 떠는 소에게 망을 씌우지 말지니라 신 25:4

곡식을 떠는 소를 굶기지 말라는 것은 단순히 소에 대해 이야기하는 게 아니다. 말씀사역자의 생활을 말하는 것이다. '신령한 것을 뿌리고 육신의 것을 거두기로 과하다 하겠느냐' 하심같이 말씀사역자는 당연히 그 사역으로부터 모든 것이 공급되어야 한다. 성경에서는 말씀사역자(성빈 : 목회자, 선교사, 선교단체 전임간사 등)들에게 필요를 공급하라고 말하고 있다. 우리는 이들과 재정을 포함하여 좋은 것을 함께 나누어야 한다.

성전의 일을 하는 이들은 성전에서 나는 것을 먹으며 제단에서 섬기는 이들은 제단과 함께 나누는 것을 너희가 알지 못하느냐 이와 같이 주께서도 복음 전하는 자들이 복음으로 말미암아 살리라 명하셨느니라 고전 9:13,14

빌립보 사람들은 말씀사역자(성빈: 사도 바울)를 공급했고, 하나님은 성부(우리)를 공급하신다.

나의 하나님이 그리스도 예수 안에서 영광 가운데 그 풍성한 대로 너희 모든 쓸 것을 채우시리라 빌 4:19

하나님의 사람들인 성빈은 이자율이 높은 하늘통장이다.

성빈 엘리야에게 공급한 가난한 과부가 성부가 되다

야고보서 말씀에서 엘리야를 '우리와 성정이 같은 사람'이라고 소개한다. 우리와 다른 것이 있다면 엘리야는 믿음으로 살기로 결정한 사람이다. 엘리야가 수년 동안 비가 오지 않을 것에 대해 아합에게 말했다. 하나님이 엘리야에게 아합을 피하여 그릿 시냇가로 가서 숨으라고 하셨다. 거기에서 하나님은 엘리야에게 까마귀를 통해 떡과 고기를 공급하셨다. 얼마 후에 그릿 시냇가의 물이 말랐다. 하나님은 사르밧 과부를 통해 엘리야의 쓸 것을 공급하시기로 결정하셨다(왕상 17:1-16).

여호와의 말씀이 엘리야에게 임하여 이르시되 너는 일어나 시돈에 속한 사르밧으로 가서 거기 머물라 내가 그곳 과부에게 명령하여 네게 음식을 주게 하였느니라 **왕상 17:8,9**

만약에 여러분이 엘리야가 들은 이 하나님의 음성을 들었다면 어떻게 하겠는가? 우리나라의 상황으로 이야기해본다면 '너는 일어나서 서울에 가서 거기 머물라. 내가 그곳 과부에게 명령하여 네게 음식을 주게 하였느니라'라고 말씀하시는 것이다. 그러면 아마도 우리는 '아버지, 서울 어느 동네의 몇 번지에 있는 어느 아파트입니까? 그 과부의 이름은 무엇입니까?' 하고 물으면서 하나님께서 구체적으로 말씀하실 때까지 꿈쩍도 안 할 것이다.

우리가 하나님의 음성을 들을 때 기억해야 할 것은 하나님의 말씀의 성격이다. "주의 말씀은 내 발에 등이요 내 길에 비추는 빛이니이다"(시

119:105)라고 고백하는 것처럼 하나님의 말씀은 등불과 빛의 역할을 한다. 등은 내 발의 바로 앞을 비춘다. 한 걸음씩 인도한다. 빛은 멀리 가야 할 길, 방향을 가리킨다.

엘리야는 하나님이 일하시는 방법을 알았다. 그는 믿음으로 순종하여 사르밧 지방으로 갔다. 아마 하나님께 '어느 방향으로 갈까요? 오른쪽으로 갈까요, 왼쪽으로 갈까요?' 하고 내내 대화하면서 갔을 것이다.

엘리야는 유산을 많이 상속받은 부자 과부를 기대했을지도 모른다. 그런데 아주 허름하고 남루한 차림으로 나뭇가지를 줍는 가난한 과부가 눈에 들어왔다. 하나님께서 '저 여자다'라고 하셨을 때 엘리야는 기가 막혔을 것이다. 왜냐하면 그 과부는 그가 상상했던 돈이 많은 사람이 아니었기 때문이다. 마지막 남은 가루로 떡을 만들어 먹고 아들과 함께 죽기를 각오한 과부였다! 엘리야는 자기가 들은 하나님의 음성을 검증해야 했다.

'아버지, 저 여자에게 제가 기드온이 양털 시험을 한 것처럼 시험하겠습니다. 저 여자가 맞다면 제 요청에 응답하게 하소서.'

그리고 여자에게 말한다.

"청하건대 그릇에 물을 조금 가져다가 내가 마시게 하라"(왕상 17:10).

당시 그 지역은 극심한 가뭄이 들어 물을 달라고 하는 것은 들어주기 어려운 부탁이다. 또한 그 과부가 죽기를 생각하고 나뭇가지를 줍는데 지나가는 나그네가 물을 달라고 했을 때 즉시 요청에 응하는 것도 쉬운 일이 아니다. 그런데 그녀는 멀리까지 물을 가지러 갔다.

'어이쿠, 그 과부가 맞구나.'

엘리야는 하나님의 음성을 검증했기에 물을 길러 가는 과부를 불러 말했다.

"청하건대 네 손의 떡 한 조각을 내게로 가져오라."

과부는 대답했다.

"나는 떡이 없고 다만 통에 가루 한 움큼과 병에 기름 조금 뿐이라 내가 나뭇가지 둘을 주워다가 나와 내 아들을 위하여 음식을 만들어 먹고 그 후에는 죽으리라"(왕상 17:12).

얼마나 기가 막히고 절박한 상황인가! 이런 사람에게 무엇이라고 말해야 하는가! 그러나 엘리야는 담대히 말했다.

"두려워하지 말고 가서 네 말대로 하려니와 먼저 그것으로 나를 위하여 작은 떡 한 개를 만들어 내게로 가져오고 그 후에 너와 네 아들을 위하여 만들라"(왕상 17:13).

과부의 절박한 사정을 들은 엘리야의 반응은 어떠했는가? 그는 하나님께서 축복하실 것임을 확신 있게 말했다. 더 놀라운 것은 그의 말을 듣고 과부가 믿음으로 반응했다는 것이다! 마지막 남은 가루로 떡을 만들어서 먼저 그에게 가지고 왔다. 과연 우리가 갖고 있는 것을 전부 내놓으라고 한다면 우리는 믿음으로 반응할 수 있을까? 사르밧 과부의 믿음과 순종이 축복을 갖고 왔다. 하나님께서 엘리야에게 말씀하신 것처럼 통의 가루가 떨어지지 않았고, 병의 기름도 없어지지 않았다(왕상 17:15,16).

사르밧 과부는 성빈 엘리야의 쓸 것을 공급한 성부였다. 내게도 사르밧 과부에게 하신 것처럼 주께서 요구하신 적이 두 번 있었다. 한 번은 전 재산 5백만 원을 선교 헌금으로 보내라고 하시고 그랜저를 주신 일이고, 또 한 번은 전 재산이던 1억2천만 원으로 네 명의 선교사에게 차를 사주라고 하셨던 것이다. 그때 나는 하나님의 음성을 검증했고, 순종하기로 결정했다.

어쩌면 여러분들에게도 이런 시간이 있었을지 혹은 있게 될지 모르겠다. 두려워하지 말라. 하나님의 성품을 신뢰하라. 하나님께서 여러분의 가진 것 전부를 요청하실 때 여러분이 순종한다면 반드시 갚아 주신다. 그분은 공짜로 우리의 것을 사용하지 않으신다.

과부는 엘리야가 말한 하나님을 신뢰했다. 엘리야의 말처럼 하나님이 자신을 축복하실 것을 믿었고, 자신의 전 재산을 하나님의 말씀에 따라 내놓는 순종을 보였다. 하나님께서는 축복하기로 결정하실 때 우리를 벼랑 끝에 세우시고 우리의 중심을 보신다.

▌ 하나님의 사람이다

독수리예수제자훈련학교를 섬길 때의 일이다. 문화선교를 통한 청소년사역을 하는 '월드임팩트투어'의 아일랜드 브릿지팀이 제주도에 왔다. 이 사역팀은 한 지역에서 세 달 정도 사역을 하는데 그 지역 전체의 청소년들에게 엄청난 회개와 복음과 회복이 있게 하는 강력한 기름부음이 있는 팀이다. 이 팀이 제주도 사역을 마치고 돌아가기 전 인천에서 2주간 머물기로 했다고 들었다.

당시 김모세 선교사님이 이 팀을 인솔하고 계셨는데 내게 전화로 부탁을 했다. 나는 이전에 선교사님을 한 번도 만나보지 못했고, 그날 처음 통화했다. 인천에서 2주간 머물 수 있는 교회 선교교육관을 좀 구해달라고 했다. 그때가 한여름인 8월이었다. 몇몇 교회에서 빌려주겠다고 했다. 마지막으로 하나님의 확인만 있으면 그 교회로 보낼 참이었다.

'주님, 이 팀들을 어느 교회로 보낼까요?'

그런데 주님의 응답이 없었다. 날짜는 다가오고 마음이 조급해졌다. 주님께 계속 여쭈었으나 응답이 없어 혼자 이런 생각을 했다.

'교회 교육관으로 이 팀을 모시는 게 하나님의 마음에 안 드시나?'

이들이 다 외국인인데 교회 교육관은 침대가 없었다. 마룻바닥에 얇은 이불을 깔고 지내는 게 이들에게는 불편할 수도 있겠다는 생각이 들었다. 나는 이 팀을 어떻게 섬겨야 할지 고민하며 다시 하나님께 여쭈어보았다.

'주님, 이 선교팀은 누구이고, 제가 어떻게 섬기기를 원하세요?'

주님께서 말씀하셨다.

'이들은 하나님의 사람들이다.'

나는 깜짝 놀랐다.

'뭐라고요? 하나님의 사람이라고요?'

이자율이 높은 하늘은행 통장이 아닌가! 주님이 직접 이들을 '하나님의 사람'이라고 소개하시니 더 적극적으로 섬겨야겠다고 마음먹고 당시 인천에서 가장 좋은 호텔로 갔다.

팀원이 모두 20명이었다. 호텔 지배인에게 견적을 받았다. 2인용 방이 10실이 필요했다. 1실 비용이 25만 원으로 일일 방값이 250만 원이었고, 한 끼 식사가 2만 원씩 20명, 매일 식사비만 40만 원이라고 했다. 이것을 14일로 계산했는데 할인이 적용되어 총 3,385만 원이 나왔다. 큰 금액이었지만 이들을 꼭 섬기고 싶었다. 호텔 견적서를 가지고 하나님께 나아갔다.

'아버지, 숙소 비용이 3,385만 원이 나왔는데, 이 팀을 호텔로 보낼까요?'

그런데 하나님께서는 대답이 없으셨다. 대신 엉뚱한 말씀만 하셨다.

'너는 가만히 있어 내가 하나님 됨을 알지어다 뭇 나라와 백성들 가운데서 내가 높임을 받으리라.'

'아버지, 이 말씀 말고요, 이 팀을 이 호텔로 보내고 싶다고요. 허락만 해주소서.'

그런데 또 한 번 말씀하셨다.

'너는 가만히 있어 내가 하나님 됨을 알지어다 뭇 나라와 백성들 가운데서 내가 높임을 받으리라.'

'하나님, 이 말씀 말고요, 이들을 보낼까요, 말까요?'

종종 하나님께서 동문서답 같은 말씀을 하실 때가 있다. 나는 계속 같은 말씀을 하시는 하나님의 음성 외에 다른 음성을 듣지 못했다.

날짜는 임박하고, 하나님께서 더 이상 말씀하시지 않으셔서 결국 나는 김모세 선교사님에게 전화를 해서 그 호텔에 투숙하시라고 했다. 선교사님은 비싼 호텔에 어떻게 가냐며 미안해하셨다.

당시 나는 인천 독수리예수제자훈련학교 주간 학교장으로 학교를 섬기며, 사업도 하고 있을 때라 정신없이 바쁘게 지냈다. 그 팀들이 투숙한 지 12일이 지난 시점에 호텔 지배인에게서 전화가 왔다.

"사장님, 호텔로 빨리 와주셔야겠어요."

"지금은 갈 수 없어요."

"안 됩니다. 지금 호텔에 비상이 걸렸어요. 오늘 저녁 9시에 감사를 받아야 해요. 사장님이 빨리 오셔야 합니다."

그때 우리 학교에서 강의를 마치신(강의는 오전 10시에 시작하여 오후 3시 반에 마쳤다) 김환식 목사님을 모시고 일산으로 가는 중이었다. 주님께서 주신 그랜저를 타고 강사의 하스피(강사 섬김이) 담당 형제 한 명, 자매 한 명과 나와 김 목사님이 일산으로 출발하면서 전화를 받았다. 그래서 강사님께 호텔에 잠깐 들렀다 가자고 말씀드리고 함께 호텔로 갔다.

호텔 지배인이 나를 보자마자 급히 다가와 말했다.

"사장님, 오늘 9시에 호텔에 비상에 걸려서 자체 감사를 받아야 해요. 사장님이 결제해야 하는 3,385만 원이 카드 오픈(신용카드 번호를 알려주는 것)이 안 되어 문제가 될 수 있습니다. 빨리 카드 오픈을 해주셔야겠습니다."

그 팀들은 호텔에 도착해서 카드가 오픈 되지 않은 상태에서 각자의 방 키를 가지고 투숙을 했고, 지배인은 나를 기다렸다고 한다. 그런데 내가 보이지 않았고, 전화를 계속했으나 통화가 되지 않은 상태로 지배인이 나를 계속 기다리면서 그 사이 12일이 지나게 된 것이었다(투숙한 팀에게 내가 어느 방에 있느냐고 물었으나 이들은 당연히 나를 알지 못한다고 했다).

원래 호텔 투숙은 결제 카드를 오픈하거나 현찰로 선결제가 되지 않으면 투숙이 불가능하다. 나는 그때 매우 바빠서 챙기지 못했다(나는 그 호텔의 VIP 멤버십이었다).

지배인은 내게 빨리 결제 카드를 오픈해달라고 했다. 나는 오래전에 부도로 카드 돌려막기를 하다가 신용불량자가 되어서 그때까지 현금카드 외에 신용카드가 없었다(물론 더 이상 빚도 없었다).

그러나 당시 수중에 현금이 전혀 없었다. 다만 은행에 적금을 부은 것이 있었다. 그런데 은행 마감시간이 지나 적금을 찾을 수도 없었다. 나는 매달 5백만 원을 용돈으로 쓰고 있었고, 나머지는 다 적금을 부었다. 호텔 비용을 지출하려면 다음날 아침에 그 적금을 찾아야만 했다. 내가 지배인에게 말했다.

"저… 지금 카드가 없는데요."

"그러면 현찰은 있습니까?

"현찰도 없는데요. 내일 아침에 은행에 가서 적금을 찾아올게요."

"사장님, 오늘 밤 9시에 갑작스럽게 자체 감사를 받는데 결제 카드가 오픈 되어 있거나, 현찰로 결제되어 있지 않으면 우리가 모두 잘립니다."

"그런데 제가 지금은 돈이 없는데요."

옥신각신 실랑이를 하다가 지배인이 물었다. 팀들 중에 아는 사람이 있느냐는 것이었다. 내가 한 명도 아는 사람이 없다고 말했다. 그는 매우 당황해했다.

"아니, 이 팀들 중에 한 사람도 아는 사람이 없는데, 왜 이 큰돈을 지불하시는 겁니까?"

나는 정직하게 대답했다.

"제가 기독교를 믿는데, 하나님께 이 팀들이 누구냐고 물었더니 '하나님의 사람이다'라고 말씀하셨어요. 그래서 그들을 존귀하게 대접하고 싶었습니다."

"하나님의 사람이요? 그게 뭐예요?"

"이 팀이 하나님의 사람이에요."

지배인은 도저히 알 수 없다며 고개를 갸우뚱하며 말했다

"혹시 하나님의 사람이라는 것이 선교사들을 말하는 것입니까?"

"예."

지배인이 신경질을 내면서 말했다.

"하나님의 사람은 무슨 말입니까? 그냥 선교사라고 말하면 되지. 나는 예수 안 믿어요. 부처님 믿어요."

지배인이 화를 내면서 자기가 잠깐 안에 들어갔다 나올 때까지 내게 함께 갔던 세 사람과 꼼짝하지 말고 있으라고 했다. 우리는 꼼짝없이 호텔 로비에 앉아 있었다. 지배인이 잠시 후 밝은 얼굴로 돌아왔다.

"사장님, 우리 호텔에서 하나님의 사람들에게 385만 원을 할인해 드릴 테니 3천만 원만 계산하세요."

최고급 호텔은 민박처럼 할인을 해주는 곳이 아니다. 그래서 나는 깜짝 놀라 말했다.

"지배인님, 정말 감사해요. 그런데 지금 3천만 원이 없어요. 내일 아침에 일찍 가져올게요."

나는 머리를 깊이 숙였다. 지배인은 화가 나서 내게 꼼짝하지 말고 있으라고 하고는 다시 어디론가 갔다가 왔다.

"사장님, 제 머리가 계속 아파요. '하나님의 사람'이라는 말이 메아리처럼 계속 들려요."

그가 머리를 감싸쥐고 힘들어했다.

"하나님의 사람들에게 50퍼센트를 할인해서 1,500만 원만 받기로 했어요. 그러니 계산해주세요."

호텔에서는 있을 수 없는 일이었다. 나는 정말 감사했다.

"지배인님, 정말 감사해요. 그런데 그 돈이 지금 없어요."

나는 다시 고개를 숙였다. 지배인은 더 화가 났다. 그러고는 다시 어디론가 사라졌다. 곧 얼굴이 죽을상이 되어 돌아왔다.

"사장님, 제 머리가 너무 아파요. '하나님의 사람'이라는 소리가 계속 들려요. 이 소리를 좀 없애주세요."

지배인의 얼굴이 참 안되어 보였다.

"사장님, 1,500만 원에서 다시 50퍼센트를 할인하기로 결정했어요. 750만 원만 결제해주세요."

충격이었다! 5성급 호텔에서 절대 있을 수 없는 결정이었다. 그제야 하나님의 말씀이 기억났다.

'너는 가만히 있어 내가 하나님 됨을 알지어다 뭇 나라와 백성들 가운데서 내가 높임을 받으리라.'

할렐루야! 하나님께서 일하고 계신 게 분명했다. 나는 갑자기 당당해졌다. 그분이 일하고 계시는데 내가 머리를 숙일 필요가 없었다. 내가 지배인에게 말했다.

"750만 원도 없는데요."

지배인이 오히려 내게 사정을 했다.

"사장님, 제발 계산을 좀 해주세요. 이 건을 해결 못하면 감사에서 제가 잘려요. 그리고 지금 머리가 매우 아파요. '하나님의 사람… 사람… 사람…' 이 소리가 머릿속에서 들리지 않게 해주세요."

"그 돈이 정말 없어요."

"그러면 지금 얼마나 있어요?"

당시 나는 용돈 5백만 원에서 2백만 원을 쓰고, 3백만 원이 있었다.

"3백만 원이 있는데요."

호텔 지배인은 울상이 되었다.

"사장님, 오늘 하나님의 사람들… 3백만 원에 모두 끝냅시다."

그렇게 모든 게 정리되었다(이 사건은 하나님의 사람들인 성빈을 섬기는 내게 위로와 격려를 주었고, 큰 깨우침을 얻은 사건이었다). 할렐루야! 이때 김모세 선교사님과 팀들이 호텔 로비로 들어왔다. 나는 선교사님을 처음 보는데, 김환식 목사님과는 서로 아는 사이였다.

나는 지배인을 다시 불러 말했다.

"지배인님, 저 하나님의 사람들을 좀 보세요. 꼬질꼬질하잖아요. 이 호텔에 사우나가 좋잖아요. 쿠폰 50장만 좀 주이소~."

지배인이 대답했다.

"나는 하나님의 사람들을 매일 봐요. 그들에게 50퍼센트 할인해줄 테니 결제해주세요."

내가 대답했다.

"조금 전에 3백만 원을 다 쓰고 돈이 없어요. 하나님의 사람에게 공짜로 50장만 주이소."

그가 딱 잘라 안 된다고 하며 가버렸다. 그런데 잠시 후에 쿠폰 50장을 가지고 와서 말했다.

"사장님, 또 시작이에요. 내 머릿속에 하나님의 사람… 사람… 사람."

나는 지배인에게 교회에 나가야 머릿속이 잘 정리된다고 말해주었다. 그날 하나님은 당신이 부르신 성빈들에게 멋진 호의를 베푸셨고, 공짜로 사우나까지 하게 하셨다. 할렐루야! 주께 영광과 박수를….

'하나님, 당신은 너무나 멋지십니다!'

하늘은행에 저축하기3 - 하늘나라의 프로젝트

하나님으로부터 시작된 일을 말하겠다. 내 생각과 의지와 마음과 비전과 상관없이 하나님께서 부르셔서 명령하시는 것이 있다. 나는 정말 재정 강의를 하고 싶지 않았다. 내 부끄러운 옛 일들을 말하는 게 유쾌한 일이 아니기 때문이었다. 그런데 주께서 어느 날 새벽에 나를 깨우셔서 말씀하셨다.

'개인과 가정과 기업과 한국교회의 주인을 바꾸어라. 한국교회의 부흥의 열쇠가 재정에 있다. 재물이 하나님을 예배하는 곳으로 모이게

하라.'

처음에 나는 하나님께서 하신 말씀을 잘 알아듣지 못했다. 그런데 그 이후에도 재정 강의를 할 기회들이 계속 주어졌다.

남편에게도 이런 일이 있었다. 캐나다 토론토 예수제자훈련학교(DTS)를 마친 남편은 선교사가 꿈이었다. 그래서 그 이후 제주도에 있는 열방대학에서 성경연구학교(SBS)를 공부하며 준비하고 있었다. 그러던 어느 날, 주께서 남편에게 '비즈니스 속으로 들어가라'(In the Business)라고 하셨다. 그 속에 '네이션 체인저'(NC, Nations-Changer)를 일으키기 위해 준비하라고 하셨다.

남편은 선교사로 가기 위해 공부하며 준비했지만 하나님은 다른 계획을 가지고 계셨다. 직접 가는 선교사가 아니라 보내는 선교사로 사람을 일으키는 사역을 하라고 말씀하셨다. 남편은 주님의 말씀에 따라 비즈니스를 시작했다. 그것이 병원들을 컨설팅하는 NC컴퍼니이다.

주님의 명령에 따라 회사를 세웠고, 주님은 회사를 축복하시기 위해 우리가 섬기는 병원들을 놀랍게 축복하셨다. 또한 지금은 네이션 체인저들을 일으키기 위해 나와 남편이 NCMN(Nations-Changer Movement & Network)에서 사역하고 있다.

하나님의 명령은 내가 잘 아는 다른 한 분에게도 떨어졌다. 홍성건 목사님이다. 제주도 열방대학 책임자와 국제 YWAM 동아시아 대표로 계실 때였다. 35년간이나 예수전도단에서 섬기셨고, 목사님은 당연히 그곳에서 사역을 마무리할 것으로 생각하셨다. 그런데 3년 전에 주의 얼굴을 구하며 그 앞에 머물 때 주께서 말씀하셨다.

'너는 지금 있는 곳을 떠나 새로 NCMN을 시작하라. 온 열방에 네이션 체인저들을 일으키라. NC 운동 네트워크를 시작하라. 이를 위해 일 년 간 준비한 후에 시작하라.'

홍 목사님은 한 번도 생각해보지 않은 일이었기에 금식하며 다시 기도하셨고, 그 음성에 순종하여 모든 것을 내려놓고 NCMN을 시작하셨다. 이것은 하나님으로부터 먼저 시작된 일이다.

하나님께서 우리에게 무엇을 하라고 말씀하시는지 주의 깊게 들어야 한다. '하늘나라 프로젝트'라고 함은 사람에 의해서가 아니라 하나님의 명령에 의해 시작된 일을 말한다. 하나님나라가 확장되고, 하나님의 사람들이 세워지며, 잃어버린 영혼들이 돌아오고, 가난한 자를 구제하며 선교하는 일을 말한다. 선교지에 병원과 학교 건축, 고아원 설립과 아프리카 우물 파는 일 등이 여기에 속한다. 하나님은 우리의 재물을 여기에 투자하라고 하신다.

성경에서 말하는 하나님나라의 프로젝트 중에 가장 으뜸이 되는 프로젝트가 교회 건축이다. 하나님의 명령으로 시작된 한 교회의 건축 프로젝트를 소개한다.

너희는 산에 올라가서 나무를 가져다가 성전을 건축하라 그리하면 내가 그것으로 말미암아 기뻐하고 또 영광을 얻으리라 여호와가 말하였느니라 학 1:8

이때가 이스라엘 백성들이 포로로 사로잡혀 갔다가 제1차 포로 귀환했을 때다. 예루살렘에 돌아와 보니 성전은 파괴되고, 집도 다 무너지고, 아주 황폐해진 상태였다. 하나님께서 그의 백성들을 귀환시켜서 하나님의 나라를 건설하는 데 있어서 첫 번째로 "무너진 성전을 다시 건축하라"라고 명령하셨다. 그런데 이스라엘 백성들은 상황적으로 아직 성전을 건축할 때가 아니라고 생각했다. 그리고는 자기들의 집을 먼저 짓기 시작했다.

하나님은 학개 선지자를 통해 이들에게 말씀하셨다.

이 백성이 말하기를 여호와의 전을 건축할 시기가 이르지 아니하였다 하느니라 학 1:2

이 성전이 황폐하였거늘 너희가 이때에 판벽한 집에 거주하는 것이 옳으냐 … 너희는 너희의 행위를 살필지니라 학 1:4,5

하나님은 이스라엘 백성들의 행위에 우선순위가 바뀌었다고 말씀하셨다. 이 백성들이 자기 집은 먼저 짓고, 하나님의 성전은 지으려고 하지 않는 행동을 보셨다. 하나님께서 이들에게 말씀하셨다.

너희가 많이 뿌릴지라도 수확이 적으며 먹을지라도 배부르지 못하며 마실지라도 흡족하지 못하며 입어도 따뜻하지 못하며 일꾼이 삯을 받아도 그것을 구멍 뚫어진 전대에 넣음이 되느니라 만군의 여호와가 말하노니 너희는 자기의 행위를 살필지니라 학 1:6,7

우리가 앞에서 보았던 속부의 결과다. 내게 부요하고 하나님께 부요하지 못한 자가 속부다. 이렇듯 하나님께 인색한 것은 속부의 결과와 같은 결과를 얻게 된다. 이처럼 우리는 하나님으로부터 시작된 하늘나라 프로젝트에 인색할 때가 많다.

> 너희가 많은 것을 바랐으나 도리어 적었고 너희가 그것을 집으로 가져갔으나 내가 불어버렸느니라 나 만군의 여호와가 말하노라 이것이 무슨 까닭이냐 내 집은 황폐하였으되 너희는 각각 자기의 집을 짓기 위하여 빨랐음이라 그러므로 너희로 말미암아 하늘은 이슬을 그쳤고 땅은 산물을 그쳤으며 내가 이 땅과 산과 곡물과 새 포도주와 기름과 땅의 모든 소산과 사람과 가축과 손으로 수고하는 모든 일에 한재를 들게 하였느니라 학 1:9-11

'그러므로'란 말씀에 주목하라. 우리의 삶에 궁핍함이 있다면 다시 우선순위를 잘 살펴보길 바란다. 성전을 건축하라는 하나님의 명령은 우리가 말씀 중심, 성전 중심의 삶을 먼저 살아야 된다는 것이다. 그러기 위해서 모여서 예배하며, 기도하며, 교제하는 성전이 반드시 있어야 한다.

우리가 학개서를 통해 배워야 할 것은 하나님께서 먼저 시작한 프로젝트에는 그분이 재물을 공급하신다는 것이다. 하나님은 우리의 재물이 아니라 우리의 순종을 원하신다.

만군의 여호와가 이같이 말하노라 조금 있으면 내가 하늘과 땅과 바다와 육지를 진동시킬 것이요 또한 모든 나라를 진동시킬 것이며 모든 나라의 보배가 이르리니 내가 이 성전에 영광이 충만하게 하리라 만군의 여호와의 말이니라 은도 내 것이요 금도 내 것이니라 만군의 여호와의 말이니라 학 2:6-8

하나님께서는 성전을 짓는데 하늘과 땅과 바다와 육지를 진동시켜 모든 나라의 보배를 보내겠다고 하신다. 은도 금도 하나님의 것이라고 말씀하신다.

우리가 조심해야 할 것은 돈이 있다, 없다로 '하나님의 프로젝트를 한다, 못한다'라고 말하는 것이다. 하나님께서 명령하시고 시작하신 프로젝트에는 그분이 반드시 재물을 공급하신다. 우리는 이를 믿고 순종을 배워야 한다.

곡식 종자가 아직도 창고에 있느냐 포도나무, 무화과나무, 석류나무, 감람나무에 열매가 맺지 못하였느니라 그러나 오늘부터는 내가 너희에게 복을 주리라 학 2:19

'오늘', 회개하고 돌이켜 성전을 짓기로 결정한 날이다.

"오늘부터는 내가 너희에게 복을 주리라."

하나님께서 시작한 하늘나라 프로젝트는 확실한 투자처다. 우리의 재물을 여기에 투자하라(딤전 6:17-19). 하나님이 높은 이자율로 우리에게 도로 갚으실 것이다. 선하신 그분의 성품을 믿고 의지하라.

역대상 12장 32절의 "잇사갈 자손 중에서 시세를 알고 이스라엘이 마땅히 행할 것을 아는 우두머리가 이백 명이니 그들은 그 모든 형제를 통솔하는 자이며"라는 말씀처럼 시세를 아는 것이 중요하다. 하나님이 이때에 하시는 일이 무엇인지 알아서 그분의 뜻에 응답하는 삶과 그분이 앞으로 하시고자 하는 것이 무엇인지 알고 준비하는 게 우리가 마땅히 행해야 할 일이다. 우리는 이런 마음의 자세로 하나님께 응답해야 한다.

이스라엘이 바벨론 포로에서 제1차로 귀환할 때가 바사 왕인 고레스 원년이다. 그는 바벨론을 무너뜨리고 새로운 왕조를 세웠다. 그의 사명은 유대인이 귀환하여 하나님의 성전을 재건하는 일이었다(스 1:1-4). 그는 포로 귀환자들이 성전을 재건하는 일에 모든 필요를 다 채우도록 명했다. 제1차 포로의 중심인 스룹바벨과 여호수아는 이를 진행하여 성전기초를 놓았다. 그러나 사마리아인들만이 아니라 예루살렘에 사는 많은 이방인들이(스 4:1,2) 이를 방해하여 결국 중단되었다. 그러나 귀환자들은 자기들이 살 집을 짓고 살았다. BC 536년에 포로에서 귀환하여 성전 재건을 시작하다 중단된 후, BC 520년에 학개가 하나님의 말씀을 전했다. 학개의 주 메시지는 하나님의 성전은 황무한 채로 남겨두고 이스라엘은 자기들의 집을 짓고 사는 것을 지적했다. 그 결과는 모든 것의 궁핍함과 부족함이었다.

삶의 우선순위가 잘못된 것에 대한 것을 지적했다(학 1:4,6,9-11). 그들은 어쩔 수 없었다고 변명을 했다. 그러나 하나님은 이들의 행동을 엄격하게 책망하셨다. 그리하여 스룹바벨과 여호수아는 다시 성전건축을 시작하여 4년 후인 BC 516년에 완공했다. 학개가 선포한 것은 모든 것의 주인이 하나님이심이라는 것이었다. 하나님은 이방의 재물을 통해 그분의 성전을 지으셨다. 왜냐하면 하나님이 모든 것의 주인이시기 때문이다. 처음에 이스라엘이 시내산에서 성막을 지을 때 필요한 모든 은과 금, 재료들은 이스라엘이 애굽에서 나올 때 애굽인들에게 받은 것들이었다. 솔로몬이 성전을 지을 때도 많은 재료들이 두로에서 왔다. 그리고 스룹바벨이 성전을 지을 때도 바사에서 공급되었다(스 1:4,6 ; 6:8,9).

그 후 에스라가 제2차 포로 귀환자들을 데리고 예루살렘으로 갈 때도 당시의 왕 아닥사스다가 명령하여 은과 금과 많은 예물을 주어서 예루살렘에 거하시는 하나님에게 드리도록 했다(스 7:11-26). 학개가 은도 내 것이요 금도 내 것이라고 하신 하나님의 말씀을 전한 것은 이러한 일들을 두고 말한다. 하나님은 이방의 재물을 그의 영광을 위하여 사용하신다. 그것은 모든 것의 주인이 하나님이심을 잘 보여준다(사 45:1-5). 또한 이사야서 60장 4-9절도 이를 말씀하신다.

하나님은 재정적으로 우리를 축복할 수도 안할 수도 있다. 그것은 하나님의 주권이시다. 그러나 하나님의 일반적인 원칙을 무시하지 않아야 한다. 하나님은 축복하시는 분이다. 열왕기상하에서 하나님의 뜻을 따라 행하는 왕들의 공통적인 특징은 하나님의 축복이었다. 솔로몬(대하 1:12), 아사(대하 14장), 여호사밧(대하 20장), 히스기야(대하 32:27-30) 등이 그 예다. 다윗도 이것을 언급했다(대상 29:11,12). 그 외에도 이에 대해 성경의 많은 부분에서 말씀하고 있다.

번영신학과 기복신앙이란 자기의 필요만을 위해 복을 구하고 나누어 줄 줄 모르는 것을 말한다. 그러나 하나님은 언제나 먼저 그분의 백성에게 복을 주시고, 그들을 열방에 복을 주는 복의 근원으로 삼으셨다. 이것은 성경 전체에 나타난 하나님나라의 원칙이다.

기복신앙은 속부와 속빈의 삶의 전형적인 모습이다. 하나님은 먼저 우리를 축복하시고 우리를 통해 모든 민족이 복을 받게 하신다. 시편 67편이 그 대표적인 예다. 하나님은 우리에게 모든 것을 후히 주시고 누리게 하신다. 그러나 또한 선을 행하고 선한 사업을 많이 하고 나누어 주기를 좋아하며 너그러운 자가 되기를 원하신다(딤전 6:17-19). 이것이 하나님이 그분의 백성들의 재물을 축복하시는 이유이다. 고린도후서 8-9장은 이러한 하나님의 원칙을 잘 보여주고 있다.

에스라서는 바벨론 제1차 포로 귀환을 기록했다. 그 후 80년이 지나서 에스라의 주도 하에 제2차 귀환이 이루어진다. 에스라서는 이 두 다른 기간을 기록하면서 우리에게 하나님이 하시는 일, 그분의 백성들이 마땅히 해야 하는 일을 기록하고 있다. 학개서와 에스라서, 그리고 느헤미야서의 이해는 이런 면에서 이루어져야 한다. 학개서는 하나님 중심의 삶, 에스라서는 말씀 중심의 삶, 느헤미야서는 세상에 영향을 주는 삶을 강조한다. 또한 이러한 삶을 사는 데 재물을 어떻게 다루어야 하는지를 말씀한다. 우리는 이 책들을 통해 이 시대를 사는 우리가 어떻게 하나님께 응답해야 하는지를 이해할 수 있다. 홍성건

맘몬의 전략 회의

마귀는 하나님을 거역하여 땅에 떨어진 이후 끊임없이 전략회의를 했다. 그는 참모들과 함께 오직 한가지 일에 집중했다.

"나는 이 땅의 개인, 가정, 도시, 지역, 나라 전체를 내 손에 넣어 통제하기를 원한다. 우리의 운명은 이미 결정되었다. 곧 끝날 것이다. 그러나 어떻게 해서라도 그 시간을 연장해야 한다. 좋은 전략을 내놓아라. 좋은 아이디어가 없느냐?"

그들이 처음에 내놓은 아이디어는 기가 막히게 먹혔다. 그것은 하와를 속이는 일이었다. 하나님의 말씀을 구부러뜨려 하와를 미혹하는 일이다. 마귀의 속성은 '속이는 자'이다. 그는 거짓말쟁이다. 거짓의 아비다.

예수께서 그에 대해 "…그는 처음부터 살인한 자요 진리가 그 속에 없으므로 진리에 서지 못하고 거짓을 말할 때마다 제 것으로 말하나니 이는 그가 거짓말쟁이요 거짓의 아비가 되었음이라"(요 8:44)라고 하셨다.

마귀가 하와에게 "하나님이 참으로 너희에게 동산 모든 나무의 열매를 먹지 말라 하시더냐?"(창 3:1)라고 물었다. 그는 항상 이런 식으로 접근한다. 하나님의 말씀을 우리로 하여금 의심하게 만든다. 약간 말씀을 구부린다. "동산 모든 나무의 열매"라고 하여 '모든'이란 말을 살짝 첨가했다. 그리고 나중에는 더 담대히 거짓을 말한다.

"너희가 결코 죽지 아니하리라 너희가 그것을 먹는 날에는 너희 눈이 밝아져 하나님과 같이 되어 선악을 알 줄 하나님이 아심이니라"(창

3:4,5).

그러나 하나님은 불순종의 죄악으로 반드시 죽게 될 우리를 구하려고 그의 아들을 십자가에 내놓으셨다. 그 후 교회가 견고하게 세워져서 마귀의 나라를 깨뜨리며 하나님의 나라를 확장하자 그는 더욱 안간힘을 썼다. 핍박, 환난, 질병 등으로. 그러나 교회는 더욱 견고해져서 하나님의 나라는 확장되어갔다. 이에 마귀는 점점 더 다급해졌다. 그들은 다시 전략회의를 열었다. 그는 책상을 '쾅' 치며 참모들에게 화를 냈다.

"무슨 좋은 아이디어 없느냐?"

그때 참모 중 하나가 말했다.

"제게 좋은 생각이 있습니다. 제가 성경을 읽어봤는데(마귀의 부하들도 성경을 읽지만 동기가 다르다, 약 2:19) 잠언 22장 7절에 "빚진 자(돈을 빌린 자)는 채주(돈을 빌려준 자)의 종(노예)이 되느니라"라고 합니다. 그러니 사람들로 빚지게 하는 것입니다. 특히 그리스도인들에게 빚지게 하는 것입니다."

마귀가 버럭 화를 내었다.

"야, 이 바보야! 그게 가능할 것 같으냐? 그리스도인들이 하나님의 말씀을 읽어서 이미 알고 있는데 그들이 빚질 것 같으냐? 더구나 교회는 불가능하다. 그들은 바보가 아니란 말이다!"

그러나 그 참모가 말했다.

"제 졸개들을 풀어서 고리대금업, 금융업을 시작해보겠습니다. 사람들에게 돈을 빌려주는 것입니다. 이자를 받게 하고, 보증을 서게 하는 법을 만들겠습니다. 그러면 그들을 통제할 수 있습니다. 더구나 세대에 거쳐 통제할 수 있습니다. 한꺼번에 그들이 빚지게 하지 않을 것입니다. 처음에는 한 명부터 시작해보겠습니다. 또 한 명, 또 한 명 … 아마도 얼마 안가서 돈을 빌리는 게 평범한 일이 될 것입니다. 개인과 가정과 교회, 도시와 나라 전체를 통째로 바치겠습니다. 에덴동산에서 각하께서 하와를 속인 이후 그들을 통제하기 시작하지 않으셨습니까?"

그는 바로 '맘몬'이라는 참모였다. 빚지면 맘몬의 통제를 받게 된다. 그러면 더 이상 하나님의 종이 될 수 없다. 하나님에게 순종할 수 없다. 창세기에서 뱀이 하와를 속이듯이 빚을 지게 해서 이자를 내느라 모든 에너지를 다 쏟게 한다. 사람들이 돈을 빌리는 게 속는 것이라는 걸 모르게 하고 평범한 일이 되게 한다. 오히려 돈을 빌리는 것을 '지혜'라고 여기게 한다.

창세기 3장 13절에 "뱀이 나를 꾀므로 내가 먹었나이다"에서 '꾀다', '속이다'의 히브리어는 '나샤'nasha이다. 이것은 사무엘상 22장 2절의 '빚진 자'의 '빚지다'의 히브리어 '나샤'nasha와 발음이 같다. 마귀가 하와를 속이므로 사망에 이르게 한 것같이 맘몬은 우리를 속여서 빚지게 하여 삶을 무기력하게 만든다. 맘몬에게 속아서 빚지는 삶을 산다면 하와가 마귀에게 속아서 선악과를 먹음 같은 심각한 결과를 얻게 된다. 그래서 결코 빚지는 삶을 가볍게 보아서는 안 된다. 홍성건 빚을 지면 관계가 파괴된다. 하나님의 지혜와 능력으로 살 기반이 무너진다. 원망하는 마음, 수치심, 죄책감, 실패감에 빠진다. 더 심각한 것은 하나님의 말씀에 순종할 수 없을뿐더러 맘몬의 통제를 받게 된다.

우리는 결정해야 한다! 더 이상 돈을 빌리지 않는다. 빚지지 않는다. 빚 갚기를 당장 시작한다. 하나님 앞에 용서를 구하고 내가 할 수 있는 최선을 다해야 한다. 그러면 하나님께서 초자연적으로 일하셔서 빚의 멍에로부터 우리를 자유하게 하실 것이다.

주인을 바꾸어라

부자는 가난한 자를 주관하고 빚진 자는 채주의 종이 되느니라 잠 22:7

너는 사람과 더불어 손을 잡지 말며 남의 빚에 보증을 서지 말라 만일 갚을 것이 네게 없으면 네 누운 침상도 빼앗길 것이라 네가 어찌 그리하 겠느냐 잠 22:26,27

맘몬은 우리가 감당하지 못할 만큼의 빚을 지게 만든다. 그래서 영향력 있는 크리스천으로 살지 못하게 한다. 빚으로 우리를 묶어버린다. 빚을 갚기로 결정하는 것은 단순하게 빚만 갚는 게 아니라 '나는 오직 하나님만 주인으로 섬기겠습니다'라고 결정하는 것이다. 우리는 결정해야 한다.

누구를 주인으로 모시겠는가? 주인을 바꾸려면 어떻게 해야 하는가? 빚 갚는 자의 자세는 어떠해야 하는가?

> 내 아들아 네가 만일 이웃을 위하여 담보하며 타인을 위하여 보증하였으면 … 너는 곧 가서 겸손히 네 이웃에게 간구하여 스스로 구원하되 네 눈을 잠들게 하지 말며 눈꺼풀을 감기게 하지 말고 노루가 사냥꾼의 손에서 벗어나는 것같이, 새가 그물 치는 자의 손에서 벗어나는 것같이 스스로 구원하라 잠 6:1-5

이 말씀은 빚 갚는 자의 자세에 대해 잘 말해주고 있다.

첫째, 눈을 잠들게 하지 말며 눈꺼풀을 감기게 하지 말라는 것이다. 쉬지 말고 부지런히 일해야 한다는 말이다. 둘째, 노루가 사냥꾼의 손에 걸렸다. 새가 그물 치는 자의 손에 걸렸다. 어떻게 하겠는가? 탈출하기 위해 목숨을 거는 것같이 스스로 구원하라는 말씀이다. 사냥꾼에게 걸린 노루와 그물에 걸린 새의 비유로 빚진 자가 빚으로부터 탈출하기 위해 목숨을 걸어야 가능하다는 것이다. 빚 갚는 것에 최선을 다해야 한다.

맘몬은 우리를 쉽게 놓아주지 않는다. 우리가 빚을 갚고 영향력 있는 그리스도인으로 살도록 가만두지 않는다. 큰 빚을 지게 하는 것은 맘몬의 계략이다. 여러분이 이 계략에 말려들었다면 목숨을 걸어야 탈출할 수 있다.

0과 1의 차이
50억의 빚을 갚을 때 주님께서 빚 갚는 전략을 내게 주셨다.

첫째, 당장 오늘부터 더 이상 빚내지 말라.
둘째, 오늘부터 작은 돈이라도 빚을 갚으라.
셋째, 빚 갚는 프로젝트를 포함한 예산안을 작성하라.

내게 첫 번째는 쉬웠다. 어차피 더 빌릴 데도 없었기 때문이다. 두 번째를 실행하기 위해서는 돈이 있어야 가능했다. 빚을 갚아주기로 약속한 번호표의 첫 번째 사람에게 갚아야 할 금액은 6억 원이었다. 주님이 당장 시행하라고 하셨다. 나는 너무나 당황스러웠다. 당시 수중에 만 원이 전 재산이었기 때문이다. 그래서 주님께 말씀드렸다.

'주님, 지금 만 원밖에 없는데요.'

주님은 그 만 원으로 빚을 갚으라고 하셨다. 나는 난감했다.

'어떻게 6억 원의 빚을 만 원으로 갚을 수 있단 말인가!'

나는 말씀에 순종하기 어려워서 기도하고 또 기도했다. 그러나 계속 들리는 말씀이 '너는 당장 오늘부터 빚을 갚아야 한다. 사냥꾼의 손에 걸린 노루, 그물망에 걸린 새처럼 목숨을 걸고 탈출하라'고 하셨다. 그래서 나는 제주도에 가기 전에 번호표 1번을 준 사장님에게 빚을 갚으러 가겠다고 전화를 했다.

그리고 흰 봉투에 만 원을 넣어서 그를 찾아갔다. 그는 내 앞에 잔칫상을 차려놓았다. 나는 거의 먹지 못했다. 식사 후에 과일과 커피가 나왔다. 내가 빚을 갚을 차례였다. 나는 만 원이 든 봉투를 그에게 건넸다. 그때는 정말이지 죽고 싶은 심정이었다. 1억 원쯤 든 봉투라고 생각하고 받았던 그는 만 원이 든 봉투를 확인하고 소리를 버럭 질렀다.

"아니, 이 여자가 지금 누굴 놀려!"

그러면서 만 원을 꾸겨서 바닥에 던져버렸다.

나는 너무나 미안해서 그의 앞에 무릎을 꿇었다. 그리고 꾸겨진 돈을 집어 들고 손으로 펴서 그에게 주면서 울며 말했다.

"사장님, 정말 죄송해요. 그런데 지금 이 만 원이 제 전 재산입니다. 다음에 올 때도 전 재산을 가지고 오겠습니다. 사장님의 빚을 최선을 다해 갚겠습니다."

그런 나를 보고 그 분이 더 화를 냈다.

"야~ 이 집에서 당장 나가!"

나는 나가라는 말이 주님의 음성으로 들렸다. 그렇게 고마울 수가 없었다. 빚을 다 갚을 때까지 꼼짝도 하지 말고 있으라고 하면 어떻게 하겠는가! 나는 그 말이 떨어지기가 무섭게 일어나서 나왔다. 그런데 자존심이 전혀 상하지 않았다. 주님이 나를 격려해주셨다.

'미진아, 잘하고 있다. 너는 자연세계 안에서 최선을 다하라. 내가 초자연세계에서 재물을 움직일 것이다. 내가 너를 도울 것이다.'

이 말씀이 내게는 참으로 큰 격려가 되었다. 이것을 홍성건 목사님은 수학공식으로 푸셨다.

0 × 1억 = 0

하나님이 1억의 일을 내게 하고 싶으셔도 내가 아무것도 하지 않으면 아무 일도 일어나지 않는다. 그러나 다른 공식이 있다.

1 × 1억 = 1억

내가 할 수 있는 것에 최선을 다하면 하나님은 내게 그분의 일을 행하신다.

내가 할 일에 최선을 다하면 주님의 능력인 1억 원이 나를 돕는다. 이것이 순종이고 내가 할 일이다. 그러나 내가 할 일을 하지 않으면 주님은 기다리신다.

나는 돈이 생길 때마다 그 사장님에게 들고 갔고, 또 생기면 들고 갔고, 계속 들고 갔다. 만 원, 십만 원, 이십만 원, 백만 원…. 어느 날 짜증이 난 그 사장님이 내게 한 달에 한 번만 가지고 오라고 했다. 그러나 나는 돈이 생길 때마다 가져다주었다. 그렇게 3억 원을 갚자 그가 내 행동에 감동해서 나머지 3억 원의 빚을 탕감해주었다. 나는 그렇게 빚을 만 원부터 갚기 시작했고, 4년 반 만에 50억 원의 빚을 다 갚을 수 있었다!

또한 주께서 나와 남편에게 사업장을 주셨다. 남편은 주님으로부터 특별한 재능과 놀라운 지혜와 아이디어를 받았다. 그것을 적용하여 병원 컨설팅을 하게 하셨다. 남편이 컨설팅을 한 병원들마다 주께서 복을 주셨고, 매출을 크게 성장시켜주셨다.

이 병원들은 수익의 일부를 아프리카 아이들에게 나누는 사랑을 실천하고 있다. 정말로 주님이 하셨다! 그래서 나와 남편이 운영하는 회사는 병원 컨설팅으로는 업계 최고로 인정받게 되었다. 하나님께서 '너를 부르는 곳마다 복이 될 것이다'라고 하셨는데 그 약속을 지키셨다.

나는 또 소매업과 광고업을 하게 되었다. 그것도 주께서 축복하셨다. 보증을 서서 남이 진 빚을 내가 갚게 되었는데 앞서 말했듯이 만 원이 있으면 만 원을, 십만 원이 있으면 십만 원을, 백만 원 있으면 백만 원을 갚아나갔다. 이렇게 성실하게 빚을 갚다보니 채주들이 빚을 많이 탕감해주었다. 이 또한 주께서 주신 은혜임이 분명했다.

▌빚 갚는 자세1 – 김치와 밥만 먹다

'빚진 자는 채주의 종'이라는 사실을 깨닫고 난 뒤부터 나는 오직 주님만 주인으로 섬기기 위해 내 인생의 주인을 바꾸는 데 목숨을 걸었다. 그래서 우리 가족은 빚을 다 갚는 그날까지 김치와 밥만 먹기로 했다. 이것이 사냥꾼의 손에 걸린 노루와 그물에 걸린 새가 목숨을 걸고 탈출하는 것이라고 생각했다.

빚이 거의 다 갚아졌을 때의 일이다. 다음 달이면 완전히 빚을 다 갚고 주인을 바꿀 수 있는데 유진이가 말했다.

"엄마, 김치찌개에 돼지고기 한 줌만 넣어주세요."

이때가 가장 어려운 때였다. 왜냐하면 충분히 돼지고기를 살 돈이 있었기 때문이다. 다음 달이면 완전히 빚을 다 갚고 주인을 바꿀 수 있는데, 아들의 요청을 들어주면 내 결심이 흔들릴 것 같았다. 고기만이 아니라 과일도 먹고 싶을 것 같았다. 아들 때문에 약해질 수 없어서 더 마음을 강하게 했다.

"유진아, 안 돼. 다음 달이면 우리가 빚을 다 갚을 수 있어. 그때 돼지고기도, 소고기도 사줄게."

그러자 아들이 펑펑 울며 말했다.

"엄마, 나 돼지고기, 빵, 피자, 치킨이 정말 먹고 싶어요."

아들은 4년 반이나 이런 것들을 먹지 못했다. 아이에게는 미안했지만 나는 더 독하게 마음을 먹었다.

"안 돼!"

그 순간이 무척 힘들었던 것으로 기억된다. 빚을 다 갚을 때까지 우리 가족은 옷도 사 입지 않기로 결정했다. 나는 교회 바자회에 유진이를 데리고 가서 500원짜리 청바지를 잘 골라 사서 세탁해서 입혔다. 또 구제품 가게에서 500원, 1,000원, 3,000원을 넘지 않는 옷들을 사 입었다. 매달 많은 돈을 벌었으나 빚 갚는 데 다 썼다. 안 먹고, 안 쓰고, 안 입고 빚을 갚았다.

드디어 빚을 다 갚고 주인을 바꾸었다! 나는 하늘을 날아갈듯이 기뻤다. 그래서 가장 먼저 아들을 데리고 백화점으로 갔다.

"유진아, 오늘 이 백화점에 있는 청바지를 다 사줄게. 열 개라도 사라."

그날만큼은 정말 아이에게 백화점의 좋은 옷을 다 사주고 싶었다. 4년 반 동안 500원짜리만 입었던 아이에게 보상해주고 싶었다. 그래서 명품 청바지 가게로 갔다. 청바지 가격이 50만 원도 넘었다. 유진이가 말했다.

"엄마, 가격표가 잘못 붙은 거 아니에요? 청바지는 500원이잖아요."

나는 마음이 아팠다.

"유진아, 엄마가 50만 원짜리 청바지 열 개라도 사줄 수 있으니 오늘 다 사라. 다른 옷도 사고!"

그런데 아들이 내 손을 잡고 근처 지하상가로 갔다. 아주 저렴한 청바지(약 2만5천 원)를 사면서 말했다.

"엄마, 죄송해요. 이거 500원의 50배도 넘는 청바지지만 입고 싶어요."

500원짜리만 입다가 2만5천 원짜리를 명품처럼 입는 아들을 보며 미안하기도 하고 대견하기도 했다.

▌빚 갚는 자세2 - 부러진 손가락

제주도에서의 일이다. 믿음으로 살기로 결정한 지 얼마 되지 않은 때였다. 어느 날 아들이 자전거 타기를 배웠다. 그런데 내리막길에서 브레이크 사용이 미숙하여 자전거에 손이 말려들어가면서 손가락이 부러졌다. 당장 병원에 가야 하는 응급 상황이 생겼다. 다급한 상황이라 아들의 손을 붙잡고 기도하며 주께 여쭈었다.

'주님, 어떻게 해야 합니까?'

'너는 더 이상 빚을 내지 마라.'

주님의 말씀이 아주 냉정하게 들렸다.

'주님, 지금 이 상황은 빚을 얻어서라도, 남의 카드를 빌려서라도 병원에 가야 해요.'

주님이 다시 말씀하셨다.

'너는 더 이상 빚을 내지 마라.'

아들의 손가락이 부러져서 빚을 내지 않을 수 없는 상황이 되었다. 정말이지 고통스러운 날이었다. 주님은 그날 내게 정말 냉정하셨다.

'주님, 유진이를 병원에 데리고 가야 해요. 저는 지금 돈이 필요해요. 이건 먹는 것, 입는 것, 마시는 것 때문에 돈을 빌리는 게 아니에요. 아들의 생명 문제예요. 병원에 빨리 데려가야 한다고요!'

옆집에서 돈이나 카드라도 빌려서 병원에 가야 하는 상황이었다. 그런데 또 다시 주님이 말씀하셨다.

'더 이상 빚을 지면 안 된다. 빚지지 말라.'

아들의 부러진 손가락이 굉장히 많이 부어올랐다. 큰 고통 속에서 아이가 울고 있었다. 아들을 데리고 병원에 갈 수 없는 나는 심장이 찢어지는 고통을 느꼈다.

일단 나무젓가락으로 부러진 손가락 마디를 고정하고, 우유팩을 부목 삼아 대고 붕대 대신 면으로 된 옷을 찢어서 감아 손가락을 고정시켜놓았다. 통증 때문에 우는 아이를 겨우 재우고는 밤새도록 고통 가운데 주님께 기도했다. 정말 한잠도 잘 수가 없었다.

새벽이 되니 더 이상 주님의 음성을 듣고 사는 삶, 믿음으로 사는 삶을 살 수 없을 것 같았다. 주님께서 더 이상 빚을 지지 말라고 하셨지만 그 음성에 순종할 수 없을 것 같았다.

'부러진 손가락이 잘못된다면, 혹 뼈에 세균이라도 감염된다면….'

너무나 끔찍한 상상들이 밤새 나를 괴롭혔다. 아침에 남편이 나를 격려하며 말했다.

"우리 포기하지 말자. 빚지지 말라고 하신 주님은 선하신 분이야. 이 상황을 알고 계신 주님을 신뢰하자."

나는 이를 악물었고, 아들의 손에 흰 양말을 씌워 학교에 보냈다. 그리고 나도 학교에 갔다. 하루 종일 끔찍한 상상들이 나를 괴롭혔다. 수업을 마치고 집에 왔는데 아들의 손에 단단하게 깁스가 되어 있는 게 아닌가!

"유진아, 이게 어떻게 된 거야?"

아들이 학교 가는 길에 선흘교회 사모님을 만났다고 했다. 사모님이 왜 손에 양말을 끼우고 있냐고 물으셔서 아들이 대답했다.

"제가 자전거를 타다가 손가락이 부러졌는데 병원에 못 가서 엄마가 이렇게 치료해주셨어요."

사모님은 아이를 바로 차에 태워서 제주병원으로 가서 엑스레이 촬영과 약 처방을 받고 깁스를 해서 데리고 오셨다. 주님은 아들의 손가락이 다 붙을 때까지 그 차를 타고 다니며 치료를 받게 하셨다. 할렐루야!

나는 아들의 부러진 손가락을 통해 선하신 주님을 만났다. 내게 한 단계 더 강한 믿음의 근육이 붙게 된 사건이었다.

더 이상 빚을 지지 말라고 하신 주님의 말씀을 나는 지금까지 지키고 있다. 현재 운영하는 세 개의 사업장에도 빚이 전혀 없다. 사업을 하는 분들은 사업장에 빚 갚는 것을 목표로 세우길 바란다. 일단 자산 대비 빚의 비율을 50퍼센트 미만으로 낮추어야 한다. 그래야 주인이 바뀐다. 주식회사의 지분 51퍼센트와 49퍼센트의 주주가 있다고 한다면 누가 그 회사의 결정권자인가? 빚의 비율이 50퍼센트 이하로 낮추게 되면 주인이 바뀌고, 사라진 지혜가 다시 돌아오기 시작한다.

'왕의 재정학교'에 한 회사 회장님이 학생으로 왔다. 그가 간증하길 5년 전까지는 회사에 빚이 전혀 없었다고 한다. 그런데 사업을 확장하면서 빚을 많이 지게 되었고, 빚에 시달리기 시작하면서 주님으로부터 받은 모든 지혜가 사라져 빚을 갚기 위한 생각으로만 꽉 차게 되었다고 했다. 그래서 또 다른 빚을 얻어 사업을 확장하며 더 큰 빚을 지는 구조로 회사가 5년 만에 완전히 무너졌다고 간증했다. 더 나아가 분별력이 완전히 사라졌다고 하면서 회사 확장을 위해 빚을 얻은 것을 뼈저리게 후회했다.

빚은 왜 지는가? 많은 이유들이 있겠지만 내면을 깊이 살펴보면 우리의 과도한 욕심에서 비롯된다.

▍하나님이 하셨습니다

부도가 난 당시 내게는 작은 빌딩이 하나 있었다. 건물 자체 가치는 잘 모르겠으나 건물 임대수익률의 가치로 따져보면 약 40억 원쯤 되는 빌딩이었다. 이 빌딩에 은행 대출이 10억 원이 있었다. 이자를 내지 못하니 결국 경매가 진행되었고, 나는 속수무책이었다. 임대수익이 높은 빌딩인데 이상하게 경매로 낙찰이 되지 않았다.

낮은 가격까지 떨어지게 되니 빚쟁이들이 몰려와서 빌딩을 넘기라고 했다. 어차피 경매로 넘어가게 생겼기에 "여러분들이 나누어 가지세요"

라고 빌딩을 빚쟁이들에게 넘겨주었다. 그리고 그 빌딩이 어떻게 되었는지 신경을 쓰지 않았다.

빚쟁이들은 건물의 높은 임대수익 때문에 힘을 합쳐서 이자를 갚으면서 임대수익을 나누고 있었다. 그러는 사이에 서로 빌딩을 갖겠다고 싸움을 하다가 다시 나를 찾아와서 말했다.

"우리 중에 누구도 이 빌딩을 가질 수 없으니 당신이 빨리 팔아서 빚을 갚아요."

나와 남편이 빌딩에 대해 주님께 물었을 때 '30억 원에 팔릴 것이다'라고 말씀하셨다(나중에 알게 되었지만 사고 파는 사람에게 가장 좋은 가격이었다). 나는 마음이 좀 섭섭했다. 잘 하면 40억 원도 받을 수 있다는 생각이 들어서였다. 그런데 주께서 다시 말씀하시길 '너희는 잠잠히 주님을 바라보라. 오늘 구원을 베푸시는 주님만 신뢰하라'라고 하셨다.

다음 날부터 나는 빌딩을 적극적으로 매매하기 위해 나섰다. 부동산에서 38억 원에 빌딩을 사겠다는 사람이 있다고 했다. 나는 흥분해서 매수인을 만나러 갔다. 모든 과정이 순적했고, 도장만 찍으면 되는 순간에 매수인에게 한 통의 전화가 걸려왔다. 더 좋은 물건이 생겼다면서 빌딩을 안 사겠다는 것이었다. 나는 속이 매우 상했다. 그리고 얼마 후에 빌딩을 33억 원에 사겠다는 사람이 나타났다. 그러나 계약 당일에 또 무산되었다.

그 후에 34억 원, 36억 원에 사겠다는 매수인이 나타났으나 매번 계약이 성사되지 않았다. 빌딩의 임대수익 때문에 많은 사람들이 건물을 탐냈다. 하루는 어떤 사람이 28억 원을 주겠다고 했다. 그런 경우에는 만나러 나가지 않았다.

'주님이 30억 원에 팔린다고 했는데 28억이라니 말도 안 되지!'

또 어떤 사람은 24억 원을 준다고 했다. 나는 마음이 상했다.

'주님이 30억 원에 팔린다고 했는데 무슨 24억! 안 되지.'

이런 일들이 반복되면서 나는 나 자신을 돌아보게 되었다. 분명 주님이 30억 원에 팔릴 것이고, 잠잠히 구원을 베푸시는 그분을 바라보고 신뢰하라고 하셨는데, 나는 30억 원보다 많이 준다면 열심히 사람을 만나고, 그보다 적게 준다면 주님의 음성이 아니라고 하면서 만나지 않았다. 더 비싸게 빌딩을 매매하고 싶은 욕심이 내 마음에 있음을 주께서 보여주셨다.

나는 지쳐서 얼마를 주든지 빌딩을 무조건 팔고 싶었다. 23억 원, 25억 원, 27억 원에도 매매하고 싶었으나 매매되지 않았다. 심지어 18억 원에도 되지 않았다. 도저히 이해되지 않는 상황이었다. 나는 주님의 음성을 신뢰하지 못하고 내 힘과 방법과 능력으로 해보려고 전국의 모든 부동산을 동원했다. 그렇게 3년이 지나면서 나는 회개하며 주님의 음성을 따라 살겠다고 결정했다.

이후 많은 사람들이 빌딩을 사겠다고 하며 30억 원보다 많거나 적은 금액으로 연락이 왔으나 사람들을 만나지 않았다. 정확하게 30억 원을 제시하는 사람이 있으면 만나겠다고 주님 앞에 약속했기 때문이다.

어느 날 딱! 30억 원을 제시하는 사람이 나타났다. 그리고 드디어 매매가 이루어졌다. 그래서 은행 빚과 보증 섰던 빚을 많이 정리하게

하셨다. 이 일은 정말로 주님이 하셨다. 할렐루야! 이 일로 주님은 돈
의 액수보다도 내 마음을 살피시고, 내 욕심을 깨뜨리고, 내 뜻과 내
방법을 내려놓고 오직 주께 순종하며 주님을 신뢰하는 법을 철저히 가
르치셨다.

여호와여 나를 살피시고 시험하사 내 뜻과 내 양심을 단련하소서 시 26:2

'나를 살피고 시험한다'는 것은 내 모든 행동을 자세히 관찰하시고 또
한 역경과 고난을 통해 시험한다는 것이다. 여기서 '내 뜻'이라 할 때의
'뜻'(히브리어로 '킬야'kilyah)은 사람의 몸의 기관 중 제일 깊은 곳에 위치
한 콩팥(신장)에 해당하는 것으로서 '마음의 숨은 동기'를 의미한다. '양
심'(히브리어로 '레브'leb)은 속사람, 즉 마음을 가리키는 말이다. '단련하
다'(히브리어로 '차라프'tsaraph)는 것은 '불순물이나 찌꺼기를 걸러내는
작업으로서의 제련한다, 깨끗하게 한다'는 의미이다.
그러므로 하나님께서 내 마음과 숨은 동기를 살피시고 역경을 통해 그
것이 어떠한지를 시험하시고, 내 마음과 숨은 동기에 있는 인간적이고
세상적인 불순물과 찌꺼기를 제거하고 깨끗하게 하여 철저히 하나님의
뜻을 따라 반응하도록 나를 단련하신다. 홍성건

주님은 또한 나와 남편에게 각각 사업체를 허락하셨고, 재물을 많이 얻게 하셨다. 우리는 빚 갚는 데 모든 힘을 모았고, 빚으로부터 완전히 탈출하게 되었다. 이 모든 일은 우리의 힘으로 된 게 아니다. 오직 하나님께서 재물 얻을 능력을 주셨기 때문에 가능했다.

네 하나님 여호와를 기억하라 그가 네게 재물 얻을 능력을 주셨음이라
신 8:18

성부의 부르심에 응답하라
'너는 사람을 두려워하지 말라.'
주께서 '왕의 재정학교'를 시작하게 하시면서 말씀하셨다.
'너는 온 열방을 다니면서 교회 안에 재정의 주인을 바꾸어라. 너는 사람을 두려워하지 말고, 오직 나 여호와가 하는 말을 선포하라. 내가 보여주는 것을 선포하라.'
이 말씀은 내게 거룩한 두려움을 갖게 했다. 나는 큰 교회든지 작은 교회든지 상관하지 않았고, 사람의 눈치를 보지 않고, 하나님께서 보여주신 만큼의 말씀을 선포했다. 그 메시지는 거룩한 두려움을 일으켰다. 그리고 많은 사람들이 속부의 자리에서 회개하고 돌이키는 일들이 일어났다.
재정 강의를 하면서 복 받는 비결을 가르쳐도 영적 근육이 없으면 그 복을 받지 못하는 것을 본다. 우리가 하나님의 복을 받는 자리로

가지 못하도록 방해하는 맘몬 때문이다. 맘몬은 진리의 말씀을 왜곡시켜 우리의 눈과 귀를 멀게 한다. 그래서 주께서는 '하나님의 나라는 비밀이다'라고 하셨다. 듣기는 들어도 깨닫지 못하고, 보기는 보아도 보지 못한다고 하셨다.

맘몬은 우리가 하나님나라의 비밀을 깨닫지 못하도록 방해한다. 우리가 성경적 재정 원칙을 깨달아 우리의 주인을 맘몬에서 하나님으로 바꾸고 진정한 성부의 축복을 받는 것을 막으려고 시도한다. 우리의 생각 속에 말씀에 대해 냉랭하고 딱딱한 마음들을 집어넣고, 보이지 않는 하나님나라에 대한 관심을 버리게 만든다.

이 글을 읽는 여러분은 주님의 말씀에 대해 그런 태도를 버리라. 그런 태도가 주님이 주시는 복을 받지 못하게 한다. 하나님은 여러분에게 유업을 주실 것이다. 믿음으로 받으라!

내게 구하라 내가 이방 나라를 네 유업으로 주리니 네 소유가 땅끝까지 이르리로다 시 2:8

유업은 오늘 당장 믿음으로 받는 것이다. 소유는 미래에 내 것으로 만들어내는 것이다. 이 부분은 '하나님의 약속을 받는 자세'에서 세세히 다루겠다.

여호와께서 아브람에게 이르시되 너는 너의 고향과 친척과 아버지의 집을 떠나 내가 네게 보여줄 땅으로 가라 내가 너로 큰 민족을 이루고 네

게 복을 주어 네 이름을 창대하게 하리니 너는 복이 될지라 너를 축복하
는 자에게는 내가 복을 내리고 너를 저주하는 자에게는 내가 저주하리
니 땅의 모든 족속이 너로 말미암아 복을 얻을 것이라 하신지라 창 12:1-3

하나님께서 아브람을 부르시는 장면이다. "너는 떠나라"라고 명령
하셨다. 이때 '땅을 주겠다. 자손을 주겠다. 너를 복의 근원되게 하겠
다'라는 세 가지 약속을 그에게 하셨다. 하나님께서 이 약속을 이루시
기 위해 가장 먼저 축복하신 것이 '재물'이었다.

아브람에게 가축과 은과 금이 풍부하였더라 창 13:2

하나님께서 온 땅과 사람을 창조하시고 사람으로 하여금 온 땅을
다스리게 하셨다. 그리고 첫째 사람 아담에게 말씀하시길 "내가 먼저
너를 축복하겠다. 너는 온 땅을 다스려 하나님나라를 확장하라"라고
하셨다. 사람을 만든 첫 번째 목적이 하나님을 대신해서 온 땅을 다스
리는 존재로 만드신 것이다.

하나님이 이르시되 우리의 형상을 따라 우리의 모양대로 우리가 사람을
만들고 그들로 바다의 물고기와 하늘의 새와 가축과 온 땅과 땅에 기는
모든 것을 다스리게 하자 하시고 … 하나님이 그들에게 복을 주시며 하
나님이 그들에게 이르시되 … 모든 생물을 다스리라 하시니라 창 1:26-28

하나님의 형상대로 지으심을 받은 사람이 하나님을 대신해서 온 땅을 다스린다는 것은 하나님의 통치가 이 땅에 통하게 하라는 것이다. 하나님의 음성을 듣고 그분의 뜻대로 온 땅을 다스리라는 것이다.

하나님의 뜻이 온 땅으로 흘러가도록 하며 온 땅을 하나님나라로 확장해가라는 것이다. 온 땅을 하나님을 예배하는 땅으로 회복시키라는 것이다. 그 땅에 사는 사람이 하나님을 예배할 때 그 땅이 하나님을 예배하는 것이다. 하나님은 이것을 위해 우리를 축복하신다.

하나님께서 아담에게 약속하신 유업을 그대로 이어가기 위해 한 사람을 택하신다. 바로 아브라함이다. 아브라함의 생애에서 가장 빨리 이루어진 축복이 재물이었다. 그는 온 땅에 하나님의 사랑을 펼쳐야 했고, 하나님나라를 확장하기 위해서 그분의 땅을 구입해야 했다.

사라가 죽었을 때 그 땅의 사람들이 막벨라 굴을 공짜로 주고자 했으나 아브라함은 이를 거절하고 정당한 돈을 지불하고 그 땅을 산다. 왜 그랬을까? 그 땅은 약속의 땅이었기 때문이다. 하나님께서 그 땅을 주시겠다고 하셨기 때문에 그것을 믿고 땅을 구입했다.

사람이 죽으면 고향에다 무덤을 만드는 게 정상이다. 그러나 아브라함은 자신의 하나님이 주시겠다고 한 땅, 지금은 비록 다른 민족들이 살고 있고 자신의 소유인 땅이 한 평도 없지만, 그 땅이 자기 땅이 될 것으로 확신했다. 그래서 그 땅에 사라를 묻었고, 나중에 아브라함과 이삭과 야곱도 그 땅에 묻히게 된다.

아브라함 패밀리는 명령을 받았다. 하나님나라를 세우고 땅의 모든 족속을 축복하라! 그래서 이 패밀리에게는 재물이 많이 필요했다.

이에 아브람이 여호와의 말씀을 따라갔고 롯도 그와 함께 갔으며 **창 12:4**

아브람이 말씀을 따라갔다는 것은 믿음으로 살기로 작정했다는 것이다. 이때 조카 롯이 함께 갔다. 갈대아 우르에서 떠날 때는 아마 큰 재산 없이 짐을 꾸려서 떠났을 것이다. 그런데 이들이 가나안 땅으로 가는 도중에 하란에서 얼마 동안 머물렀다. 그동안 그들은 어느 정도의 재산을 모았다(창 12:5). 이들이 가나안 땅에 도착해서 사는 동안 하나님은 말씀을 따라 믿음으로 살기로 결정한 아브람과 롯을 엄청나게 축복하셨다.

아브람의 일행 롯도 양과 소와 장막이 있으므로 그 땅이 그들이 동거하기에 넉넉하지 못하였으니 이는 그들의 소유가 많아서 동거할 수 없었음이니라 **창 13:5,6**

서로 재산이 많아져서 아브람과 롯이 헤어지기로 결정했다. 아브람이 롯에게 "네 앞에 온 땅이 있지 아니하냐 나를 떠나가라 네가 좌하면 나는 우하고 네가 우하면 나는 좌하리라"라고 했다(창 13:9).

우리가 여기서 배워야 할 것은 아브람의 넉넉한 성품과 권리를 포기하는 모습이다. 삼촌으로서 먼저 좋은 땅을 선택할 수 있는 권리를 포기하고, 조카에게 양보하며 먼저 기회를 주는 넉넉한 성품은 성부의 성품이다. 롯이 눈을 들어 요단 지역을 바라보았다.

롯이 눈을 들어 요단 지역을 바라본즉 소알까지 온 땅에 물이 넉넉하니 여호와께서 소돔과 고모라를 멸하시기 전이었으므로 여호와의 동산 같고 애굽 땅과 같았더라 **창 13:10**

롯이 요단 지역을 택했다. 우리가 여기서 배울 것은 '롯이 무엇을 보았는가' 하는 것이다. 하나님의 눈에는 소돔과 고모라가 죄가 가득한 땅이지만, 롯의 눈에는 물이 넉넉한 아름다운 땅으로 보였다. 그 땅을 바라보는 그의 시선과 하나님의 시선이 달랐다.

우리는 어떤 시선을 선택해야 하는가? 롯이 아브람을 떠났을 때 하나님께서 아브람에게 나타나신다.

롯이 아브람을 떠난 후에 여호와께서 아브람에게 이르시되 너는 눈을 들어 너 있는 곳에서 북쪽과 남쪽 그리고 동쪽과 서쪽을 바라보라 보이는 땅을 내가 너와 네 자손에게 주리니 영원히 이르리라 내가 네 자손이 땅의 티끌 같게 하리니 사람이 땅의 티끌을 능히 셀 수 있을진대 네 자손도 세리라 너는 일어나 그 땅을 종과 횡으로 두루 다녀 보라 내가 그것을 네게 주리라 **창 13:14-17**

하나님께서 아브람에게 엄청난 축복을 약속하셨다. 동서남북을 바라보는 만큼의 땅을 주시며, 또 종과 횡으로 다니는 만큼 주시겠다고 약속하셨다. 그런데 왜 하나님은 이 약속을 롯이 아브람을 떠난 후에 하셨을까? 우리가 무엇을 선택하고 결정하는 데 당장 눈에 보이는 것으로 먹음직한, 보암직한, 탐스러운 것을 선택하는 롯의 시선을 가질 것인가, 하나님의 시선으로 결정할 것인가?

우리에게 롯의 시선이 남아 있다면 하나님은 우리를 축복하기 위해 기다리실 것이다. 세상적인 가치관으로 결정하는 모든 요소들이 롯의 시선이다. 하나님을 의지하지 않고 나를 신뢰하는 것들, 내 생각과 경험과 지혜와 능력을 의지하는 것이 롯의 요소이다(게으름이나 약속 시간을 지키지 않는 것 등도 롯의 요소일 수 있다). 우리에게 있는 이런 요소들을 제거할 때 아브람을 찾아오신 그 하나님께서 우리를 찾아오실 것이다.

롯이 아브람을 떠난 것처럼 우리에게 있는 롯의 요소를 떠나보내라! 내 안에 있는 롯의 요소를 제거하는 방법은 보이지 않는 세계에 계신 하나님을 바라보는 것이다. 겸손하신 예수님을 볼 때 우리 안에 있는 교만한 롯의 요소들을 제거할 수 있다. 하나님의 말씀을 통해, 그분의 음성을 듣고, 믿음으로 살 때 우리 안에 있는 롯의 요소가 제거된다. 하나님의 재물은 약속을 통해 아브라함의 후손에게로 흘러간다.

누가 아브라함의 후손인가? 앞에서 '성부가 되기 위한 성품 훈련 2-온유한 자'를 살펴보았는데 그때 누가 이 계보에서 탈락하고, 이어가는지를 설명했다. 오늘도 하나님의 약속은 아브라함 패밀리를 축복하시고, 그들을 통해 온 땅을 주시며, 하나님의 나라를 확장해가신다.

너희가 그리스도의 것이면 곧 아브라함의 자손이요 약속대로 유업을 이을 자니라 갈 3:29

아브라함의 자손이 '하나님의 약속대로 유업을 이을 자'라고 말씀하신다. "그리스도가 나의 구주입니다"라고 고백한다면 곧 아브라함의 자손(아들)이다. 아브라함의 합법적 아들에게 하나님께서 하신 약속을 유업으로 이어가겠다고 하신다. 누가 아브라함의 합법적 아들일까? 하나님은 누구를 축복하시는 걸까?

> 믿음으로 말미암은 자들은 아브라함의 자손(아들)인 줄 알지어다 … 그러므로 믿음으로 말미암은 자는 믿음이 있는 아브라함과 함께 복을 받느니라 갈 3:7-9

하나님의 약속을 믿음으로 취하는 자가 아브라함의 아들이고, 그의 유업을 받아서 그의 축복을 이어갈 자라고 하신다. 참으로 놀라운 말씀이다. 나는 이 말씀 앞에 무릎을 꿇었고, 내 믿음을 결부시켰다.

"아버지, 오늘 제가 믿음으로 이 말씀을 받습니다. 저를 축복하소서. 제가 아브라함의 유업을 이어가겠습니다. 온 땅에 하나님나라를 확장할 것이며, 온 땅이 하나님을 예배하는 땅으로 회복하는 데 제 모든 것을 드리겠습니다. 아버지, 오늘 축복하셔서 저를 아브라함의 후손으로 인정하심을 감사합니다."

나는 성부의 부르심에 적극적으로 응답하는 시간을 가졌다. 하나님께서는 지금도 동일하게 이 말씀으로 성부를 부르신다. 성부의 부르심에 누가 응답하겠는가?

하나님의 약속을 받는 자세

하나님의 재물은 눈에 보이지 않는 세계에 '약속'이라는 형태로 있기에 내 것으로 만들려면 그 약속에 내 믿음을 결부시켜야 한다.

> 내게 구하라 내가 이방 나라를 네 유업으로 주리니 네 소유가 땅끝까지 이르리로다 시 2:8

유업은 현재 약속을 믿음으로 받는 것이고, 소유는 미래에 내 것이 되는 것이다. 아브라함은 현재 하나님으로부터 약속으로 받았다. 그리고 미래에 다 이루어졌다. 놀라운 사실은 아브라함에게 주어진 약속이 내 것이 된다는 것이다. 날 통해 아브라함의 유업을 이루시겠다는 말씀이다. 아브라함의 유업을 어떻게 내 것(소유)으로 만들 것인가?

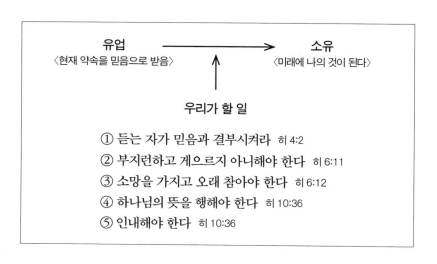

우리가 하나님의 약속에 믿음과 소망을 가질 수 있는 이유는 무엇인가? 약속을 반드시 이루시는 하나님의 신실하심과 불가능이 없으신 그분의 전능하심 때문이다.

첫째, 내 믿음을 결부시켜라.

그들과 같이 우리도 복음 전함을 받은 자이나 들은 바 그 말씀이 그들에게 유익하지 못한 것은 듣는 자가 믿음과 결부시키지 아니함이라 히 4:2

하나님의 약속에 우리의 믿음을 결부시켜라. 그리하면 그 유업의 약속이 성취되어 내 소유가 될 것이다. 아브라함은 그 약속을 믿었다.

둘째, 부지런함과 소망을 주님께 두어라.

우리가 간절히 원하는 것은 너희 각 사람이 동일한 부지런함을 나타내어 끝까지 소망의 풍성함에 이르러 게으르지 아니하고 … 우리가 이 소망을 가지고 있는 것은 영혼의 닻 같아서 튼튼하고 견고하여 휘장 안에 들어가나니 히 6:11,12,19

소망은 영혼의 닻 같다고 말한다. 바다를 항해하는 배가 항구에 정박할 때 닻을 내리지 않으면 밤새도록 밀려오는 파도로 배가 바다로 떠내려가게 된다. 이렇듯 하나님의 말씀과 그분의 성품에 소망의 닻을 내리지 않으면 우리가 삶에서 내 환경에 고난과 풍랑을 만났을 때 소망이 끊어지고 표류하는 배처럼 된다. 그래서 우리의 소망의 닻을 주님께 깊이 내리라는 것이다. 우리의 안정감을 주님께 매라는 것이다.

셋째, 믿음과 오래 참음으로 약속을 기업으로 받으라.

믿음과 오래 참음으로 말미암아 약속들을 기업으로 받는 자들을 본받는 자 되게 하려는 것이니라 하나님이 아브라함에게 약속하실 때에 가리켜 맹세할 자가 자기보다 더 큰 이가 없으므로 자기를 가리켜 맹세하여 이르시되 내가 반드시 너에게 복 주고 복 주며 너를 번성하게 하고 번성하게 하리라 하셨더니 그가 이같이 오래 참아 약속을 받았느니라 히 6:12-15

조급해하지 말아야 한다. 농부처럼 오래 참아야 한다. 때가 되면 약속이 성취될 것이다.

넷째, 하나님의 뜻을 행해야 한다.

너희에게 인내가 필요함은 너희가 하나님의 뜻을 행한 후에 약속하신 것을 받기 위함이라 히 10:36

재물에 대한 하나님의 뜻을 살펴보았는데 이것을 생각에만 머물게 하지 말고 즉시 행동으로 옮기는 게 필요하다. 내가 지금 해야 할 행동이 무엇인지 살피고 내가 할 일을 다해야 한다. 그러면 주께서 그분의 일을 하실 것이다. 농기구를 가지고 밭을 갈고, 주신 씨앗을 땅에 심는 것이 농부가 해야 할 일이다. 그러면 햇빛과 비를 주시고, 자라게 하며, 열매를 맺게 하는 일은 주께서 하실 것이다.

다섯째, 인내하라.

농부는 할 일을 다하고, 추수의 소망을 가지고 인내하게 된다. 하나님의 약속이 더디 오는 것처럼 느껴질 때 나는 오래 참는 훈련이라고 믿었고, 내 인생이 풍랑으로 요동칠 때마다 소망의 닻을 하나님께 내리며, 그분의 약속과 성품을 신뢰하면서 믿음으로 이겨낼 수 있었다.

이 다섯 가지 원칙이 있어야만 하나님의 약속을 내 것으로 만들어낼 수 있다. 나 역시 이 원칙들을 붙들었고, 또 이것이 나를 붙들어주었다.

▌배가의 삶 – 심을 씨
성경 말씀에 재물에 대해 거의 3천 번 정도 나온다. 생각보다 훨씬 많다. 그 구절들을 살펴보면 농사를 짓는 것과 연관하여 재물의 원칙을 우리에게 가르치고 계신다.

심는 자에게 씨와 먹을 양식을 주시는 이가 너희 심을 것을 주사 풍성하게 하시고 너희 의의 열매를 더하게 하시리니 너희가 모든 일에 넉넉

하여 너그럽게 연보를 함은 그들이 우리로 말미암아 하나님께 감사하게 하는 것이라 고후 9:10,11

하나님께서 우리에게 재물을 주실 때 '심을 씨'와 '먹을 양식'의 두 가지로 구분해서 주신다. 씨의 목적은 무엇인가? 심기 위한 것이다. 감자 농사를 짓는 농부가 감자 100가마니를 수확했다면 그것을 다 먹지 않는다. 반드시 몇 가마니는 다음 농사를 위해서 씨감자로 남겨둔다. 농부가 아무리 배가 고파도 이 씨감자는 절대 먹지 않는다. 다음 해의 풍성한 수확을 기대하기 때문에 씨감자를 목숨처럼 보존한다.

씨감자 한 가마니에 감자 100개가 있다고 가정해보자. 감자를 심을 때는 감자 한 개에 씨눈이 생기면 그것을 조각으로 잘라서 심는다. 한 개의 감자에 보통 씨눈은 5개 이상 생긴다. 씨눈 한 개를 심으면 감자가 10~15개의 감자가 생산된다. 씨눈 다섯 개를 심으면 감자 한 개에서 감자 50개를 수확할 수 있다. 이것을 계산해보면 한 가마니 100개를 심으면 5천~7천 개 이상의 감자가 생산된다. 한 가마니를 100개씩 담는다고 계산하면 씨감자 한 가마니를 심으면 50~70가마니의 감자를 수확하게 된다. 두 가마니를 심었다면 100~140가마니를 얻는다.

97가마니는 먹고 세 가마니를 씨감자로 심었다면 150~210가마니를, 96가마니는 먹고 네 가마니를 씨감자로 심었다면 200~280가마니를, 95가마니는 먹고 다섯 가마니를 씨감자로 심었다면 250~350가마니를 수확한다.

이것이 하나님나라의 계산법이다. 하나님나라의 원칙은 '배가'이다. 하나님은 재물에 대해 말씀하실 때, 농사의 원칙으로 말씀하신다는 것을 이해해야 한다. 오늘날 우리도 농사를 짓는다. 어떤 사람은 직장에서, 어떤 사람은 사업을 통해 농사를 짓고 필요를 공급받는다. 우리가 다시 기억할 하나님의 말씀이 있다.

네 하나님 여호와를 기억하라 그가 네게 재물 얻을 능력을 주셨음이라
신 8:18

우리가 무엇을 하든지 재물이 생긴다면 그것은 주께서 우리에게 주신 것이다. 그 재물을 얻을 곳에 통로를 여시고, 건강도 주시고, 지혜도 주시고, 사람들을 붙이시며, 재물을 주께서 공급하신다고 말씀하신다.

재정에 있어 심을 씨에 해당하는 것이 '십일조'다. 십일조를 하나님의 성전에 심으라는 것이다. 우리가 십일조에 대해 배울 때 믿음이 있으면 십일조를 하고, 없으면 하지 못한다고 배웠는가? 성경에서 십일조는 '믿음'의 문제로 말하는 게 아니라 '생명'의 문제로 말씀한다. 혹시 십일조의 개념을 이렇게 생각하고 있는가?

"주님, 제게 주신 재물의 전부가 주님의 것입니다. 그래서 제가 십일조를 주님의 것으로 거룩하게 구별해서 드립니다."

여기에서 어느 부분이 성경과 다른가? "제가 구별해서 드립니다"라고 말하는 부분이다. 십일조는 처음부터 하나님의 손에 의해 거룩하게 구별되었다. 우리가 구별해서 드리는 재물이 아니다. 하나님이 '이것

은 내 것이다'라고 처음부터 구별하셨다. 다만 그것을 우리에게 씨로 줌으로써 심고 거두는 법칙으로 풍성한 삶을 약속하셨다.

> 사람이 어찌 하나님의 것을 도둑질하겠느냐 그러나 너희는 나의 것을 도둑질하고도 말하기를 우리가 어떻게 주의 것을 도둑질하였나이까 하는도다 이는 곧 십일조와 봉헌물이라 말 3:8

하나님께서 십일조를 심지 않은 사람을 '도둑놈'이라고 정의하셨다. 십일조가 믿음의 문제라면 믿음이 없는 사람이 십일조를 못하는 것은 당연한 일이다. 믿음이 없기 때문에 못하는 것이다. 믿음이 없는 사람이 십일조를 하고 싶어도 믿음이 없어 못하는데 도둑놈이라고 한다면 말이 되지 않는다. 하나님은 이것을 믿음의 문제로 말씀하시는 게 아니라 생명의 문제로 말씀하신다. 믿음이 있거나 없거나 상관없이 십일조는 우리를 축복하시기 위해 씨로 주시는 하나님께서 세우신 원칙이다.

> 만군의 여호와가 이르노라 너희의 온전한 십일조를 창고에 들여 나의 집에 양식이 있게 하고 그것으로 나를 시험하여 내가 하늘 문을 열고 너희에게 복을 쌓을 곳이 없도록 붓지 아니하나 보라 말 3:10

과학 실험에는 반드시 결과가 있어야 한다. 그 결과를 말씀하신다.

> 만군의 여호와가 이르노라 내가 너희를 위하여 메뚜기를 금하여 너희

토지 소산을 먹어 없애지 못하게 하며 너희 밭의 포도나무 열매가 기한 전에 떨어지지 않게 하리니 말 3:11

십일조를 심을 씨처럼 심는 사람들에게 약속하시길 메뚜기를 금하시고 보호하신다고 하신다. 우리가 농사를 지을 때 메뚜기 떼가 오면 그 농사를 망친다. 아무것도 남는 게 없다. 하나님이 씨로 준 십일조를 심게 되면 메뚜기 떼를 금해서 우리의 재물이 엉뚱하게 나가는 것을 방비해주시고 지켜주시겠다고 한다.

우리의 삶에서 메뚜기 떼가 오는 것은 무엇인가? 예기치 못한 곳으로 재물이 줄줄 새나가는 것을 말한다. 건강 문제 때문에 병원에 가져다주기도 하고, 사건 사고 등으로 예기치 못한 곳으로 나가버려서 재물이 도무지 모이지 않는 게 재물에 메뚜기 떼가 온 것이다.

또한 포도나무 열매가 기한 전에 떨어지지 않게 하신다고 약속하신다. 이것은 우리의 재물 공급이 끊어지는 것을 말한다. 직장을 잃게 되거나 사업을 접게 되어 더 이상 재물의 공급이 없어지는 것이다. 그런데 씨로 준 십일조를 온전하게 하나님의 전에 심으면 재물의 공급이 끊어지지 않도록 축복하신다.

너희 땅이 아름다워지므로 모든 이방인들이 너희를 복되다 하리라 만군의 여호와의 말이니라 말 3:12

예수를 믿지 않는 사람들도 우리를 보고 예수를 믿고 참 복을 받은 삶이라고 인정하게 된다는 것이다. 십일조를 언급하시면서 하나님은 하나님의 이름을 세 번씩이나 걸고 말씀하신다. 10,11,12절에 "만군의 여호와가 이르노라"라고 중요한 문서에 인감을 찍듯이 주님의 이름으로 보증을 하신다.

지금 삶이 궁핍하다면 되돌아보는 시간을 가져라. 혹시 씨를 먹어버리지는 않았는지…. 씨를 먹어버리면 다음 해 농사는 지을 수 없다. 수확이 없는 게 당연하다. 삶에 궁핍이 있다면 가장 먼저 온전한 씨로 십일조를 하나님의 전에 심으라. 그분의 약속이 우리를 궁핍한 삶에서 건지실 것이다.

▌십일조는 우리에게 어떤 의미가 있는가

농부가 심을 씨앗을 심지 않고 먹어버리면 그뿐이다. 더 이상 남는 게 없다. 그러나 그것을 땅에 심으면 수확할 때 배가가 되어 거둔다. 이것이 농사에 대한 하나님의 놀라운 원칙이다.

십일조는 이와 같은 원리다. 하나님이 우리의 삶을 위해 십일조 생활을 명령하신다. 농부가 씨앗을 간직하여 땅에 심을 때 억지로 마지못해서 하지 않는다. 소망 중에 심는다. 십일조가 이와 같다. 나는 우리 모두가 십일조에 대한 하나님의 놀라운 사랑의 지혜의 원칙을 이해하기를 바란다. 십일조는 근본적으로 우리를 위한 하나님의 사랑의 배려이다. 하나님이 무엇이 부족해서 우리에게 십일조를 요구하신다는 생각은 아예 하지 말아야 한다.

"내 하나님 여호와의 말씀을 청종하여 주께서 내게 명령하신 대로 다 행하였사오니 원하건대 주의 거룩한 처소 하늘에서 보시고 주의 백성 이스라엘에게 복을 주시며 우리 조상들에게 맹세하여 우리에게 주신 젖과 꿀이 흐르는 땅에 복을 내리소서"(신 26:14,15).

하나님의 명령에 순종했다는 것은 십일조를 낸 것을 말한다. 아무리 급해도 그것을 다른 용도로 사용하지 않은 것을 말한다(신 26:12-14). 하나님은 그런 삶을 보시고, 그의 백성에게 복을 주시며, 그의 하는 일에 복을 주신다.

십일조를 구약의 율법으로 제한해서는 안 된다. 복음의 시대에 합당하지 않다고 말하지 말아야 한다. 십일조는 모세를 통해 시내산에서 세운 율법이 아니다. 그것은 율법 이전에 이미 있었다. 아브라함은 멜기세덱에게 십일조를 드렸다.

십일조의 의미를 애써 축소하려는 것은 참으로 어리석은 일이다. 십일조는 율법이 아니다. 억지로 마지못해 해야 하는 게 아니다. 십일조는 우리를 향한 하나님의 약속이다. 우리의 삶을 풍성하게 하여 누리고 나누는 삶을 살게 하기 위한 것이다. 십일조는 복음(굿 뉴스)이다. 십일조의 용도는 레위인을 위한 것이다. 레위인의 생활과 그가 하는 성전 일에 쓰인다. 또한 구제를 위해 객과 고아와 과부에게 나누어준다.

"네 모든 소산의 십일조 내기를 마친 후에 그것을 레위인과 객과 고아와 과부에게 주어 네 성읍 안에서 먹고 배부르게 하라"(신 26:12). 홍성건 하나님은 왜 이런 하나님나라의 재정 원칙을 만드셨을까? 이스라엘에는 레위 지파를 포함하여 열세 개의 지파가 있다. 하나님이 열두 지파에게 땅을 분배하셨다. 이들에게 10분의 9를 먹고, 10분의 1은 하나님의 일을 맡은 레위 지파에게 주라고 했다. 그러면 레위 지파에게는 10분의 12가 들어온다. 레위 지파는 그것으로 성막 운영과 제사장과 자신들의 쓸 것과 또한 고아와 과부와 객들을 위해 사용했다.

우리가 하나님나라의 재정 원칙으로 산다면 하나님의 일을 맡은 교회는 규모와 관계없이 재물이 부족할 수 없는 구조다. 교회가 재물이 부족한 것은 그 교회에 출석하는 교인들이 하나님나라의 재정 원칙대로 살지 않기 때문이다. 온전한 십일조를 하지 않아서다.

십일조를 씨로 주시는 하나님나라의 재정 원칙을 세우신 이유를 정리해보자. 첫째, 우리를 축복하시기 위해서다. 둘째, 예수님의 몸 된 교회를 축복하셔서 온 땅에 하나님나라를 섬기고 세우는 데 부족함이 없도록 하기 위해서다. 온 교인들이 온전한 십일조를 하면 교회는 교회 자체를 위한 것뿐 아니라 가난한 자들을 섬기게 될 것이다. 십일조는 교회와 우리를 다 축복하시기 위한 하나님의 아이디어다.

하나님의 공급 – 먹을 양식

심는 자에게 (심을) 씨와 먹을 양식을 주시는 이가 너희 심을 것을 주사 풍성하게 하시고 너희 의의 열매를 더하게 하시리니 너희가 모든 일에

넉넉하여 너그럽게 연보를 함은 그들이 우리로 말미암아 하나님께 감사하게 하는 것이라 고후 9:10,11

먹을 양식은 우리가 쓸 수 있는 우리의 몫이다. 우리의 필요를 위해 지출하는 영역이다. '재물에 충성하라'는 주의 말씀에 따라 우리의 지출을 충성스럽게 하려면 예산을 작성하여 지출해야 한다. 그리고 '두 원의 제도'로 예산을 편성해서 지출한다.

지출할 때의 원칙으로 '닫힌 원'과 '열린 원'의 제도가 있다. 닫힌 원의 제도는 예산을 세워서 그 범위 안에서 지출하는 것이고, 열린 원의 제도는 예산을 세우지 않고 지출에 대한 문이 열려 있는 상태로 지출하는 것이다. 닫힌 원의 제도로 산다는 것은 재물을 노예로 삼고 하나님의 말씀을 따라 믿음으로 산다는 것이다. 그러나 열린 원의 제도로 산다는 것은 재물에 노예가 되어 살게 되고 빚을 지게 된다. 왜냐하면 열린 원의 제도로 살면 쉽게 충동구매를 하게 된다. 충동구매는 가난을 선택하는 것이다. 우리의 돈을 다 쓰게 만들고, 그 이상으로 지출하게 만든다. 카드 할부를 해서라도 구입하고 싶은 마음을 일으킨다.

맘몬은 충동구매를 이용하여 우리의 돈을 다 소비하도록 유도한다. 그래서 우리가 계속 가난하게 살도록 묶어버린다. 먼저 쓸 것을 쓰고 저축하려면 늘 남는 게 없다. 먼저 저축하고 남는 돈으로 쓰는 훈련을 해야 한다.

선택	기부	저축	소비
가장 좋은 선택	30%	20%	50%
두 번째 좋은 선택	20%	20%	60%
기본적인 선택	10%	20%	70%
안 좋은 선택	10%	0%	90%
최악의 선택	0%	0%	100%
가난을 선택하는 삶	0%	0%	150%

우리에게 가장 도전되는 삶은 90퍼센트 기부하고, 나머지 10퍼센트도 넉넉하여 모든 것에 넘치는 삶이다. 나는 여러분에게 그런 삶을 살도록 도전한다. 그런 삶을 살도록 목표를 세우고 도전하라!

예산을 작성할 때 '주인 바꾸기 프로젝트'를 꼭 넣으라. 빚 갚는 예산을 편성하라는 것이다. 필요하면《왕의 재정학교 워크북》의 도움을 받으라. 그대로 시행하면 반드시 빚을 갚을 수 있게 된다.

빚 갚는 자세를 앞에서 공부했다. 빚을 갚으려면 세 가지를 반드시 지켜야 한다.

첫째, 오늘부터 더 이상 빚을 내지 않기로 결정한다.

둘째, 오늘부터 작은 금액이라도 매일, 매달 빚을 갚기로 결정한다.

셋째, 믿음의 예산안을 세우고 그대로 시행한다.

필요하다면 신용카드를 없애라. 신용카드를 쓰지 않으면 3개월 동안만 힘이 든다. 할부한 빚이 있기 때문이다. 그러나 3개월이 지나면서 워크북의 하늘은행 봉투(예산 실행 봉투)에 반드시 돈이 남게 된다. 여윳돈이 생길 것이다. 매달 모자라는 경제 구조에서 남는 경제 구조로 만들어라. 생활에서의 거품을 빼라. 있는 것만큼 사용하는 겸손을 훈련하라.

영적전쟁을 하라

하나님나라의 재정 원칙으로 살고 있는데 재정이 풀리지 않을 때는 점검해야 할 것이 있다.

첫째, 나는 내 필요를 위해 기도하고 있는가? 성경은 우리가 얻지 못하는 것은 구하지 않기 때문이고, 정욕으로 쓰려고 잘못 구하기 때문이라고 말씀하신다.

너희는 욕심을 내어도 얻지 못하여 살인하며 시기하여도 능히 취하지 못하므로 다투고 싸우는도다 너희가 얻지 못함은 구하지 아니하기 때문이요 구하여도 받지 못함은 정욕으로 쓰려고 잘못 구하기 때문이라
약 4:2,3

그를 향하여 우리가 가진 바 담대함이 이것이니 그의 뜻대로 무엇을 구하면 들으심이라 우리가 무엇이든지 구하는 바를 들으시는 줄을 안즉 우리가 그에게 구한 그것을 얻은 줄을 또한 아느니라 요일 5:14,15

우리가 하나님의 뜻대로 구했다면 우리의 기도를 들으시고, 그 구한 것은 반드시 응답받은 줄 믿는 믿음이 필요하다.

둘째, 내 안에 묶임이 있는가?

예물을 제단에 드리려다가 거기서 네 형제에게 원망들을 만한 일이 있는 것이 생각나거든 예물을 제단 앞에 두고 먼저 가서 형제와 화목하고 그 후에 와서 예물을 드리라 마 5:23,24

우리는 용서를 구하고 용서받는 삶을 살아야 한다. A와 B라는 사람이 있다. A가 B에게 심각한 마음의 상처를 주었다. 죄를 짓게 되면 마귀가 합법적으로 묶을 수 있는 기회를 제공한다. 죄는 마귀가 틈을 타게 하는 빌미를 제공한다. 그러면 마귀의 영향권 아래에 있게 된다.

죄를 지은 A는 어두움의 영에 의해 묶여버린다. A를 묶은 마귀는 B에게 가서 A에 대한 미움과 증오와 복수심을 일으키고, 절대 용서할 수 없는 마음을 갖도록 일한다. 마귀의 활동 중에 가장 강력한 활동이 우리의 생각을 공격하는 것이다. 그래서 피해자 B는 A에 대해서 '복수할 거야, 절대 용서하지 않을 거야'라고 마음에 다짐을 하게 된다.

이때 피해자 B는 사실 아무 잘못도 하지 않았지만 복수의 마음, 미움의 마음, 증오의 마음, 용서하지 않는 마음이 된다. 그렇게 마귀가 B도 함께 묶어버린다. 그래서 A를 볼 때마다 미움, 복수심, 원망, 증오의 마음이 계속 마음에게 일어나도록 마귀가 우리의 생각 안에서 일한다.

이것이 보이지 않는 영적세계에서 일어나는 일이다. 여기서 억울한 사람은 B다. A는 죄를 지었기에 마귀에게 묶였지만, B는 죄를 짓지 않았는데 마귀에게 묶인다. 마귀의 나라는 묶는 나라이다. 하나님의 것이 풀리지 못하도록 한다. 그러나 하나님의 나라는 푸는 나라이다. 사랑과 이해와 용서를 주님의 사랑으로 푸는 나라이다.

우리가 영적세계를 이해한다면 B처럼 어두움의 영에게 묶이지 않는다. A가 비록 내게 죄를 지었지만, 내가 마귀에게 묶이지 않기 위해, 나를 위해 하나님의 것을 선택한다. "내가 너를 용서하기로 결정한다"라고 선포하는 순간 영적세계에서 놀라운 일이 벌어진다.

A가 B에게 죄를 지었기 때문에, A를 용서할 수 있는 권위가 B에게 있다. 그런데 B가 용서를 선택하면 마귀에게 묶였던 A는 죄를 탕감받고 바로 풀려버린다. 이것이 바로 '영적전쟁'이다.

하나님의 나라는 풀어주고 자유케 하는 나라이다. 우리의 삶에 뭔가가 묶여 있는 게 계속 느껴진다면 이 영역을 점검하고 영적전쟁을 하라! 내가 묶어버린 영역이 남편, 시어머니, 자식, 학창시절에 내게 깊은 상처를 준 사람일 수 있다. 우리가 이 영역을 풀지 않으면 그 사람과의 관계는 평생 묶여서 어두움의 영의 영향력 아래에 있게 되고, 마귀가 내 삶에 개입할 권위를 갖게 된다. 보이는 세계에서 우리가 이것을 먼저 풀면 보이지 않는 영적세계에서도 풀어진다.

> 내가 천국 열쇠를 네게 주리니 네가 땅에서 무엇이든지 매면 하늘에서도 매일 것이요 네가 땅에서 무엇이든지 풀면 하늘에서도 풀리리라
> 마 16:19

우리에게는 천국의 열쇠가 주어져 있다. 무엇을 맬 것이며, 무엇을 풀어줄 것인가? 이 열쇠로 어두움의 영들의 활동을 묶어버려라. 그러면 영적세계, 보이지 않는 세계에서 마귀의 활동이 묶여버린다. 그리고 이 열쇠로 하나님의 것들을 풀어놓아라. 그러면 보이지 않는 세계, 즉 영적세계에서 풀어져서 관계들이 회복되고, 동일한 원리로 재정도 회복된다. 이것이 영적전쟁이다.

> 너희가 무슨 일에든지 누구를 용서하면 나도 그리하고 내가 만일 용서한 일이 있으면 용서한 그것은 너희를 위하여 그리스도 앞에서 한 것이니 이는 우리로 사탄에게 속지 않게 하려 함이라 우리는 그 계책을 알지 못하는 바가 아니로라 고후 2:10,11

▌직원 채용 과정에서 하나님나라를 발견하다
몇 년 전의 일이다. 회사의 직원을 채용하는 과정에서 많은 사람들

이 이력서를 냈다. 필요한 사람들을 면밀히 살폈고, 탁월해 보이는 두 사람을 채용 후보로 압축했다.

두 사람 중에 회사에 꼭 필요한 것 같은 사람이 있었다. 마지막으로 누구를 고용해야 할지 주님께 여쭈어보는데 우리가 전혀 고려하지 않던 한 남자를 채용하라고 하셨다. 그는 우리가 원하는 이력을 가지고 있지 않았고, 전공자도 아니었으며, 회사에 필요한 사람이 아니었다. 납득되지 않는 상황에서 주님께 이해를 구했을 때 주께서 주신 말씀이다.

천국은 마치 품꾼을 얻어 포도원에 들여보내려고 이른 아침에 나간 집 주인과 같으니 그가 하루 한 데나리온씩 품꾼들과 약속하여 포도원에 들여보내고 또 제삼시에 나가 보니 장터에 놀고 서 있는 사람들이 또 있는지라 그들에게 이르되 너희도 포도원에 들어가라 내가 너희에게 상당하게 주리라 하니 그들이 가고 제육시와 제구시에 또 나가 그와 같이 하고 제십일시에도 나가 보니 서 있는 사람들이 또 있는지라 이르되 너희는 어찌하여 종일토록 놀고 여기 서 있느냐 이르되 우리를 품꾼으로 쓰는 이가 없음이니이다 이르되 너희도 포도원에 들어가라 하니라 저 물매 포도원 주인이 청지기에게 이르되 품꾼들을 불러 나중 온 자로부터 시작하여 먼저 온 자까지 삯을 주라 하니 제십일시에 온 자들이 와서 한 데나리온씩을 받거늘 먼저 온 자들이 와서 더 받을 줄 알았더니 그들도 한 데나리온씩 받은지라 마 20:1-10

직원 채용 과정에서 주님은 내게 천국을 비유로 설명해주셨다. 포도원에서 일할 일꾼을 구하기 위해 주인이 이른 아침에 인력시장에 나가서 사람을 포도원으로 들여보냈다. 하루 품꾼들의 삯은 한 데나리온으로 정해졌다. 오전 9시, 정오 12시, 오후 3시, 오후 5시에도 일할 사람을 포도원으로 들여보냈다. 그리고 품삯은 모두 동일하게 한 데나리온을 주는 과정으로 말씀하셨다.

그날 주께서는 일꾼 채용 과정으로 하늘나라를 설명해주셨다. 천국은 포도원을 위해서 일꾼을 고용하는 게 아니라 일꾼을 위해 포도원을 경영하는 것 같은 그림으로 설명해주셨다. 나는 그날 이 땅에서 천국을 이루는 깊은 이해를 갖게 되었다. 주님은 내게 회사에 원서를 낸 한 남자를 보여주시며 말씀하셨다.

'그에게 지금 너희 회사가 필요하다. 그를 채용하라.'

내가 필요했던 이력서가 아닌 곳에서 그 사람의 이력서를 찾아서 직원으로 채용했다. 그는 전문적인 일을 잘하는 사람은 아니었지만, 매우 성실하고 충성되었다. 세상을 하나님의 나라로 바꾸는 것은 세상의 방법, 세상의 원칙, 세상이 가는 길, 세상의 가치관, 세상의 목적 의식으로는 안 된다. 세상은 '공부해서 남 주냐, 돈 벌어서 남 주냐'고 한다. 그러나 하나님나라는 공부해서, 돈 벌어서 남 주라고 말씀하신다.

가난한 자에게 구제할 수 있도록 자기 손으로 수고하여 선한 일을 하라
엡 4:28

세상 사람들의 성공의 목적은 자신의 비전을 이루어 자신이 영광을 누리기 위해서다. 그러나 우리의 목적은 하나님의 비전을 이루어 하나님께 영광을 드리기 위해서다. 오늘도 나는 이 세상에서 아름다운 하나님나라를 꿈꾼다.

아버지께서 내게 하라고 주신 일을 내가 이루어 아버지를 이 세상에서 영화롭게 하였사오니 요 17:4

기도^{Pray}

하나님, 저로 하여금 온 힘과 마음을 다해 하나님나라를 세워가게 하옵소서. 제 집을 교회보다 더 우선시하고 더 사랑하지는 않았는지 돌아봅니다. 또한 제게 있는 것이 모두 제 것인 줄 알고 빼앗기지 않으려 애써 지키며 하나님께 인색했던 맘몬의 영에 영향을 받은 것들을 봅니다.

주여, 속부의 삶을 회개합니다. 제게 주신 물질이 하나님의 나라를 세워가기 위해 주신 줄 깨달았습니다. 흑암 중의 재물과 은밀한 곳에 숨은 재물들을 저희들에게 주셔서 온 땅에 하나님의 나라를 세우는 데 저와 가정과 기업과 교회를 사용해주옵소서. 제가 하나님의 재물을 움직이는 사람으로 훈련되기 원합니다. 약속하신 축복들이 제 것이 되게 하셔서 하나님께 귀히 쓰임 받는 성부, 성빈 되게 하소서.

이 책을 통해 선포된 하나님의 말씀을 읽고, 듣고, 행하는 사람들에게 계속 기억나게 하시며 말씀을 따라 가는 삶, 믿음으로 사는 삶을 통해 주께서 주시는 복을 누리게 하소서. 하나님의 말씀 앞에 내 삶을 드리겠습니다. 아버지, 저를 통해 동서남북으로 열매 맺는 씨고구마가 되게 하셔서 하나님나라의 확장에 써주소서. 주님의 복음이 저를 통해 온 열방 안으로 하나님의 아름다운 복음을 전파하는 데 제 삶을 드립니다. 제가 좋은 땅, 열매 맺는 땅으로 살겠습니다.

아버지의 축복의 약속으로 저와 가정과 기업과 교회를 축복하시니 감사합니다. 하나님, 사랑하고 경배드립니다. 하나님만이 모든 것의 주인이시고 공급자가 되십니다. 예수님의 이름으로 기도합니다. 아멘.

타국인 _홍성건

여호와께서 이와 같이 말씀하시되 보라 내가 멸망시키는 자의 심령을
부추겨 바벨론을 치고 또 나를 대적하는 자 중에 있는 자를 치되 내가
타국인을 바벨론에 보내어 키질하여 그의 땅을 비게 하리니 재난의 날
에 그를 에워싸고 치리로다 렘 51:1,2

예레미야는 바벨론을 향해 멸망할 것이라고 예언하고 있다. 예레미야가
이 말을 할 때의 국제 정세는 급변하며 요동치고 있었다. 600년 이상 지속
되던 거대한 앗수르 제국이 바벨론에 의해 멸망했다. 바벨론은 당시에 떠
오르는 거대한 별이었다. 단지 군사력만 아니라 경제, 예술, 수학, 의학,
점성술 등 모든 면에서 뛰어났다. 마치 아무도 무너뜨릴 수 없고, 천 년은
능히 그 제국의 힘을 유지할 듯 보였다.
　다니엘이 해석한 바벨론 왕 느부갓네살의 꿈이 그것을 증명하고 있다.
그의 꿈에 머리는 순금이요, 가슴과 두 팔은 은이요, 배와 넓적다리는 놋
이요, 그 종아리는 쇠요, 그 발은 쇠와 진흙이 섞인 큰 신상이 나왔다. 바
벨론 제국은 금으로 된 머리에 해당한다. 이후에 일어나는 페르시아, 그리

스, 로마보다도 그 영광과 힘이 얼마나 놀라운지를 잘 보여주는 모습이다. 바벨론은 그 힘을 몰아 파죽지세로 앗수르의 모든 영토를 차지하고, 더 나아가 서쪽으로는 유럽으로, 동쪽으로는 인도로, 남쪽으로는 이집트로 그 영역을 확대하고 있었다.

이미 북이스라엘은 130여 년 전에 앗수르에 의해 멸망했다. 바벨론은 남은 유다 왕국을 거의 삼켰다. 두 차례에 걸쳐서 수많은 인재들과 고급 인력들이 바벨론에 포로로 끌려갔다. 예루살렘의 상태는 그야말로 풍전등화였다. 예루살렘도 곧 함락될 것이었다. 유다 왕국의 멸망은 단지 시간 문제였다. 모든 것이 절망이었다.

이런 상황에서 예레미야가 바벨론을 향해 멸망을 예언하고 있다. 그의 예언을 듣는 사람마다 나라마다 모두 그를 비웃었을 것이다. "너희가 자랑하던 예루살렘을 보라!", "네 하나님은 어디 있느냐?" 그러나 예레미야는 믿음으로 선포했다. "바벨론은 멸망할 것이다!"

하나님께서 "내가 타국인을 바벨론에 보내어 키질하여 그 땅을 비게 할 것이다"라고 하셨다. 역사는 증언한다. 영원히 무너지지 않을 듯 보였던 강대한 제국이었던 바벨론은 100년이 채 못 되어 페르시아에 의해 멸망했다. 아무도 믿지 못할 일이 순식간에 일어났다. 역사에서 이처럼 강대한 제국이 이같이 짧은 기간에 멸망한 예가 없다. 바벨론은 시대마다 등장했다. 요한계시록에서는 로마 제국을 바벨론에 비유했다.

무너졌도다 무너졌도다 큰 성 바벨론이여 계 14:8

초대 교부시대에도 거대한 로마 제국이 무너질 것을 믿는 사람은 없었다. 그러나 로마 제국도 예수 그리스도 앞에 무릎을 꿇었다. 이 말씀은 오늘날에도 적용된다. 오늘의 바벨론은 거대한 '월드 시스템'이다. 맘몬이 모든 것을 장악한 세상, 인본주의와 무신론이 마치 승리자처럼 뽐내는 세상이다. 정치, 경제, 교육, 매스컴, 예술, 종교, 과학기술, 가정 등 어느 영역에서도 예수 그리스도의 영광을 볼 수 없다.

오늘날의 예루살렘은 바로 예수 그리스도의 교회다. 교회는 힘없어 보이고 그리스도인들은 미약해보인다. 교회는 세상을 향해 아무런 영향력을 행사하지 못하고 있다. 오히려 세상이 교회를 향해 비웃고 있다. "너희 하나님은 어디 있느냐?" 그러나 우리는 예레미야를 통해 오늘을 향한 하나님의 말씀을 듣는다. "내가 바벨론을 비게 할 것이다."

우리는 이 말씀에 믿음으로 반응해야 한다. 바벨론과 로마 제국이 그러했듯이 하나님은 오늘의 바벨론을 무너뜨리실 것이다. 그런데 한 가지 우리가 잊지 말아야 할 것이 있다. '하나님께서 누구를 통해 그 일을 행하실 것인가' 하는 것이다.

"내가 타국인을 보내어 키질하여 그의 땅을 비게 하리라."

하나님은 타국인을 보내어 그 일을 하실 것이다. 타국인이란 누구인가? 언어, 사고방식, 삶의 결정방식, 삶의 가치와 목적이 다른 무리를 가리킨다. 거대한 바벨론 같은 이 세상이 보기에 타국인을 통해 하나님은 그 일을 이루실 것이다. 하나님은 지금 타국인을 준비시키고 계신다. 우리가 이 세상이 보기에 타국인으로 살기를 요청하신다. 이 세상과 다른 언어와 가치관, 목적 의식을 가지고 있는 사람이 되기를 원하신다.

이 세상은 '돈 벌어 남 주냐'라고 말한다. 그러나 우리는 '돈 벌어 남 주자'라고 한다. 우리가 돈을 버는 목적은 가난한 사람을 돕기 위한 것이며 (엡 4:28), 자신을 위해 돈을 쓰는 것을 절제하고, 하나님의 나라를 위한 프로젝트에 돈을 쓴다.

이 세상은 남을 짓밟고 자신이 올라가고자 힘을 쓴다. 그러나 우리는 나를 희생하여 모두 함께 성공하려고 애를 쓴다. 이 세상은 돈과 명예와 권력을 주인으로 섬기고, 그것에 가치를 둔다. 그러나 우리는 오직 예수 그리스도를 주인으로 섬기고, 그분의 말씀에 절대적인 가치를 둔다. 이 세상은 세상적인 사고 체계를 신봉하지만 우리는 하나님의 말씀인 성경을 절대적으로 신봉한다. 그래서 우리는 하나님의 말씀인 성경에 목숨을 건다.

우리는 하나님의 공의가 정치에, 정직이 경제에, 하나님을 경외함으로 인한 지혜가 교육에, 사람을 살리고 자유하게 하는 진실이 매스컴에, 거룩함이 예술에, 경건과 긍휼이 교회에, 사랑이 가정의 기반이 되도록 경작하는 일을 한다.

이 세상은 마치 자신들이 역사의 주인인 것처럼 행세하지만 우리 역사의 주인은 하나님이시다. 이 세상은 자신의 능력과 지혜와 힘을 믿지만 우리는 하나님의 능력과 지혜와 힘을 믿는다. 그래서 우리는 그분 앞에 무릎을 꿇고, 성령의 능력과 지혜를 의지한다.

사람들은 눈에 보이는 세상이 전부인 것처럼 살고 있지만 우리는 영원한 세상을 바라본다. 존 도우슨(예수전도단의 세계총재, 《하나님을 위하여 도시를 점령하라》의 저자)은 그가 사는 LA 중심가에서 신기한 장면을 보았다. 거대한 도시가 마치 '네 하나님은 어디 있느냐' 하며 비웃듯이 버티고 있었다는 것이다. 그는 그 앞에 압도되었다. 그러나 그가 무릎을 꿇는 순간, 보이지 않는 세계에서 역사의 주인이 누구인지, 누가 이 도시의 실질적인 주인인지를 보았다고 한다. 그 주인은 바로 예수 그리스도이시다.

바벨론은 무너질 것이다. 예수 그리스도는 이기셨고, 지금도 이기고 계시며, 앞으로도 이기실 것이다. 타국인을 통해 이를 행하실 것이다. 다윗은 "주의 권능의 날에 주의 백성이 거룩한 옷을 입고 즐거이 헌신하니 새벽 이슬 같은 주의 청년들이 주께 나오는도다"라고 예언했다(시 110:3). '거룩'이란 '구별되었다'는 의미다. 이 세상과 구별된 무리가 곧 타국인이다. 즐거이 헌신하는 새벽 이슬 같은 주의 청년들의 특징은 '거룩한 옷을 입었다'는 것이다. 즉 타국인이라는 것이다.

사도 요한은 '하늘에 있는 군대들이 희고 깨끗한 세마포 옷을 입고 백마를 타고 그(백마를 타고 피 뿌린 옷을 입으신 앞서 행하시는 왕이신 예수 그리스도, 계 19:11-13)를 따르는'(계 19:14) 장면을 보았다. 예수 그리스도와 그의 군대의 모습이다. 이들은 '희고 깨끗한 세마포 옷'을 입었다. 이는 거룩함을 말한다. 구별된 무리다. 타국인이다. 이들은 성경적 재정 원칙으로 살기로 작정한 무리들이다.

하나님은 온 땅에 대한 그의 마스터플랜을 이루실 것이다. 다음의 말씀이 성취될 것이다.

이 일 후에 내가 보니 각 나라와 족속과 백성과 방언에서 아무도 능히 셀 수 없는 큰 무리가 나와 흰 옷을 입고 손에 종려 가지를 들고 보좌 앞과 어린양 앞에 서서 큰 소리로 외쳐 이르되 구원하심이 보좌에 앉으신 우리 하나님과 어린양에게 있도다 계 7:9,10

누가 타국인이 될 것인가?

주님, 제가 타국인이 되겠습니다. 세상의 방법이 아닌 하나님의 방법으로 살겠습니다. 타국인을 사용하셔서 세상 시스템을 무너뜨리는 일에 저를 사용해주옵소서!

왕의 재정학교 워크북

재정 강의를 적용하기 위해 《왕의 재정학교 워크북》(별도 구매)을 만들었다.
도움이 필요한 분들은 도움을 받으라.

＊마중물 돈

재정 훈련을 시작하기 전에 '마중물 돈'을 만들어라. 가정은 한 달 생활비, 회사는 세 달의 경영자금 정도를 따로 마련하고 재정 훈련을 시작하라. 마중물 돈은 없는 셈 처라. 정말 없는 돈으로 생각하라.

나는 아들의 부러진 손가락을 치료할 돈이 없어 믿음으로 사는 삶을 포기하고 싶었던 순간이 있었다. 주님이 도우셔서 문제를 해결하기까지 우리의 영적 근육이 약하여 다시 빚지는 삶으로 빠지지 않기 위해 마중물 돈을 따로 마련한다.

더 이상 빚지는 삶을 살지 않기로 결정했는데 위급한 일이 발생해 우리의 의지가 무너지고, 꺾일 것 같을 때, 주님의 시간을 도저히 기다릴 수 없을 때 이 돈을 써라. 그리고 쓴 만큼 다시 채워두고 다시 없는 돈으로 생각하라.

1. 믿음의 예산안을 작성한다.

《왕의 재정학교 워크북》에는 '믿음의 예산안'을 작성하는 방법과 6개월 작성표가 있다.

   1. 의무사항(Obligation) - 반드시 지출 1순위

   2. 필요사항(Need) - 지출 2순위

   3. 심는 것(Planter)과 주는 것 - 믿음에 따라 지출 2순위 또는 지출 3순위

   4. 요망사항(Want) - 지출 4순위(당장 필요하지 않지만 본인이나 가족에게 있으면 좋은 것) 예) 옷, 액세서리, 카메라 등

〈믿음의 예산안(작성 방법)〉

단위(원)

지출 항목			
의무사항 (35~40%)	필요사항 (50~55%)	좋은 땅(하늘은행) 심고 거두는 것(5~10%)	요망사항 (5~10%)
십일조	생필품		TV
빚 청산	교통비	고아, 과부, 객 (가난한 자) 급한 필요가 있는 곳 (꼭 기도하고 결정)	자동차
약속 헌금 (하나님 앞에서의 약속이기 때문에)	교육비	하나님의 사람 (성반) 선교사님, 목사님, 간사	컴퓨터 (사람에 따라 필요사항일 수 있음)
공과금	저축	하늘나라 프로젝트 (교회 건축, 선교지 필요, 구제 사역 등)	카메라
세금	여가선용비		비디오
부모님 용돈	개인 용돈 등	SAMPLE	옷
			액세서리 등

2. '하늘은행 봉투'(예산 실행 봉투)에 예산안 금액을 현금으로 분류하여 넣는다.

이 봉투는 의무사항 봉투, 필요사항 봉투, 심고거둠 봉투, 요망사항 봉투, 여윳돈 모으기 봉투가 있다. 예를 들어 다음달 예산을 짜기까지 일주일이나 남았는데 '필요사항 봉투'의 돈을 다 써버렸어도 다른 봉투의 돈은 절대로 사용하지 말라. 이때는 일주일 동안 냉동실에 저장된 음식을 다 먹고, 하나님께 음식과 필요를 구하라. 이때가 하나님을 경험할 때다.

하늘은행 봉투 사용이 승패를 좌우한다. 반드시 봉투로 6개월 이상 사용하라. 잘 사용했으면 봉투의 항목대로 통장을 만들고, 통장에서 재정의 흐름을 파악한다.

〈봉투 사용 예시〉

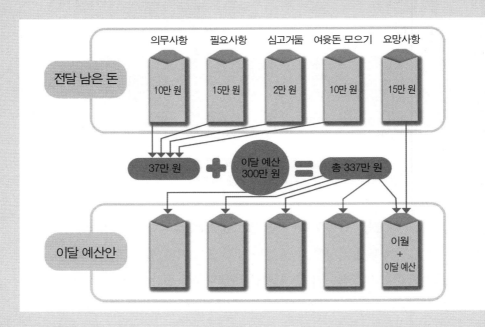

한 통장에 돈을 몽땅 넣으면 절대로 안 된다. 남는 돈이 없게 된다. 하늘은행 봉투에서 하늘은행 통장으로 바꿀 때 각각의 통장으로 만들어라. '의무사항 통장, 필요사항 통장, 심고거둠 통장, 요망사항 통장, 여윳돈 모으기 통장.' 처음부터 통장으로 하지 않는다. 통장으로 바로 하면 실패할 확률이 높기 때문이다. 꼭 봉투로 먼저 실행하라.

이때 의무사항에 반드시 빚 갚는 예산을 편성한다. 생활비를 줄여서라도 빚을 갚는 곳에 예산을 편성하라. 한 달 동안 돈을 쓰고 봉투에 남는 돈은 이월하지 않는다. 그 돈은 '여윳돈 모으기 봉투'에 담아서 다음달 예산을 편성한다. 다만 요망사항의 봉투는 계속 이월된다.

3. 요망사항은 아빠, 엄마, 자녀들과 함께 가장 필요한 것을 한 개씩 정하고, 구입을 위해 예산을 편성하여 '요망사항 봉투' 뒷면에 아빠 것, 엄마 것, 자녀의 것이 무엇인지 기재하고, 그것을 구입하기 위한 예산을 편성하라. 돈이 없어도 작게라도 편성하라.

만일 아빠의 요망사항이 300만 원짜리 카메라라고 한다면 한 달에 3만 원이라도 예산에 편성하라. 한 달에 3만 원씩 모아서 300만 원짜리 카메라를 사려면 100개월(8년 3개월)이라는 계산이 나오지만, 믿음으로 살기로 결정했기 때문에 하나님께서 그분의 방법으로 여윳돈을 보내주시고, 아주 빠른 시간 안에 카메라를 우리에게 공급하신다. 이 말이 사실인지는 직접 경험하라!

4. 빚 갚는 프로젝트(주인 바꾸기 프로젝트)가 6개월 훈련과정으로 워크북 안에 자세히 나와 있다. '어떻게 빚을 갚을 것인가? 빚 갚는 순서는 어떻게 되는가?'는 워크북을 참고하라.

* 부채 상환 우선순위 결정 기준

1. 먼저 우선순위를 결정하고 순위별로 부채 상환 전략을 마련해야 한다.
2. 부채 상환 전략은 구체적인 방법이 있어야 한다.
3. 부채 상환 우선순위

   ① 긴급한 것을 우선시한다.

   ② 이자율이 높은 것을 우선시한다(카드론과 카드 현금서비스).

   ③ 부채가 적은 것을 우선시한다.

   ④ 위험한 빚(압류, 경매 등)

   ⑤ 금융권 이자가 높은 순서로 갚는다(제2금융권 → 제1금융권).

   ⑥ 개인과 지인의 부채

* 부채 상환 전략

1. 경비 절감을 통한 저축
2. 재산 매각을 통한 자금 마련
3. 소득 증대(부업과 아르바이트 등)
4. 채권자와의 협상을 통한 부채 탕감
5. 조건이 좋은 다른 부채를 통해 악성 부채 상황 완화

   ※ 악성 부채: 이자가 높고, 긴급하고, 채무 불이행시 타격이 큰 부채

〈부채 상환 우선순위 및 상환 실행계획(작성 방법)〉

항목	부채 항목 및 금액					순위	부채 상환 계획		
	채권자 및 부채 종류	부채 잔액	상환일	이자율	체납수		상환 방법	목표 금액	목표 시한
1	○○은행(집 융자) 최초 5억	3억	6/20	4.5%	×	1	○○카드(현금 서비스) 7,000,000 → 급여에서 상환	1,000,000	7개월
2	○○은행(할부카드) 3건 - 옷, 시계, 가전제품	(매월 500,000) 3,000,000	6/25	8.9%	×	2	○○은행(할부카드) 3,000,000 오늘부터 카드는 절대 안 쓴다. 급여에서 매달 갚는다	500,000	6개월
3	○○카드(현금서비스) 7,000,000	6,000,000	6/25	18%	×	3	○○은행(집 융자) 3억 매매하고 전세로 간다	매매 - 5억 빚 - 3억 차액 - 2억	최대한 빨리
4	개인1 - 2,000,000 개인2 - 5,000,000	5,000,000	6/30	10%	이자 체납 2회	4	개인1 - 2,000,000 개인2 - 5,000,000 이자 탕감을 요청하고 원금부터 갚는 것으로 협의		협의중

SAMPLE

왕의 재정 1

초판   1쇄 발행   2014년 6월 9일
초판   99쇄 발행 2021년 5월 14일
개정판 1쇄 발행   2021년 9월 24일
개정판 17쇄 발행 2025년 3월 26일

지은이   김미진
책임감수   홍성건

펴낸이   여진구
책임편집   김아진 정아혜
편집   이영주 박소영 최현수 구주은 안수경 김도연
책임디자인   마영애 조은혜 | 노지현 정은혜
홍보 · 외서   진효지
마케팅   김상순 강성민   마케팅지원   최영배 정나영
제작   조영석 허병용   경영지원   김혜경 김경희

303비전성경암송학교 유니게 과정
이슬비전도학교 / 303비전성경암송학교 / 303비전꿈나무장학회

펴낸곳   규장

주소   06770 서울시 서초구 매헌로 16길 20(양재2동) 규장선교센터
전화   02)578-0003   팩스 02)578-7332
이메일 kyujang0691@gmail.com   홈페이지 www.kyujang.com
페이스북 facebook.com/kyujangbook   인스타그램 instagram.com/kyujang_com
카카오스토리 story.kakao.com/kyujangbook
등록일 1978.8.14. 제1-22

ⓒ 저자와의 협약 아래 인지는 생략되었습니다.
이 출판물은 저작권법에 의해 보호를 받는 저작물이므로 무단 전재와 무단 복제를 할 수 없습니다.

책값   뒤표지에 있습니다.
ISBN 979-11-6504-123-6 03230

규 | 장 | 수 | 칙

1. 기도로 기획하고 기도로 제작한다.
2. 오직 그리스도의 성품을 사모하는 독자가 원하고 필요로 하는 책만을 출판한다.
3. 한 활자 한 문장에 온 정성을 쏟는다.
4. 성실과 정확을 생명으로 삼고 일한다.
5. 긍정적이며 적극적인 신앙과 신행일치에의 안내자의 사명을 다한다.
6. 충고와 조언을 항상 감사로 경청한다.
7. 지상목표는 문서선교에 있다.

하나님을 사랑하는 자 곧 그의 뜻대로 부르심을 입은 자들에게는 모든 것이 合力하여 善을 이루느니라(롬 8:28)

규장은 문서를 통해 복음전파와 신앙교육에 주력하는 국제적 출판사들의
협의체인 복음주의출판협회(E.C.P.A:Evangelical Christian Publishers
Association)의 출판정신에 동참하는 회원(Associate Member)입니다.